城市智能公共交通管理系统

王静霞　张国华　黎　明　编著

中国建筑工业出版社

图书在版编目(CIP)数据

城市智能公共交通管理系统/王静霞，张国华，黎明编著.
北京：中国建筑工业出版社，2008

ISBN 978-7-112-10109-2

Ⅰ. 城… Ⅱ. ①王…②张…③黎… Ⅲ. 市区交通-交通运输管理-管理信息系统 Ⅳ. U491-39

中国版本图书馆 CIP 数据核字(2008)第 073755 号

责任编辑：姚丹宁
责任设计：董建平
责任校对：王 爽 安 东

城市智能公共交通管理系统
王静霞 张国华 黎 明 编著

*

中国建筑工业出版社出版、发行(北京西郊百万庄)
各地新华书店、建筑书店经销
北 京 天 成 排 版 公 司 制 版
北京云浩印刷有限责任公司印刷

*

开本：787×1092 毫米 1/16 印张：12¼ 字数：305 千字
2008 年 7 月第一版 2008 年 7 月第一次印刷
印数：1—3000 册 定价：**42.00** 元

ISBN 978-7-112-10109-2
(16912)

序

随着经济的发展和城镇化的加剧，交通运输的需求迅猛增长。交通运输已经成为现代城市的基本要素，对于保证社会经济体系及日常生活的正常运转发挥着越来越大的作用。与此同时，由于我国私人小汽车保有量的飞速增长，城市交通面临着交通拥堵、交通事故、空气污染和很多其他方面的问题。

为解决城市交通供需的突出矛盾，提高城市居民生活水平，促进整个城市社会经济可持续发展，就必须在加大我国城市交通建设、规划和管理步伐的同时，采取多种手段调控城市交通结构，引导城市交通向以公共交通为主体的方向发展。国内外城市交通发展的经验教训，也证明了优先发展公共交通是解决城市交通的根本途径。公共交通事业的快速发展，离不开现代化的公交技术和管理手段。

对智能交通系统(ITS)进行系统的研究始于20世纪80年代。ITS是将驾驶员、交通工具和道路、环境三位一体来考虑。在智能交通系统中，智能公共交通系统（APTS）是其重要的组成部分之一。

智能公共交通系统的建设，将能够提高公共交通系统的服务水平和管理水平，争取实现在城市客运交通中占有较大的运量分担比例，达到城市土地空间资源、能源的高效使用，保证系统的安全运行，提供高品质的客运服务。

我国政府高度重视城市公共交通系统的建设、相关技术的研究和相关产品、系统的开发，对于智能公共交通系统的研究和建设给予了大力扶持。近十年来，国家在“九五”、“十五”、“十一五”期间，科技部及多个相关部委配合，启动了大量的智能公共交通系统的研究和城市示范项目。近年来，随着各项技术成熟与发展，智能公共交通管理系统在北京、上海、杭州、青岛、重庆、广州、深圳等多个城市投入了实际应用，并取得了不错的应用效果。

我们相信，随着现代高科技的飞速发展，城市智能公共交通管理系统必将在我国城市中有着良好的发展前景与非常广泛的应用。城市智能公共交通管理系统的建设和不断完善必定会对未来城市居民的生活产生不可估量的重要作用。

本书的作者是长期从事城市规划和智能交通系统研究的第一线研究和规划人员，通过科技部科研院所技术开发研究专项资金项目“城市智能公共交通管理系统研究”的研究，根据中国的城市实际情况，对城市智能公共交通管理系统的关键性理论和模型进行了研究。这些研究成果对于进一步完善我国城市的智能公共交通管理系统，增强城市公交企业的运营和管理能力，提高公交系统的服务水平具有较强的借鉴价值。我们期望本书的出版将有助于推动我国城市智能公共交通管理系统的建设与进一步的完善，使城市公共交通优先发展战略早日取得成效。

周干峙
中国科学院院士、中国工程院院士
原国家建设部副部长、国际建筑师协会理事
现任建设部特邀顾问，清华大学教授、博士生导师

目录

CONTENTS

序 …… 周干峙

第一章　概述 …… 1

1.1　智能公共交通管理系统概述 …… 1

1.1.1　城市智能公共交通管理系统的优势 …… 1

1.1.2　城市智能公共交通管理系统的特征 …… 2

1.2　我国建设智能公共交通系统的必要性和现状情况 …… 3

1.2.1　我国大力发展城市智能公共交通的必要性 …… 3

1.2.2　我国城市智能公共交通系统建设现状及分析 …… 5

第二章　城市智能公共交通管理系统国内外概况 …… 6

2.1　国外智能公交系统的应用概况 …… 6

2.2　国内智能公交系统的应用概况 …… 11

2.3　当前中国城市智能公交系统的趋势分析 …… 14

第三章　智能公交管理系统体系架构 …… 16

3.1　传统的智能公交管理系统架构 …… 16

3.2　当前企业管理中信息与管理技术的发展 …… 18

3.3　综合性智能公交管理系统的架构解析 …… 19

3.3.1　智能公交管理系统总体框架 …… 19

3.4　城市智能公共交通管理系统功能设计 …… 21

3.4.1　公交智能化运行系统 …… 21

3.4.2　公交企业智能化管理系统 …… 26

3.4.2.1　信息管理的必要性 …… 26

3.4.2.2　信息系统的基本要求 …… 27

3.4.2.3 管理信息系统的结构和功能 …… 28
3.4.3 智能公交管理系统实施研究 …… 29
3.4.4 智能公交管理系统网络拓扑结构 …… 31
3.4.5 智能公交管理系统结构特点 …… 33

第四章 城市智能公共交通管理系统数据采集、处理及预测 …… 36
4.1 公交数据的概述 …… 36
4.2 公交静态数据 …… 36
4.3 公交动态数据 …… 36
4.3.1 公交车辆定位及行程时间预测 …… 37
4.3.1.1 公交车辆定位技术概述 …… 37
4.3.1.2 现有定位技术的技术特性和当前应用趋势 …… 40
4.3.2 公交车辆行程时间预测 …… 41
4.3.2.1 模型假设 …… 41
4.3.2.2 模型的建立 …… 42
4.3.3 公交客流量采集 …… 46
4.3.3.1 公交客流量采集的概念 …… 46
4.3.3.2 客流数据采集技术 …… 47
4.3.3.3 客流数据的IC卡采集与分析 …… 49
4.3.3.4 公交数据处理 …… 52
4.3.4 公交客流量预测 …… 54
4.3.4.1 传统的公交客流量预测 …… 54
4.3.4.2 智能公交管理系统客流量预测 …… 55
4.3.5 智能公交管理系统客流量预测相关算法 …… 61
4.3.5.1 时间序列算法 …… 61
4.3.5.2 聚类算法 …… 62
4.3.5.3 模糊神经网络算法 …… 63

第五章 城市公共交通通行能力和服务水平 …… 66
5.1 城市公共交通通行能力 …… 66
5.1.1 公交通行能力概述 …… 66
5.1.1.1 公交通行能力的基本概念 …… 66
5.1.1.2 公交通行能力的影响因素 …… 67
5.1.1.3 公交通行能力的主要研究内容 …… 67

5.1.2 公交车辆通行能力 …… 68
5.1.2.1 停靠泊位公交车辆通行能力 …… 68
5.1.2.2 公交站点公交车辆通行能力 …… 76
5.1.2.3 公交设施通行能力 …… 80
5.1.3 公交乘客通行能力 …… 84
5.1.3.1 公交乘客通行能力的构成 …… 84
5.1.3.2 用于规划中公交站点的乘客通行能力 …… 85
5.1.3.3 用于规划中的公交车道或道路的乘客通行能力 …… 85
5.1.3.4 实时模式下的公交乘客通行能力 …… 87
5.2 城市公共交通服务水平 …… 88
5.2.1 城市公共交通服务水平概述 …… 88
5.2.2 城市公共交通服务水平评价 …… 89
5.2.2.1 建设投入水平指标 …… 89
5.2.2.2 运营服务水平指标 …… 89
5.2.2.3 综合效益水平指标 …… 90
5.2.3 智能公交管理系统中的公交动态服务水平 …… 90
5.2.3.1 公交饱和度的定义 …… 90
5.2.3.2 公交密度的计算 …… 91
5.2.3.3 公交服务水平的判断 …… 91

第六章 城市智能公共交通管理系统调度理论与方法 …… 92
6.1 公交调度系统概述 …… 92
6.1.1 公交车辆传统调度形式 …… 92
6.1.2 传统公交行车时刻表的编制 …… 93
6.1.3 国内城市智能公交调度研究现状 …… 93
6.1.4 系统描述 …… 94
6.1.4.1 公交车辆班次安排模块 …… 95
6.1.4.2 公交车辆实时调度模块 …… 95
6.1.4.3 公交调度优化模块 …… 96
6.1.4.4 公交区域调度模块 …… 98
6.1.5 智能公交调度子系统与传统公交调度的对比 …… 98
6.2 公交线路智能调度理论与方法 …… 98
6.2.1 公交基本信息的获取及处理 …… 99
6.2.1.1 公交客流量数据的获取及处理 …… 99

6.2.1.2 公交车辆行程时间的获取及处理 …… 100
6.2.2 模型的建立 …… 100
6.2.2.1 模型假设 …… 100
6.2.2.2 变量及符号说明 …… 101
6.2.2.3 模型的建立和分析 …… 102
6.2.2.4 公交智能调度单位时间内调度班次求解过程 …… 102
6.2.3 相邻时段的过渡 …… 103
6.3 基于网络条件下的智能调度模型 …… 104
6.3.1 模型假设 …… 104
6.3.2 变量及符号说明 …… 105
6.3.3 模型的建立和分析 …… 106
6.4 多因素影响下智能公交调度技术 …… 107
6.4.1 天气状况影响因素分析 …… 107
6.4.2 其他影响因素 …… 107
6.4.3 多环境下的调度技术 …… 108
6.5 智能公交调度优化技术 …… 109
6.5.1 城市智能公共交通系统网络的优化 …… 109
6.5.1.1 公交网络优化研究现状综述 …… 109
6.5.1.2 公交网络现状分析 …… 110
6.5.1.3 公交网络优化的限制条件分析 …… 113
6.5.2 基于GIS-T的公交网络优化 …… 113
6.5.2.1 公交网络优化的设计思路 …… 113
6.5.2.2 公交网络优化模型 …… 114
6.5.3 基于公交站点的公交网络配流模型与算法 …… 116
6.5.3.1 公交网络优化模型 …… 116
6.5.3.2 基于站点的多路径—容量限制配流模型 …… 119
6.5.3.3 多路径—容量限制配流算法研究 …… 120

第七章 城市智能公共交通区域调度技术 …… 121
7.1 区域调度技术概述 …… 121
7.1.1 基本概念 …… 121
7.1.2 区域调度基本组织形式和作业过程 …… 123
7.2 单车场车辆调度优化模型 …… 124
7.2.1 单车场车辆调度优化模型 …… 124

7.2.2 模型的启发式求解方法 …… 128
7.3 改进的单车场车辆调度优化模型 …… 130
7.3.1 模型 …… 130
7.3.2 模型的启发式求解方法 …… 132
7.4 多车场车辆调度优化 …… 135
7.4.1 多车场车辆调度优化模型 …… 135
7.4.2 遗传算法相关知识 …… 136
7.4.3 遗传算法设计 …… 138
7.4.3.1 染色体结构 …… 138
7.4.3.2 约束的处理 …… 138
7.4.3.3 适应度函数 …… 139
7.4.3.4 初始群体 …… 139
7.4.3.5 遗传算子 …… 139
7.4.3.6 控制参数和终止条件 …… 139
7.4.4 算法步骤 …… 139

第八章 城市智能公共交通信息服务系统 …… 141
8.1 城市智能公交信息服务系统概述 …… 141
8.2 智能公交信息服务系统应用现状 …… 142
8.2.1 国外公交信息服务系统应用现状 …… 142
8.2.2 国内公交信息服务系统现状 …… 144
8.2.2.1 公交信息服务系统应用现状 …… 144
8.2.2.2 互联网公交信息服务技术 …… 147
8.3 智能公交信息服务需求分析 …… 148
8.3.1 我国公交信息服务系统不足解析 …… 148
8.3.2 智能公交信息服务系统的需求 …… 149
8.4 智能公交信息服务路径优化模型 …… 150
8.4.1 公交乘客出行路径优化模型的意义和特点 …… 150
8.4.2 公交乘客出行行为 …… 151
8.4.3 常用的几种最短路径算法比较 …… 151
8.4.4 GIS 方向估价函数 …… 153
8.4.5 基于 GIS 的公交乘客出行路径优化模型 …… 153

第九章 城市智能公共交通评价体系和动态评价模型 …… 158
9.1 城市智能公共交通评价系统概述 …… 158

9.2 智能公交评价子系统的新特性 …… 158
9.3 评价指标体系的建立 …… 159
9.3.1 评价指标体系建立的原则 …… 159
9.3.2 指标体系建立的方法 …… 160
9.4 层次分析法 …… 160
9.4.1 评价指标体系结构 …… 160
9.4.2 评价指标 …… 162
9.4.2.1 城市公交运营服务水平评价指标 …… 162
9.4.2.2 城市公交线网状况评价指标 …… 164
9.4.2.3 城市公交效益水平评价指标 …… 166
9.5 评价机制 …… 167
9.5.1 动态调度评价 …… 167
9.5.2 决策性统计评价 …… 168
9.5.2.1 决策性统计评价指标的统计周期 …… 168
9.5.2.2 决策性统计的评价指标 …… 168
9.5.3 规划性指标 …… 169
9.5.4 为智能公交调度子系统提供数据支持的实时评价指标 …… 170
9.6 综合评价 …… 171
9.6.1 特征向量法 …… 171
9.6.2 加权最小平方法 …… 172
9.6.3 极大熵法 …… 172
9.7 城市智能公交效益分析 …… 173
9.7.1 企业效益 …… 173
9.7.2 社会效益 …… 174
9.7.3 经济效益 …… 175
9.7.3.1 公交企业的运营经济效益 …… 175
9.7.3.2 社会整体经济效益 …… 177

第十章 未来城市智能公交管理系统的展望 …… 180

参考文献 …… 182

第一章　概　　述

1.1　智能公共交通管理系统概述

所谓智能公共交通管理系统，就是在公交网络分配、公交调度、预测算法等关键理论研究的前提下，利用系统工程的理论和方法，将现代通信、信息、电子、控制、计算机、网络、定位技术、GIS等新技术集成应用于公共交通系统，通过构建现代化的信息管理系统和控制调度模式，实现公共交通调度、运营、管理的信息化、现代化和智能化[1]，增强公交企业的管理水平和服务水平，提高公交企业的运营效率和效益；同时为出行者提供更加安全、舒服、便捷的公共交通服务和信息服务，从而吸引居民采用公交方式出行，缓解城市交通拥挤，有效解决城市交通问题，创造更大的社会和经济效益。

作为智能交通系统(ITS)研究的一项重要内容，智能公交管理系统主要以出行者和公交企业为服务对象。对于出行者而言，智能公交管理系统通过采集与处理动态数据(如：客流量、交通流量、公交车辆位置、公交站点候车状况、紧急事件及地点、天气状况等)和静态交通信息(例如：交通法规、道理管制措施、大型公交出行生成地的位置等)，通过多种媒介为出行者提供动态和静态公共交通信息(如：发车时刻表、换乘路线、最佳出行路径诱导、车辆载客情况等)，从而实现规划出行、最优路径选择、避免交通拥挤、节约出行时间的目的。对于公交企业而言，智能公交管理系统主要实现对公交车辆的动态监控、实时调度、科学管理等功能，并实现公交企业自身的现代化、信息化管理，从而提高公交服务水平和公交企业的经营效益。

1.1.1　城市智能公共交通管理系统的优势

智能公共交通管理系统，基于动态公共交通信息的实时调度理论和实时信息发布技术，以及使用先进的电子、通讯技术提高公交运行效率和服务水平的实施技术。在以计算机局域网和广域网为核心的企业内部因特网(Intranet)的基础上，系统需要形成涵盖公交监控中心、区域调度中心以及路侧、车库和车载设备等具有完整的信息采集、传输、存储、处理的硬件平台。[2]

公交企业则以公交基础资源数据库和公交地理信息系统(GIS)平台为基础，逐步构建智能公共交通管理系统，包括实时高效的调度指挥系统和方便实用的乘客服务信息系统、实时准确的计费系统、便捷高效的IC卡收费系统、先进的公交线网和行车计划优化系统，形成公交管理信息与决策支持系统。具体包括车队管理、监控调度、信息服务、电子收费和交通需求管理等几大系统。其中车队管理主要研究通信系统、地理信息系统、自动车辆定位系统、自动乘客计数、公交运营软件和交通信号公交优先。

出行者信息服务主要研究出行前、在途信息服务系统和多种出行方式接驳信息服务系统。其目的是通过掌握运行情况以及乘客数据实现精确高效的公共交通运营服务。它将运营中的公共汽车和控制室之间建立信息交换，并利用诱导和双向通讯的方法，将服务信息提供给公共汽车运营人员和驾驶人员，同时这些信息也通过进站车辆指示系统(站牌、车载大屏、查询终端、web/wap查询)和公交与轨道等其他公共交通的接驳信息系统提供给乘客。系统包括累积运营数据、乘客计数、监视和控制公共汽车运营和乘客服务等功能，综合分析这些数据实现公交线路网的优化和行车计划改进，不断提高车辆利用率和载客率，乘客服务功能中包括进站车辆指示、信息查询和公共交通与铁路、航空等接驳信息提示。

1.1.2 城市智能公共交通管理系统的特征

■ 具有公交运行基础数据的采集能力和手段，保证系统的数据源基础

基础数据包括：以公交站点上下客人数为主的交通需求、公交车辆运行车速及站点停靠时间、车辆驾驶状态等。考虑到公交运行的特殊性，这些数据的采集主要由公交车辆车载设备承担。

■ 有效的数据管理和分析能力，包括操作型数据管理和分析型数据管理

其目的是保障日常运营的高效管理、规划和调度的科学决策分析，以及对公众提供高质量的信息咨询服务。

■ 对用户友好、高效的信息发布能力

包括为公众提供公交信息服务(例如车辆到站时间预测，车辆满载状态情况通报，根据起迄位置和服务要求的出行路线查询等)，对管理者提供的实时系统状态查询、历史数据分析服务，支持决策者制定交通发展政策及规划的宏观信息分析等。

■ 提高公交车运行效率

智能公共交通系统，可实现公交线网优化，实时智能调度，以及公交优先系统充分提高公交车的运行效率，提高公交公司的经济效益。

■ 决策支持能力

为支持科学管理和决策所必需的系统仿真分析和系统状态预测能力。

1.2 我国建设智能公共交通系统的必要性和现状情况

1.2.1 我国大力发展城市智能公共交通的必要性

在我国，伴随着国民经济的飞速发展，城市人口日益膨胀，机动车辆急剧增加，城市交通运输的压力越来越大。以北京市为例，2007 年末北京市民用机动车保有量达到 277.8 万辆，比 2000 年末增长 1.72 倍；私人汽车保有量达到 212.1 万辆，其中轿车 146.3 万辆，比上年末增长 20.9%；分别比 2000 年末增长 3.27 倍和 5.05 倍。[3]从全国范围车辆增长形势看，截至 2007 年底，我国汽车保有量达到 4229 万辆(不含三轮汽车及低速货车)，比 2000 年增长 1.63 倍。如图 1.1 所示。[4]

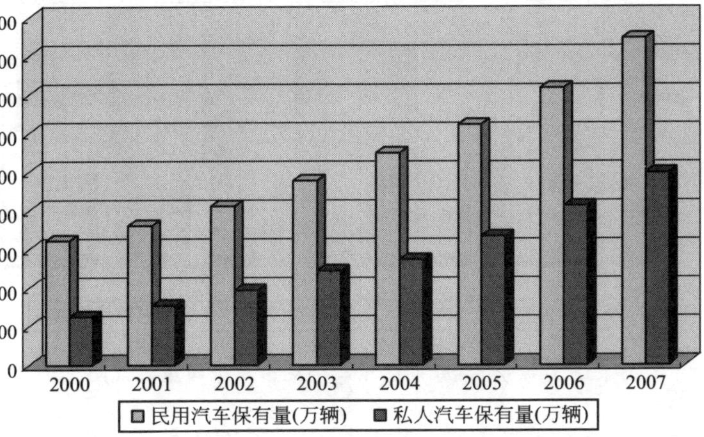

图 1.1 全国民用车辆及私人小汽车保有量

由于城市道路基础设施建设受到诸多因素的制约，其建设速度远远落后于车辆的增长速度。在机动化水平快速发展的背景下，目前我国大、中城市相继出现了严重的交通阻塞及拥挤现象，这一瓶颈已经严重的影响了城市的综合发展，不适应城市现代化发展的要求。在北京市，“十五”期间机动车保有量平均年增 11.4%，比“九五”末期增长 95%。同期，北京城八区城市道路通车面积比“九五”末期合计增加 12.4%。交通需求和城市道路发展建设出现了巨大的速度差异(图 1.2 为北京市机动车保有量发展情况)。

环境污染和能源紧张也日益成为制约和影响我国城市交通发展的两个重要问题。据世界银行发布的关于中国环境污染状况的调查报告，中国环境污染规模位居世界前列，中国大城市的环境污染状况尤其严重，而机动车的尾气污染是造成中国城市空气污染的主要原因。同时，能源短缺问题也已经成为我国社会经济可持续发展面临的重大问题，2007 年，我国石油消费消费量达到 3.46 亿吨，其中，进口的原油占 1.59 亿吨，我国已经成为原油进口的大国。2007年进口石油占46.05%。[3]详见图1.3所示。

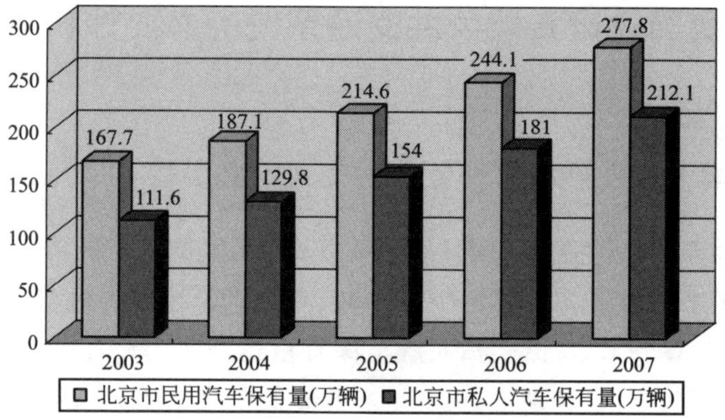

图1.2 北京市机动车保有量发展情况

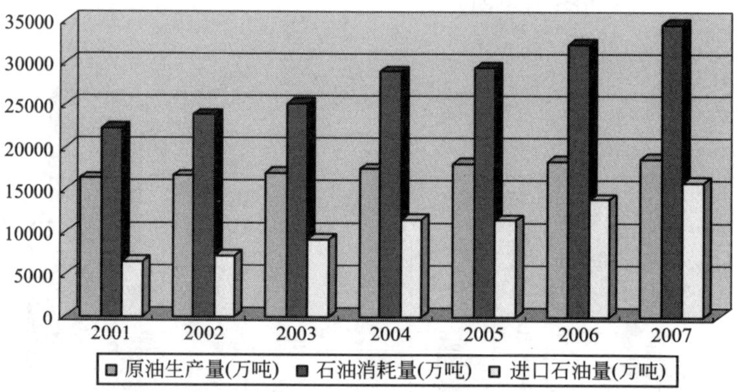

图1.3 中国原油产量、消耗量及进口量统计图

为解决城市交通供需的突出矛盾，提高城市居民生活水平，促进整个城市社会经济可持续发展，就必须在加大我国城市交通建设、规划和管理步伐的同时，采取多种手段调控城市交通结构，引导城市交通向以公共交通为主体的方向发展。国外城市交通发展的经验教训，也证明了优先发展公共交通是解决城市交通的根本途径。如何充分利用现有的城市公交基础设施，使车与车、车与路、车与乘客协调作用，提高公交车辆的营运效率，是现代城市公共交通发展亟需解决的问题。

我国政府高度重视对城市“公交优先”的建设，2004年，温家宝总理批示，“优先发展城市公共交通是符合中国实际的城市发展和交通发展的正确战略思想。”2005年，国务院办公厅转发了《关于优先发展城市公共交通的意见》(国办发［2005］46号)与此同时，《国务院关于做好建设节约性社会近期重点工作的通知》(国发［2005］21号)也提出要“研究提出优先发展公共交通系统的具体措施”。《国务院办公厅关于印发今明两年能源工作要点的通知》(国办发［2005］35号)进一步指出，“鼓励优先发展公共交通系统”。2006年，建设部、国家发展改革委、财政部、劳动保障部等四部门印发了《关于优先发展城市公共交通若干经济政策的意见》（建城〔2006〕288号）。2004年和2006年，建设部先后召开了两次全国城市公共交通工作会议，贯彻推动公共交通优先发展战略的实施。我国“国民经济和社会发展第十一个五年规划纲要”也明确提出要优先发展公共交通。

公共交通事业的快速发展，离不开现代化的公交技术和管理手段。智能公共交通系统是现代化都市交通管理的重要组成部分，体现了一个城市的现代化交通管理水平。智能公共交通系统的目的是通过以信息技术等对传统公共交通系统进行技术改造，从技术上落实公共交通优先发展的战略，提高公共交通系统的服务水平和管理水平，争取实现在城市客运交通中占有较大的运量分担比例，达到城市土地空间资源、能源的高效使用，保证系统的安全运行，提供高品质的客运服务。

我国政府很早就开始关注和支持智能交通系统(ITS)的研究开发与应用，将ITS列入国家“十五”、“十一五”计划纲要，并作为未来交通建设与发展的优先领域予以重点支持。这对实现由单一依赖基础设施扩张的粗放型交通增长向依靠科技进步，以提高效率为核心的集约式交通发展的转变，实现对交通资源的充分利用和城市交通环境的不断改善，实施社会经济的可持续发展战略，保障交通运输的健康发展将起到巨大的促进作用。

1.2.2 我国城市智能公共交通系统建设现状及分析

建设智能化公共交通系统，必然涉及到多方面的先进技术。目前，在与智能公共交通管理系统要求相适应的软硬件技术中，许多单项技术已经相对成熟，例如基于GPS的车辆定位技术、测定车辆操作状态的黑匣子技术、以GIS平台为基础的公共交通信息服务技术等。

目前，国内多个城市已经开展了智能公共交通系统建设方面的实践，将智能公共交通技术引入了公交企业的调度、管理和服务中。但是，我们应该认识到，这些技术的简单堆砌并不能构成真正有效的系统，必须通过技术集成才能构成真正的智能化公共交通系统。系统技术集成的核心问题，是在建立行业性系统规范的基础上，建立合理的系统信息组织结构，沟通子系统之间的信息联系，最后形成智能化公交的系统“神经网络”。

城市智能化公共交通系统中，关键环节是公共交通企业的智能化管理，除了承担原有的运输城市居民出行的任务外，还将作为系统最重要的信息来源，为整个城市交通信息服务提供重要的数据支持。

城市智能公共交通管理系统将利用现代微电子和传感技术，采集公交公司相关运营及业务数据，通过对数据的数据融合、数据挖掘，建立公交企业智能化管理数据库。并以历史数据及实时动态数据为基础，对公交公司运行班次进行调度，对公交企业经营情况进行评估。同时，城市智能公共交通管理系统还将实现公交企业自身的现代化办公管理。

第二章　城市智能公共交通管理系统国内外概况

2.1　国外智能公交系统的应用概况

发达国家对于智能公交系统研究很重视，开始研究和实践的时间也较早，到目前为止，已经有大量的研究成果和应用实例，大致可以归纳为 3 个方面：①系统设计与集成；②系统工具的开发；③优化理论的研究。[5]其中系统设计与集成相当于运营调度管理系统的“硬件”建设，即通过应用通信、控制等先进技术，使得调度管理者能够获得足够的实时信息，保证调度管理者与车辆之间的信息顺畅；系统工具主要是指调度计划管理系统软件，通过这些软件的应用，可以优化调度计划方案，降低运营费用，同时减少调度工作强度，缩短调度决策周期，从而改善企业对公众的服务能力，调度管理现代化、自动化离不开先进的系统软件；优化理论则是通过运筹学的理论和方法，针对调度计划的最优化提出的，它是系统工具开发的理论基础。

（一）系统设计与集成

自 20 世纪 80 年代以来，美国、欧盟、日本、新加坡、加拿大、新西兰等国家对于先进的公交系统(APTS)的研究给予了高度重视和巨大的投入，大量研究成果和先进技术被应用于公交系统之中，传统公交管理中存在的诸多问题得到了根本改善，他们已经进入了公交系统综合管理时代。

这些国家在系统设计和集成方面的共同做法是强调公交信息的采集、处理和输出服务。各类传感器、摄像设备、GPS 接收设备的大量采用使得公交信息采集技术日益完善。高性能计算机、大型数据库技术、知识工程的普遍使用，使得信息处理的功能日益强大。同时，尽可能地利用各种媒体传播公交信息服务，车站 LED 站牌、车内 LCD 显示屏、Kiosk 终端、Internet 等都成为了公交信息的载体。

目前，应用较为成熟的技术主要有：现代通信技术、公交车辆自动定位技术、乘客自动计数系统、地理信息系统(GIS)等。以美国为例，目前在车队管理中使用的通信技术包括：低轨道地球卫星系统、FM 副载波 RDS 系统、个人通信系统、发散频谱系统、共享频谱技术、无线数据通信系统、移动无线电系统和综合通信系统等；车辆自动定位技术由定位技术和数据传输技术组成，通过该技术的使用可实时监控每一辆公交车辆所在位置并把信息传输到调度中心。美国提出的 4 种定位技术是：路标技术(Signpost and Odometer)、全球定位系统(GPS)、路基无线电技术(Radio Navigation Location)和惯性导航技术(Dead-Reckoning)。路标技术和惯性导航技术是美国公交部门曾经广泛采用的两种定位方式，但是现在大部分企业转向使用全球定位系统(GPS)；乘客自动计数系统(APCs)是自动收集乘客上下车时间和地点的有效方法，其基本组成是：乘客数统计的方法、定位技术和数据管理系统。APCs 第一代产品的开发始于 25 年前，目前被使用的自动计数设备大部分为更新产品；地理信息系统(GIS)是一种先进的计算机软件技术，目前已经发展成为多功能的、用户共享的综合信息系统，并向智能化方向发展。在美国的公共交通系统中，GIS 已经得到了广泛的应用，最常见的应用是城市公交线路管理、调度管理及相应的信息传送等。

（二）系统工具的开发

在公交自动调度计划管理系统的研究、开发和应用方面，英国、加拿大、德国和美国一直处于领先位置。早在 1969 年，英国利兹大学的电子计算实验室(Electronic Computing Laboratory of the University of Leeds)就开始了计算机自动调度系统的研究，该系统采用了基于启发式算法的公交行车机会方法，这种方法源于第一套用于铁路机车调车计划过程。1970 年，公交自动调度系统开始得到应用，在整个 70 年代，启发式算法得以扩展，并以命名为 VAMPIRES 的系统应用于更多的用户；与此同时，适用于相对简单的问题(仅包括少量线路)，速度更快的程序 TASC 开发完成并成功应用于 70 年代，后来，VAMPIRES 与伍顿·杰弗里建立的 BUSMAN 和 Micro-BUSMAN 系统合并，成为能满足大约 50 辆车规模运营需要的调度系统。在此阶段，帕克和史密斯也提出了一种基于启发式算法求解的数学规划模型，并由此建立 IMPACS 系统。

进入 80 年代，利兹大学与伍顿·杰弗里咨询有限公司紧密合作，继续发展调度规划软件并促进软件商业化。他们先后将 TASC、VAMPIRES 车辆调度组件和 COMPACT、IMPACS 人员调度软件加入 BUSMAN，分别组成 BUSMAN 的 BUSPLAN 模块和 CREWPLAN 模块，再加上后来建立的数据库系统，形成了 BUSMAN Ⅱ版本。1986 年又成功开发了应用于微型计算机的公交调度系统 Mirco-BUSMAN。至 1989 年，BUSMAN 系统在英联邦国家的市场上占据了主导地位。

BUSMAN 以及随后的 BUSMAN Ⅱ可提供以下功能：

- 车辆及人员调度；
- 提供大量的公众信息、司机和管理方面的文件；
- 迅速产生修改方案；
- 评价可能产生的另选方案以及注册登记表。

Hamburger Hochbahn AG(HHA)是德国汉堡市区主要的公交运营商，同时还经营着

U-Baha 铁路系统。早在 20 世纪 60 年代初，HHA 就着手建立了公交数据管理部门。从那时起，HHA 对发展自动行车计划系统产生了浓厚的兴趣。20 世纪 70 年代初，其最早的行程计划系统完成，经过早期尝试，HOT 系统于 1978 年被首次应用于公司某车队的 1978～1979 年冬季时刻表的编制以及对应的车辆及人员安排计划的生成。从 1979 年开始，HHA 的所有公交车辆以及人员安排都采用了 HOT 系统。经过整个 80 年代，HOT 系统发展成了满足多种用户需要的系统，建立了相互关联的数据模型 FIT，并重构 HOT-2，使得其功能更加强大。

HOT 系统基于区域运营调度而设计，由 5 部分组成：数据管理、灵敏度分析、车辆调度、班次计划和人员安排。其数据管理采用关系型数据库，功能包括客流分析、运营数据等基础数据的管理以及数据的统计分析。灵敏度分析是一个特殊的调整输入数据的计划过程，以便减少执行特定时刻表所必要的车辆数。车辆和班次计划以及人员安排则采用边优化边调整的方法，即针对每一种情况的优化过程与调整过程交替进行。

HASTUS 是加拿大 GIRO 公司的产品。其基础工作源于 1974 年，由蒙特利尔大学交通研究中心(C. R. T)，蒙特利尔城市社区公共交通协会(S. T. C. U. M)联合开发。从那时起，陆续研制出了高水平的公交车辆和人员调度问题的软件包，GIRO 公司则承担了该优化软件的商业推广。目前，已被包括蒙特利尔、波士顿、纽约、新加坡、巴塞罗那、南特、斯德哥尔摩、爱丁堡等在内的 25 个以上的城市所应用。

HASTUS 家族包括：用于宏观决策的 HASTUS-MACRO，车辆调度计划计算机系统 HASTUS-BUS，人员计划计算机系统 HASTUS-MICRO 和用于日常人员管理的 HASTUS-DDAM。

除此以外，美国的 MITER 联运公司于 1974 年开发的 RUCUS(Run-Cutting and Scheduling，即排班与行车计划)，以色列工程技术大学的 OPTIBUS 也是具有代表性的公交调度系统软件。

国外的这些用于公交调度的商业化软件，在系统优化方面，运用各种优化理论和优化算法，从理论上保证了方案的最优性；在系统功能方面，越来越重视向公众提供各种运输信息服务，包括：电话信息系统、站台显示系统、行程安排帮助系统等。然而，这些系统还难以在我国的公交运营中采用。首先，这些系统一般要求公交线路的运行环境较为理想，而且运输公司要有足够的运输能力来满足客流需求。其次，在运营方式上，国外公交公司以区域运营为主，即通过串线行驶来减少整个运营费用，而国内公交公司大多以线路运营为主。

（三）优化理论的研究

公交调度优化理论是随着优化基础理论的日益完善、计算机技术的逐渐成熟以及城市公交快速发展而逐步发展起来的。应该说，优化基础理论的完善为调度优化理论的发展提供了可靠的基础，而计算机技术的成熟使得优化技术成为现实，城市公交调度趋于复杂化则对优化理论的发展起到了推进作用。

早在20世纪50年代后期，英国利兹大学计算实验室就已经探讨计算机在交通调度中的应用问题。1960年，该实验室向国家交通委员会提交了题目为“大规模调度计划问题的计算机求解：基础原理和未来可能性”的报告，这表明他们在调度计划的理论研究方面取得了阶段性成果。1963年，其研究成果被成功用于铁路机车调度计划，节省了15台机车中的3台。从1966年开始，曾用于机车调度的启发式算法被逐渐完善为启发式车辆调度理论，并被1967年启动的“公交车辆、人员调度计划”所采用。与此同时，美国西弗吉尼亚大学的伊莱亚斯于1966年提出了公交调度中的车辆、人员分配优化模型，将数学规划模型引入公交调度问题。1968年，在PTRC公交分析研讨会上，克尔曼·F发表了区域调度的文章，他提出的STAMINA被认为是最早的基于网络的调度优化方法。60年代中后期，雷恩·A，贝内特，哈里斯·F·R，永威尔金森等人还对司乘人员计划及注册登记有关理论和方法进行了广泛的研究，其中永威尔金森首先提出使用整数线性规划解决排班问题的理论与方法。

进入70年代，各种调度软件的研发促进了调度优化理论的进一步发展。帕克和史密斯结合人员调度软件IMPACS系统的建立，发展了基于启发式求解的数学规划模型，使得数学规划模型得以在计算机上实现。霍夫施塔特提出了基于网络调度优化的Hungarian算法，该算法后来在HOT系统中得到应用。1975年在芝加哥举行的“公交车辆功能自动调度技术”研讨会上，第一次将应用软件分为基于线路和基于网络两类，表明基于网络的优化理论已较为成熟，而且得到了广泛的应用。1979年，阿里欧、柏林格、莫伊苏洛维奇联合提出了较为完整的关于保证准确度的分时段优化调度的方法，该方法在HOT系统中被采用。70年代中后期，用于评价不同调度方案的模拟程序也由布莱、杰克逊、科夫曼和瑞安等人建立起来。另外，在整个70年代，公交调度优化理论中还运用了匹配算法(Matching Methods)、集划分算法(Set Patitioning)、集覆盖法(Set Covering Approaches)和交互式优化法(Interactive Approaches)等寻优方法，它们主要被应用于司乘人员的计划制定，著名的HUSTUS系统就采用了这些方法。

80年代公交调度优化理论的发展特点是：

① 更多的实用理论的建立；

② 区域调度优化理论研究有了较大的发展；

③ 公交调度计算机模拟开始受到重视。

对于实用理论的研究，80年代初期，H·I·施特和A·琴代尔将赤字函数法(Deficit Function Approache)应用于车辆调度计划中，并采用此方法对营运车辆最小化问题进行了研究。1985年，彼得·G·弗思针对线路双方向客流不均匀问题，探讨了如何优化放车调度(空车发出，中途载客)过程，并提出了相关模型。哈里劳斯·N·库措普鲁斯等人的用于确定发车频率的数学规划模型及其解法也于1985年提出，该模型以乘客候车时间、车内拥挤程度、企业经济效益的加权平均数为目标函数，综合考虑了公交服务水平和公交企业效益。80年代后期，亚当斯基·A在研究首末站控制调度特点的基础上，提出了用于调度控制的经验模型，即公交调度专家系统模型。

区域调度优化理论研究主要集中在单车场调度(SDVS)和多车场调度(MDVS)的模型和解法上，卡拉雷西和加略于1984年提出了被称为“先分组后安排线路(Cluster first-Schedule Second)”的模型成为解决多车场调度问题的基础。1987年，贝尔托西将MDVS看作多种货物匹配问题(Multi-Commodity matching problem)并提出了采用启发式算法的解法。

计算机模拟技术被广泛应用于公交调度始于80年底初期，1981年，古普塔·A·A和威瑞特·P提出了用于优化公交线路发车频率的模拟模型；1985年范德帕拿·U和A·J·里夏多对公交线路营运情况进行了模拟；1986年范德帕拿·U和A·J·里夏多通过对公交运营线路的模拟，提出了线路有效控制点策略；1988年儒瑞维德·S通过模拟手段对公交调度控制策略进行了评价。

随着智能公交系统(APTS)的发展，90年代开始重视对实时调度和各种调度控制模式下调度优化问题的研究。1990年，李又华和让-马克鲁索提出了“实时放车调度”的优化模型及其启发式解法。1995年，马萨诸塞技术学院的埃伯莱因完成了题为“Real-Time Control Strategies in transit Operations：Model and Analysis”的博士专题，比较系统地研究了实时调度问题。相关地，该阶段对地铁系统的实时调度优化问题也进行了大量的研究。对于各种调度控制模式下调度优化问题，具有代表性的研究为：1993年，英国的马拉奇·卡雷研究了车辆的非准点到站分布，以及不同发车间隔下乘客的到达分布，基于个体对费用、出行时间等因素的考虑研究了时刻表的制定问题；1995年，美国的亚当斯基·A等运用SIMULINK仿真工具对处于准点控制、发车间隔控制、协同控制和随机控制4种调度控制模式下的公交线路运营状况进行了模拟仿真研究。1998年，保罗·德勒·希特等研究公交客运走廊上的调度优化模型，研究线路在不同的运营模式下(例如不同车辆配置)的调度优化问题，优化的内容包括：公交客运走廊上的车辆配置、发车频率和区间车的设置等。1999年，美国的马吉德·德苏基等运用车辆跟踪技术研究了大间隔发车的公交车辆到站时间的延误分布，发现车辆的晚点与起始时间无关，为实时控制提供了一定依据；以色列的A·塞德等人于1999年对最大一致性的公交时刻表进行了研究，建立了多条公交线路协调发车的调度模型。除此以外，90年代对区域调度优化问题的研究又有了新的发展，1990年，拉马奇提出了另一个Multi-Commodity过程，该过程采用时空网络来描述MDVS问题，该方法可以求解2车场250次行车问题。同年，梅奎塔和派尚提出了针对Multi-Commodity过程的解法，它可以求解3车场600车次行车的较为复杂的调度问题。求解MDVS问题最成功的办法是1997年洛贝尔提出的，它采用被称为“Lagrangean Pricing”的特种类型“列生成”，并在实际问题中求解了2500次行车的优化问题，但模型并未考虑行车时间限制。

90年代以后，克里斯托·韦勒塞等人于2000年通过分析以出行费用最少为目标的车辆与司机的最佳组合问题，提出了一种快速的遗传算法，在希腊的几个运输公司得到了较好应用；2000年，阎尚尧用多时空网络描述了城市间的长途客运的调度优化问题，并提出用拉格朗日遗传算法和流量分解算法求解此类问题的思路。美国的伦道夫·哈尔等于2001年提出以线路上固定的控制站对公交车辆到站时刻进行控制的调度控制策略，有效解决了控制信息传输的延误。

2.2 国内智能公交系统的应用概况

在系统建设方面，国内多个城市从20世纪90年代开始了智能公共交通系统建设方面的实践。随着国内对智能交通系统的日益重视，科技部在“十五”期间启动了智能交通系统(ITS)城市示范试点工程，共选择了十个城市进行智能交通系统相关系统的示范工作。其中，有多个城市选择了与智能公共交通系统相关部分的示范内容。[6]

1. 北京市

1998年3月，北京市公交总公司决定开展“北京市公交总公司智能化调度系统总体方案设计及示范工程”项目，这是我国第一个综合性公交ITS项目。项目的总体目标为：建立集运营指挥调度、综合业务通信、乘客信息服务等为一体的智能化公交管理系统。系统建成后，在总公司调度指挥中心屏幕上能监视线路上公交车辆运营的动态情况，并通过综合业务通信网络实现总公司、分公司和区域调度中心的实时通信，区域调度中心能对运营车辆进行实时监控指挥。

北京市公交智能化调度系统总体结构包括7个子系统：计算机网络子系统、通信子系统、GPS子系统、调度平台子系统、大屏幕显示子系统、电子站牌子系统和会议电视子系统。北京公共交通(汽车、电车)智能化管理第一期工程以建成北京公交调度指挥中心为目标，是将公交运营调度、车辆维修、GPS系统、IC卡票证服务、计算机中心融为一体的智能化交通系统工程。北京公交ITS示范工程于1999年投入运行，首次投入运行的装有先进的车载卫星定位系统和无线通讯装置的车辆约为300多辆。

在科技部“十五”智能交通系统应用试点示范工程中，与城市智能公交系统相关的示范内容包括：

■ 北京市公交系统示范工程

该课题由北京市公交总公司组织实施的区域调度示范工程和西客站枢纽建设工程等两大工程组成。区域调度示范工程包括技术支持系统研究和应用系统建设等工作。

2. 上海市

上海市1999年第一条应用GPS技术进行调度管理的公交线路-981路在浦东投入运行。该系统选择了无线通信技术来传送定位信息，其车载设备用液晶显示和语音提示相结合的方式提示驾驶员，有利于驾驶员安全驾驶。该系统的监视软件提供了行驶速度预警，预测车辆到达站点时间，并且具有较为完善的电子地图显示功能。

2004年7月，包括导乘指南、来车预告、安全驾驶、信息发布等多项功能于一体的城市公交运营信息化系统在上海投入试运行。该系统能够利用公交车站安装的电子站牌显示车辆预计到站时间，从而实现来车预告功能。同时，公交车辆上安装了“公交行驶信息记录仪”，能够对司机的驾驶状况进行监督。

3. 广州市

在科技部“十五”智能交通系统应用试点示范工程中，广州市开展的与城市智能公交系统相关的示范内容包括：

■ 面对社会公众的交通信息服务系统

用户通过交通广播、可变情报板、互联网、交通咨询热线电话、路侧广播、车载终端、手持终端、电视等多种媒体渠道，得到多方式的城市道路交通信息、公共交通信息和换乘信息以及其他实时信息，出行者根据这些信息确定自己的出行方式和路线，为其便利、舒适出行提供有力的支持，使人们享受“数字化”的交通信息服务。

目前，在广州市康王路已经建成了8个拥有加宽防雨棚、站牌、时钟、GPS自动报站系统、信息栏、盲道等设施的广州市新型候车亭。在候车亭的站牌上方安装了电子显示屏，乘客候车时可以获得下班车辆到达时间等信息服务。

4. 杭州市

杭州市是我国第一个将GPS定位技术应用到公交车辆调度管理中的城市。当时建成的调度系统具有一定的车辆监控、管理和查询功能。系统还具备在电子地图上显示车辆运行状态的能力，并且有报警以及运行车辆到达时刻站台显示等功能。但是系统目前只在杭州市部分公交线路上应用，而且系统传递信息的方式是单向的，调度中心可以获得驾驶员发来的消息，但不能对驾驶员的操作发布实时的指令。

在科技部“十五”智能交通系统应用试点示范工程中，杭州市开展的与城市智能公交系统相关的示范内容包括：

■ 交通信息系统

系统将初步建成融旅游交通、公共交通、公安交通管理为一体的交通信息系统，为杭州市持续发展ITS奠定基础。系统的构成包括交通信息采集系统、交通信息管理系统、交通信息服务系统三大组成部分。系统将提供道路交通状况信息、换乘信息服务、旅游服务信息、停车服务信息、公交服务信息等综合性的交通信息服务。

■ 先进的公共汽车交通系统

杭州市的先进公共交通系统(APTS)在未来将实现公共交通系统智能化管理，提供多种方式的查询及显示系统，方便旅客出行；开发计算机辅助调度系统，提高调度员的调度水平和行车计划的兑现率，增强安全和效率；实施公交优先，开行公交路口优先通行系统和公交专用道系统，提高公交车辆的运行速度，全面提高服务水平，吸引乘客，减少交通拥挤。

先进公共交通系统在“十五”示范期间的具体建设内容为：建成环城北路、天目山路的公交汽车优先。

5. 青岛市

在科技部“十五”智能交通系统应用试点示范工程中，青岛市开展的与城市智能公交系统相关的示范内容包括：

■ 智能化公共交通调度管理系统

➢ 公交智能调度软件

科学编制行车时刻表，合理配车，提高车辆的满载率和周转率，提高公交系统的运输能力。实现调度员对行驶中车辆驾驶员的现场调度、实时监控功能。

➢ Wap Server 无线网络数据收发系统(数据通信接口部分)

本系统主要实现驾驶员与调度员之间的指令或语音的双向交流，是调度员操作平台的主要数据来源，也是驾驶员与调度员联系的桥梁。

➢ GPRS 公交车载定位终端

该车载终端能够提取内置的 GPS 单元的数据(经度、纬度、速度、时间)，并将这些定位信息和车牌号、运行状态、车控标志等信息通过 GPRS 通信模块发送到监控中心。监控中心发送的指令能够以声音和文字的形式通过终端提示给司乘人员。

➢ 公交电子信息站牌

公交电子信息站牌将能够实时显示车辆运行动态，让乘客及时根据车辆行驶情况选择乘坐车次，从而免受等车之苦。

➢ 完备的信息服务

在公交车辆和公交站点为乘客提供道路交通信息，城市旅游信息。

➢ 信息接口和标准

同时，青岛市公交企业的 IC 卡售票系统在国内走在了前列，拥有大量稳定的社会用户。IC 卡公交售票的普遍使用对于使用 IC 卡系统作为信息采集手段收集乘客信息具有重要的作用。

6. 深圳市

在科技部“十五”智能交通系统应用试点示范工程中，深圳市进行的与城市智能公交系统相关的示范内容包括：

■ 公共汽车有限公司营运管理系统

深圳市公交集团以公交车营运信息采集、分析、辅助营运决策为主要目的的公交车营运子系统于 2000 年 9 月开始应用至今，已经基本能实现对公交车辆、人员、线路等进行静、动态结合的管理，日本公交智能化的初级技术—公共汽车接近显示系统，已被这一系统采纳并应用于对车辆的初步动态管理上。

■ GPS 定位系统

深圳市中南运输科技有限公司成功地将 GPS 技术应用到其总公司的跨市长途班车和市内公共中小巴上，利用 GPS 系统定位功能，与电子地图相结合，实现了跨区域、大范围内移动车辆的实时跟踪，并确保了信息发布、车辆调度、车队管理、车辆监控、车辆防盗防劫及紧急求援报警等功能能够顺利实现。

■ GIS 的应用及公交信息自动查询系统

该系统运用信息处理技术，在 GIS 底图上形成了一个与所有交通系统相关联的网络，建立了以公交信息为主的矢量电子地图数据库、关系数据库等多平台多数据库的集成，基本上实现了以“转乘次数最少，距离最短”等为条件的最佳路线选择模式，并且具备了航空、铁路、公路、水路等常用客运交通信息的查询功能。

7. 南京市

南京市虽然没有列为“十五”科技部智能交通科技示范项目，但是南京市公共交通系统在管理方面已经具有了一定的基础，主要包括：

● IC 卡自动收费系统

南京市几年前就实现了公交车辆全部无人售票，日载客量最高时候达到 350 万人次。通过对 IC 卡交易数据的处理和分析，南京市公交总公司能够对公交车辆的调度情况进行一定的调整。

● 公交调度中心

南京市公交总公司建设了现代化的公交调度中心，能够对市区部分公交车辆进行定位监控，显示公交车辆的行驶状况，并根据情况进行一定的调度。

● 公交电子站牌

在南京部分车站已经试点设立了电子站牌，可以显示部分公交线路的车辆动态行驶信息。

2.3 当前中国城市智能公交系统的趋势分析

国内智能公共交通系统当前的发展趋势，主要呈现如下的特点[7]：

1. 公交车辆定位监控系统的应用规模逐步扩大，车载 GPS 定位终端的安装开始从部分示范性质的公交线路逐步扩展。对于经济发达地区的部分大型、特大型城市，已经开始为主城区的公交车辆全面配备定位终端。

2. 公交定位监控系统的用途得到延伸，除实现公交车辆定位的功能外，在企业运营管理上开始利用公交车辆定位数据为公交车辆班次安排和实时调度服务。同时，在部分山地城市(例如重庆)，公交企业开始利用公交车载定位终端加强对公交车辆驾驶安全的管理。

3. 城市智能公交管理系统通讯网络架构日趋完善，公交总公司调度中心与各调度分中心、调度室之间采用 VPN 等有线通信方式，公交车辆 GPS 定位终端通过 GPRS 方式将数据发送到手机通信服务商，再由服务商将数据利用有线方式转发给公交调度子系统。通信网络和通信终端设备的发展，使得智能公交管理系统能够真正发挥作用，智能公交管理系统的数据真正实现了实时发送、处理、存储和查询。

4. 城市公交车载多媒体系统初具规模，通过利用车载终端广告资源进行资产置换，城市公交企业获得了信息系统系统建设资金，从而能够大量为公交车辆安装车载终端机(包括车载多媒体系统和定位调度系统)。目前，公交车载多媒体系统多半使用了城市移动电视的广播模式，未来将可以利用移动终端为公交乘客提供进一步的信息服务。

5. 公交企业开始重视对客流量信息的动态采集，部分城市开始在公交线路上配备公交乘客车载客流量检测器。利用车载设备自动实现对公交车辆上下车客流量的检测和数据记录。

第三章　智能公交管理系统体系架构

城市智能公共交通管理系统是城市智能交通系统最重要的子系统之一，城市智能公共交通管理系统的建设和运营，涉及信息领域、数学优化领域、管理领域、资源调度领域等多学科的知识、并需要应用通信、控制、计算机网络、GPS/GIS 等现代高新技术，因此对于城市智能公共交通管理系统的研究首先应该从其系统架构的研究展开。

在研究国内外 ITS 体系框架研究的成果的基础上，结合我国公交运营管理的特点，将现代企业管理系统整合到城市智能公交管理系统中，提出了城市智能公共交通管理系统的整体架构。并在进一步分析城市智能公共交通管理系统各子系统特征的基础上，对其基本功能和关键技术作了具体分析。

3.1　传统的智能公交管理系统架构

我国 ITS 研究起步较晚，但是经过多年的不懈努力，也已经取得了一定的成果。在 ITS 体系框架方面，国家科技部于 2000 年 3 月组织全国交通运输领域专家组成专家组，起草中国 ITS 体系框架，目前项目已经完成。在该项目的研究过程中，专家借鉴了国际标准 ISO/TR 14813 以及美国 ITS 的研究内容，并充分结合了我国的实际国情。中国的 ITS 框架在研究内容上基本与国际标准和美国的研究内容一致，这便于和国际接轨，加强国际交流与合作。

中国 ITS 体系框架中，与智能公共交通系统相关的服务内容包含在出行者信息、电子收费和运营管理服务领域中，详见表 3.1。

中国 ITS 体系框架中的公交相关服务领域与服务　　**表 3.1**

服务领域	服　务	服务英文名称
电子收费	电 子 收 费	Electronic Payment Service
出行者信息 Traveler Information System(ATIS/APTS)	出行前信息	Pre-trip Information
	行驶中驾驶员信息	On-trip Information

续表

服务领域	服　务	服务英文名称
出行者信息 Traveler Information System(ATIS/APTS)	途中公共交通信息	On-trip Public Transport Information
	个性化信息	Personal Information
	路径诱导及导航	Route Guidance and Navigation
运营管理 Transport Operation Management(CVO/APTS)	公 交 规 划	Public Transport Planning
	公交运营管理	Public Transport Operation Management
	车 辆 监 视	Vehicle Monitoring
	一般货物运输管理	Common Freight Transport Management
	特种运输的管理	Special Transport Management

在前面确定的 8 个服务领域之下，中国 ITS 体系框架确定了 34 项服务，138 个子服务。

在传统的公交体系框架中，可以将智能公共交通系统描述为：采用全球定位系统(GPS)进行数据采集，结合公交出行调查，以地理信息系统(GIS)为操作平台，在对公交线网进行布局、线路公交方式配置、站点布置、发车间隔确定、票价的制定等进行优化和设计的基础上，实现公交车辆的自动调度和指挥，保证车辆的准点运行，并使出行者能够通过电子站牌了解车辆的到达时刻，从而节约乘客的出行时间。同时，公交出行者可以通过媒体方便地获得公交信息，使得更多出行者采用公交出行方式。最后，对智能公交系统的社会效益、经济效益和服务水平进行评价。此时，智能公共交通系统结构框架如图 3.1 所示。[8]

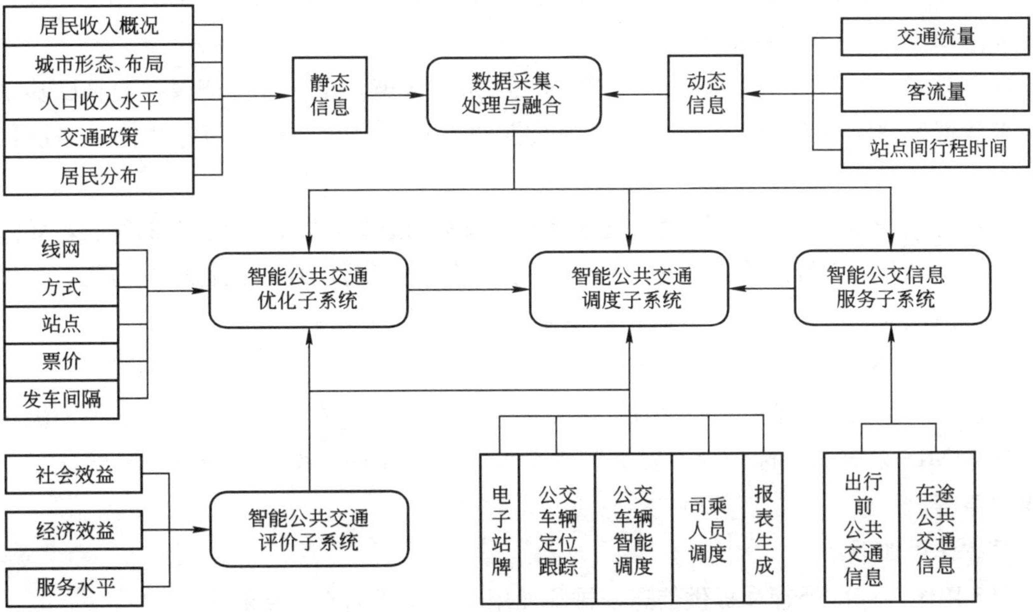

图 3.1　智能公交系统传统的结构框架

3.2 当前企业管理中信息与管理技术的发展

国内学者针对智能公共交通系统体系框架的研究，为智能公共交通系统的建设、实施奠定了较好的基础。但是上述的架构从城市公交企业应用角度分析则存在着一定的不足。随着我国城市公交企业管理要求的不断提高，公交企业决策层、管理层对企业信息化、智能化管理的需求也越来越迫切，开始尝试引入先进的管理手段提高对企业的实际管理能力。采用的系统包括：

- ◆ OA(Office Automation)——办公自动化
- ◆ HRM(Human Resource Management)——人力资源管理
- ◆ ERP(Enterprise Resource Planning)——企业资源计划
- ◆ MIS(management information system)——管理信息系统

其中，管理信息系统 MIS(management information system)的概念是 1961 年美国人 J·D·加拉格尔首先提出来的，是一门新兴的、集管理科学、信息科学、系统科学及计算机科学为一体的综合性学科，研究的是企业中信息管理活动的全过程，以便有效的管理信息，提供各类管理决策信息，辅助企业进行现代化管理。[9]并且，现代的 MIS 已经包含了 OA、HRM、ERP 的多种设计功能，使得自身的功能日益完善。

(一) MIS 的发展过程

MIS 的发展大致可分为 3 个阶段：

➢ 产生阶段：20 世纪 50～60 年代，可以归纳为计算机数据处理(Electric Data Processing，EDP)与业务信息系统。

➢ 发展阶段：MIS 的发展是 70 年代的一项重大成就，不仅逐步普及，而且已从单一的业务数据处理发展为功能比较完善的综合性的 MIS，MIS 的理论与方法体系得以最终形成；

➢ 智能化阶段：进入 80 年代，随着计算机技术的进步，“人工智能”的突破，导致了专家系统技术等人工智能技术在管理系统中的应用。为了适应现代化管理的需要，在扩充 MIS 功能的同时，人们开始着重研究用于管理决策的专家系统。

(二) MIS 的功能

管理信息系统是企业的信息系统，它具备数据处理、计划、控制、预测和辅助决策功能，建立 MIS 系统的目标包括：协调管理全局、提高管理效率、实现管理科学化、创造组织效益等。

具体作用如下：

(1) 用统一标准处理和提供信息，排除使用前后矛盾的不完整的数据。

(2) 完整、及时提供在管理及决策中需要的数据。

(3) 利用指定的数据关系式分析数据，客观预测未来。

(4) 向各级管理机构提供不同详细程度的报告，缩短分析和解释时间。

(5) 用最低的费用最短的时间提供尽可能精确、可靠的信息，以便使决策者选择最佳的实施方案，以提高企业的经济效益。

(6) 除以上基本功能外，不同的组织中的MIS还具有各自的特殊功能，如信息资源分配、决策辅助等。

(三) MIS的类型

➢ 集中式的MIS：即“经典”MIS，是以集中的大型数据库管理系统为基础的，把企业管理决策需要的所有数据，放进一个称为“企业模型”的结构中，组成一个集中数据库，使企业数据具有合理的整体结构、较高的独立性、良好的安全性与完整性、可控的冗余度并可方便地共享，为企业信息系统的集成控制和引入并使用预测与决策的许多模型创造了条件，但数据在物理上的集中存储，带来数据采集的滞后和信息反馈的延迟，造成“事中控制”和“事前决策”的困难。

➢ 实时的MIS：以集中的大型DBMS、实时操作系统、在线访问为基础的MIS是实时MIS。其基本特征是在于它在线(on-line)实时接受用户需求并及时作出响应，主要用于一些多用户的专项服务管理，例如，航空预约订票服务系统、银行储蓄系统、医院门诊管理信息系统等等。对需要有全局控制又及时响应的专项服务，实时MIS是有效的。

➢ 分散式的MIS：企业各职能部门采用微机及其关系数据库来开发本部门的信息系统。其优点是能适应部门的需要，调动部门的积极性，灵活机动，投资少，见效快。缺点是形成了一个个信息化“孤岛”，当整体规划和管理控制乏力时，则可能形成目标分散，资源分割，交流受阻，集成困难的局面。

➢ 分布式的MIS：以计算机网络与分布式数据库为基础，实现企业数据的统一组织，分级存储，共享管理。这种分布式系统有数据库服务器的中央存储与处理作为支撑，而每个用户又有自己的微机、本地数据库和业务应用程序来完成本身的工作；当本地资源不足时，才向服务器提出资源共享的请求；而且在逻辑上用户并不会直接感觉到这一点。但其应用程序形式的模型在运行中是固定不变的，很难满足半结构化决策与非结构化决策的需要。

3.3 综合性智能公交管理系统的架构解析

3.3.1 智能公交管理系统总体框架

对国内城市的公交企业而言，将公交智能化运行系统与公交企业智能化管理系统有机的组合在一起，将能够充分实现公交信息资源的共享和应用。此时，上述两个系统之间将通过公交通信子系统和数据中心实现数据的共享以及其他相关业务的操作。城市智能公交管理系统此时的系统架构如图 3.2 所示：

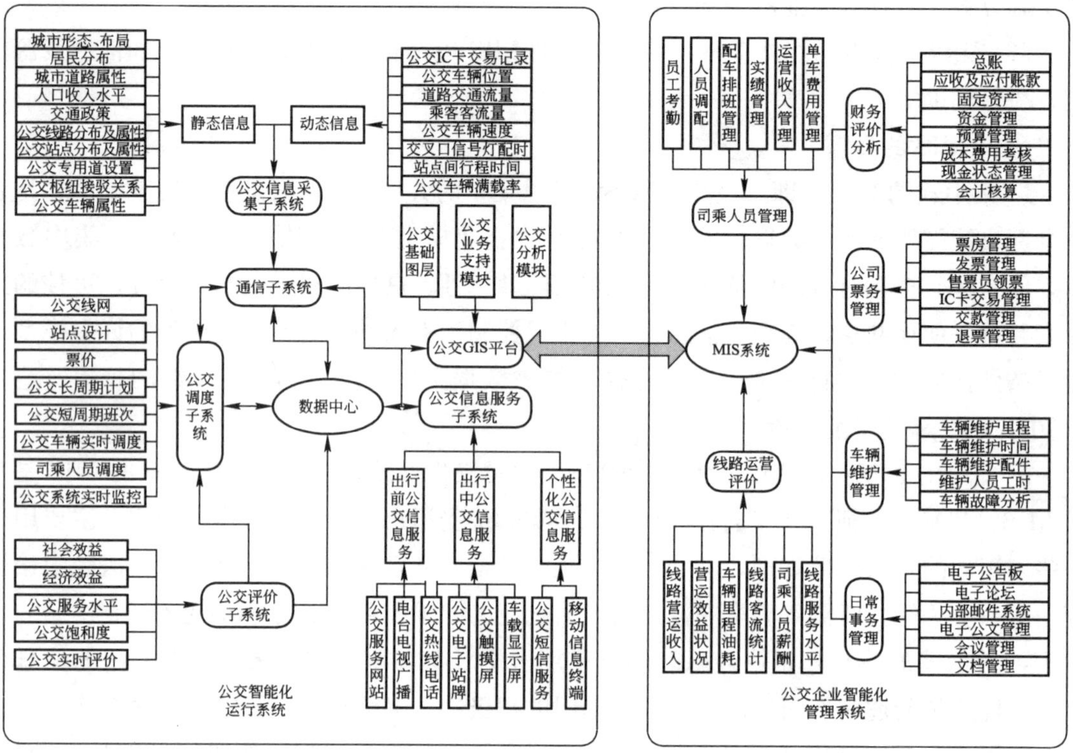

图 3.2 城市智能公交管理系统结构框架图

城市智能公交管理系统由公交智能化运行系统与公交企业智能化管理系统两部分构成，两个系统之间通过公交通信子系统和数据中心实现数据的共享以及其他相关业务的操作。

通过把管理信息系统(MIS)集成到智能公交管理系统中，城市智能公交管理系统不但实现了对原有各智能公交子系统设备、信息、资源的集成，同时实现了公交企业管理和决策的整合。根据系统论原理，任何系统都不是系统各个要素的简单叠加，系统整体性能大于其内部各要素性能之和；因此，通过对城市公交企业车辆、人员、场站设施、公交专用道、信息技术、通信技术、管理技术、控制手段等相关要素的有效系统集成，智能公交管理系统将发挥巨大的整体能量。

智能公共交通管理系统将采用先进的地理信息技术，以 GIS 平台上的电子地图为载体，通过对公交车辆、客流的采集、传输和处理，实现了对公交运营车辆的实时监控和调度，使得公交企业能够迅速调整公交车辆的运营状况，提高运营车辆的效率，使公交部门实现资源最佳分配和利用，达到运营的高效化。同时，系统通过与外部系统的接口来提高安全协调监控和紧急救援等服务。实现了公交运营调度的智能化和运营管理的现代化，大大提高公交车的服务水平和公交企业的现代化管理水平。

公交智能化运行系统由主要由如下八部分构成：

■ 数据中心
■ 公交 GIS 平台
■ 公交通信子系统
■ 公交调度子系统
■ 公交评价子系统
■ 公交信息采集子系统
■ 公交信息服务子系统
■ 公交收费子系统

公交企业智能化管理系统是公交企业自身的智能化管理系统，包括了 MIS 系统和 OA 系统的功能，主要实现公交企业的自动化管理和无纸化办公。其主要功能模块将包括：

■ 线路运营评价
■ 公司票务管理
■ 日常事物管理
■ 车辆维护管理
■ 车队及公交场站管理
■ 司乘人员管理
■ 财务评价分析

3.4 城市智能公共交通管理系统功能设计

城市智能公交管理系统各分系统及模块的功能和系统架构设计，主要包括公交智能化运行系统与公交企业智能化管理系统两部分。

3.4.1 公交智能化运行系统

公交智能化运行系统的八个组成部分，可以按照其功能分为三类。

第一类是系统基础功能模块，包括数据中心、公交 GIS 平台和公交通信子系统。这三个模块是公交智能化运行系统乃至整个城市智能公交管理系统正常工作的基础。

第二类是公交智能运营控制模块，包括公交调度子系统、公交信息采集子系统、公交信息服务子系统、公交收费子系统。这四个模块是公交智能化运行系统日常运行的功能模块，通过这些模块实现对公交企业自身运营的调节，以及对社会公众的诱导。

第三类是公交数据分析模块，包括公交评价子系统。该模块根据公交智能化运行系统采集到的数据进行数据分析和数据挖掘，对公交系统运行状况进行分析，为未来的政策制定进行辅助决策。

上述各功能模块将在如下各部分中分别进行分析。

(一) 数据中心

数据中心是城市智能公交管理系统各子系统信息交互的枢纽，主要完成公交相关信息的汇集、存储和处理功能。数据中心在逻辑上由中央数据库系统、数据处理系统和数据库管理系统三部分构成。中央数据库系统负责对数据的汇集和存储，数据处理系统负责对公交信息采集子系统采集数据的数据融合及初步的数据处理。

中央数据库的数据来源有两类：其一是来自各子系统的数据，另一类是经过信息融合处理的数据。中央数据库由数据库管理系统进行管理和维护，通过用户界面与用户进行交互。数据处理系统在逻辑上与中央数据库系统异构，在实体结构上可以实现物理同构。

(二) 公交 GIS 平台

交通地理信息系统(Geographic Information System for Transportation)简称 GIS-T，是收集、存储、管理、综合分析和处理空间信息和交通信息的计算机软硬件系统。它是 GIS 技术在交通领域的延伸，是 GIS 与多种交通信息分析和处理技术的集成。

公交 GIS 平台系统运用信息处理技术，在 GIS 底图上形成一个与所有交通系统相关联的多层次、多路径、多节点的路网、线网、节点网络，建立以公交信息为主的矢量电子地图数据库、关系数据库等多平台多数据库的集成，具有较强的交通网络系统的空间分析与空间数据处理能力，基本实现以“转乘次数最少，距离最短”等为条件的最佳路线选择模式，并且具备航空、铁路、公路、水路等常用客运交通信息的查询功能，为未来智能综合公共交通系统开发网络查询系统打下基础。[15]

公交 GIS 平台的主要内容包括：

■ 公交基础信息图层

■ 公交业务支持模块

■ 公交分析模块

公交基础信息图层将定义、描述公交系统的车辆、道路、线路、站点等基础静态信息，这些基础信息图层将为城市智能公交管理系统其他模块提供基础显示、评价的平台。基础信息图层包括：

➢ 道路信息图层(含公交专用道信息)

➢ 公交线网图层

➢ 公交场站图层

➢ 公交车队图层

➢ 公交车辆基本信息图层(载客能力、车速、位置、从属车队)

➢ 司乘人员信息图层

➢ 公交客流信息图层

公交业务支持模块将为城市智能公交管理系统其他子系统的业务提供业务支持，通过调用中央数据库系统的历史及实时数据，在业务支持模块相关图层的基础上，其他子系统的业务可以直观的显示出来。例如，公交调度子系统对公交车辆的调度功能就需要公交车辆位置图层、公交场站图层、公交线路图层等的支持才能够实施。

公交分析模块是利用 GIS 系统自身的分析功能，通过建立良好的公交网络描述、拓扑关系描述、为网络分析提供基础；同时建立各种重点专题图，提供各种友好的分析与检索功能。

将交通 GIS 平台引入公交管理系统，可以大大提高公交公司的管理水平，给予公交公司强大的信息服务能力。在城市智能公交管理系统中，GIS 平台将发挥如下的作用：

(1) 使公交管理工作变得轻松直观

由于采用空间数据和数据库挂接，改变了传统的信息管理方法，地图由传统的静态纪录变为信息丰富多样的动态的电子地图，实现了数据可视化。它使公交公司对公交场站等基础设施的管理变得直观、简单和轻松。如通过直接对地图实体进行查询，可以获得公交线路的空间位置和走向、班次安排、客流量等多方位的信息。通过综合统计和分析各种交通数据以及采用丰富多样的图表显示，可以为决策提供科学快捷的支持。

(2) 实现公交运营动态管理

借助 GIS 的运行路径选择功能，公交企业可以对公交车辆的运营线路进行优化，并根据专题地图的统计分析功能，分析客流量的变化情况，制定相应的行车计划。同时，以交通 GIS 平台为基础，结合车辆定位技术和通信技术，公交公司可以实现对公交运营车辆的动态管理。

(三) 公交通信子系统

公交通信子系统同样是城市智能公交管理系统的基础模块之一。根据各子系统间数据传输需求情况，公交通信子系统可以选择采用光纤网、10M/100M 以太网、ADSL、MODEM等多种有线通信方式，以及无线常规通信、无线集群通信、GSM、GPRS、CD-MA、卫星通信等无线方式。

此外，公交通信子系统还将预留与外部网络、其他部门专网(如公安网)互通互连的信道，以满足系统升级的需要。

(四) 公交信息采集子系统

公交信息采集子系统是公交调度子系统、公交信息服务子系统、公交评价子系统等模块正常工作的前提。只有建立起稳定、可靠的信息采集子系统，才能获取足够的动态公交信息，并进而通过数据处理和积累逐步构建较为完善的公交管理中央数据库。

公交信息采集子系统采集的实时动态信息将为公交企业实现车辆实时调度提供依据，为公交信息服务提供基础数据源；同时，公交管理中央数据库的历史信息还可以为公交企业中远期班次安排、公交系统评价等业务提供数据支持。

公交信息采集子系统中，从技术上说最难解决的是公交场站的信息采集。主要原因是公交场站通常都是被多路公交线路同时使用，乘客个人的等车时间很难准确测量。目前通常的解决方案是按照公交车辆统计的车辆到站时间和各站点上车人数，通过数据分析计算乘客的等待时间。

（五）公交信息服务子系统

公共交通信息子系统是提高公交方式出行可靠性的有效途径，同时也是引导交通需求均衡分布的有效手段。完善的公共交通信息服务系统可以为乘客提供多方位的信息服务，包括出行前信息服务、出行中信息服务、个性化信息服务等。同时，公交信息服务子系统还将通过数据接口（预留的）为其他运输企业和相关管理部门、政府部门提供公交信息服务。

◆ 出行前公交信息服务在乘客出行前为其提供准确和及时的信息，使乘客可以根据这些信息进行决策，选择出行路线和出行时间。出行前信息涵盖广泛，包括城市地图、公交路线、线路路经的站点、站点路经的线路、首末班车时间、某线路公交车辆预计到达各站点的时间、线路经过的重要景点、票制票价、公交车辆满载率情况、道路交通信息、天气状况等各种信息。在此基础上，还可以根据乘客的出行需求帮助乘客制定出行计划，确定出行路径和换乘方式。

出行前信息服务的方式主要包括公交服务网站、公交热线服务电话、电台广播、电视公交专栏信息广播等多种形式。

◆ 出行中公交信息服务为乘客在旅途中提供公交系统的动态运行信息，信息内容包括公交车辆的预计到达时间、城市实时交通状况、乘客换乘建议、天气状况、新闻广播等。

出行中公交信息服务的主要方式包括公交车载信息显示终端、公交车载信息广播、公交车外置信息终端、公交场站电子站牌、公交场站信息查询终端等多种形式。例如，在公交站点，出行者可以通过公交电子站牌，非常直观而又直接地得到公交方面信息，包括站点经过的线路、首末班车时间、某站某线路某辆车到达的时间、票价信息、IC 使用信息，以及道路交通、天气、车辆情况等信息。在公共汽车上，出行者可以通过车里的专用的公交车载终端获得相关的信息，包括车辆的行驶方向、全程里程、行驶时间、下一站的车辆要到达的站点等相关信息。

◆ 个性化公交信息服务是乘客使用手机、PDA、无线笔记本电脑等移动终端，自主向公交信息服务中心等服务机构发送数据请求，通过互动操作获得乘客定制的专业公交信息服务。具体个性化信息服务内容本报告将在后文部分进行研究。

公交信息服务系统是智能化公交管理系统的重要组成部分，也是直接面向乘客，如果开发较好，能给乘客出行带来非常大的便利。

可以认为，公交服务子系统是对乘客作用十分明显的一个系统，但是这个系统的建设需要城市投入大量的资金和人力，对公交服务子系统的研究应该提供服务系统的建设构架，并对公交信息服务中关键技术进行研究。

（六）公交调度子系统

公交调度子系统是整个城市智能公交调度系统运行的核心子系统，从分类上来讲，公交调度分为线路调度和区域调度两类。目前我国城市公交调度普遍采用线路调度的方式，而公交区域调度是国外大城市普遍采用的、高效率的调度模式。

在建立基于线路的实时调度系统的基础上，对智能公交系统区域调度技术进行了相应的研究，此时的智能调度子系统将包括如下四个模块：

■ 智能公交班次安排模块

■ 公交车辆实时调度模块

■ 公交调度优化模块

■ 智能公交区域调度模块

在公交调度子系统的模块中，智能公交班次安排模块将根据线路乘客客流量预测和公交车辆的配备情况，确定各条线路发车的班次安排和公交车到达各站点的预计时间。公交车辆实时运行调度模块则是在公交车辆运营过程中，根据车辆上乘客的载客率变化及公交车辆的行程时间预测，对各公交车进行实时的调度。[10]公交调度优化模块则是根据公交企业运营的历史数据、以及城市规划、交通管理等多方面的信息，对公交车辆实时调度模块进行自主优化。区域调度模块是在公交线路智能调度的基础上，将区域内的公交线路管理和调度进行整合，充分利用公交企业的资源，同时也能提高公交的服务水平。

（七）公交评价子系统

公交评价子系统将主要根据社会系统对公交企业运营绩效的满意度指标，对公交企业的运营情况进行评价。公交评价子系统设计中，理论方面最关键的内容就是公交评价指标体系以及相关评价模型的建立，系统运行方面最关键的内容是公交评价相关评价参数的获取(包括历史统计数据以及实时动态数据)。

公交评价的内容主要包括：

■ 公交运营服务水平评价——对智能公交系统运营状况进行评价，评价将包括安全性、方便性、快捷性、准点性、舒适性、高效性等。

■ 公交线网状态评价——对场站设施、公交车辆状况、公交线路(站点)通行能力等因素进行评价；

■ 公交效益水平评价——对公交企业运营的经济效益和社会效益进行评价。

（八）公交收费子系统

公交收费子系统将IC卡作为票据介质引入公交企业的运营，通过在公交车辆上安装IC卡终端，IC卡乘客乘车时能够实现持卡支付，避免了现金交易及乘务员找零的过程。尤其是目前多数城市实用的感应式(非接触式)IC卡收费系统，IC卡终端处理速度快，乘客乘车不需要将IC卡从票夹中取出，通常情况下交易过程不超过1秒。[11]

公交IC卡收费子系统能够为公交企业带来显著的经济效益和较好的社会效益。由于公交IC卡售票系统信息安全性高，能够为公交企业减少假票、投币不足等经济方面的损失，大幅度增加公交企业的客票收入。同时，IC卡收费子系统还可以利用公交IC卡存储的信息对公交乘客出行采用相应的优惠政策，对于老年人、学生等乘客给予相应的票价折扣。

此外，当IC卡乘客比例较高时，IC卡乘客乘车的交易记录还可以作为公交信息采集子系统的数据源，为公交智能调度子系统和评价子系统提供数据支持。

3.4.2 公交企业智能化管理系统

目前，人们对管理信息化的作用已有所认识，在部分公交企业管理层中，对管理信息系统的认识仍有局限，认为只要完成以计算机网络通信技术的运用，提高了信息采集技术水平，实现企业内管理信息的交流和共享(如人力、营运、机务、物资、安全、服务等)，就是实现了企业的信息化管理。[12]

但是，仅实现信息共享的系统，并不是一个完整的信息系统，只是完成了企业管理信息系统的硬件建设部分。这不仅忽视了管理信息系统的组织结构，而且把公交企业作为一个孤立的系统，忽略了公交是作为城市大系统中的一个子系统而存在，并要受其重要影响的事实。

城市公交企业不是孤立的存在，它是城市这个大系统的基础设施之一，是城市这个大系统中的一个重要的子系统。公交的一切经营管理活动必须以城市的需要为目标，而不仅仅是企业自身的经济效益。公交的企业管理信息系统必须与城市这个大系统相联接，并为实现大系统的目标而运作，这应该成为对管理信息系统建设的基本要求，不能只从企业自身的角度孤立地去设计和建立公交企业的管理信息系统。

因此，公交企业管理信息系统的构成应包含对外(与城市大系统)和对内(企业内的系统)的信息交流及互动这两个部分。公交企业智能化管理系统是公交企业自身的管理系统，它是一个覆盖了整个公交企业各相关部门的信息智能化管理系统，并提供与中央数据库系统之间的信息交换。通过建设公交企业智能化管理系统，建立高质量、高效率的企业信息管理网络，为领导决策和内部管理、办公提供服务，实现企业办公自动化、管理现代化、信息资源化、传输网络化和决策科学化。

3.4.2.1 信息管理的必要性

管理离不开信息，信息为管理服务。对于企业管理来说，信息是提高公交企业管理效率的催化剂。公交企业本身的管理、效益、服务要达到一个灵活、高效的水平必须依靠企业内部的信息流通。在企业内部，流动的管理信息才能使机务、营运、安全、物资、服务、劳工、后勤、财务、群团组织这些子系统围绕公司的总体目标，进行相互协调和制约，使得公司的经营目标得到实现。

在现代社会，大力收集和利用信息是提高效率的捷径，也可以说是企业管理人员现代意识的表现。同时，企业的服务性质又决定了社会需求信息有对公交企业经营决策的支配性影响力，因为社会信息是公交企业满足社会需求，提高服务水平的主要参照物。因此，建立公交企业的管理信息系统成为公交企业完善和提高自身素质追求更好效益的基本措施之一。

从更新管理理念的需要来看，需要及时掌握国内外同行的最新动态信息，作为自己把握经营方向、改进服务水平、提高企业素质的借鉴与公交经营相关的技术进步也是值得吸取的营养。要使在这两方面不落伍，对信息的积极利用是个法宝。

建立公交企业的管理信息系统，采用先进的信息采集技术是必需的，计算机通讯技术更是系统的技术基础，但应该强调的是人的信息意识，信息系统的组织结构和对系统的管理才是系统运行效率和成败的关键。在这里，仅有先进的技术设备是不够的。

3.4.2.2 信息系统的基本要求

管理信息系统是指在企业或组织中，由人或机器组成对企业及相关的数据、信息进行收集、传递、处理、使用、保存以帮助人们管理和决策的系统。

由于公交企业特殊的行业性质，使其对信息收集有着自己的选择，对管理信息系统的结构和功能也应该有一些适用于自己情况的基本要求。

作为城市的子系统，结构必须有一个与社会系统的接口，即应有一个专门的机构负责接受和反馈社会信息，并以满足社会需求作为系统运行的基本指导思想。这是体现公交社会公益性的基本出发点。

系统结构有利于收集较全面的信息，由于公交的社会公益性，决定了其信息的收集范围应该较为广泛，不仅要有企业内部的信息，而且必须有遍及社会的诸多方面的信息。公交企业的管理信息应该包含以下几个方面：

企业内部信息包括：

生产方面：车辆技术状况、营运计划执行情况、客流大小、服务质量、安全生产、营运收入等。

物资方面：能源消耗情况、保修材料库存及供应情况、轮胎消耗情况及机具设备情况等。

资金方面：企业资金流动及资金分布状态、固定资产保值增值情况、企业负债状况等。

人员方面：员工人数及在各岗位的分布情况、素质、劳动合同执行情况、职工教育、工资水平等。

企业外部信息包括：有关政策变化、乘客需求、社会反响、国内外同行业动态、城市规划及道路建设、相关科技的发展现状等“系统功能完善，可提高管理效率”的信息系统应该具有数据收集、数据传输、数据存贮、信息分析与显示、信息分发等功能。

信息系统的结构要使得对信息的收集、整理、筛选、分析、归纳、分发及反馈等一系列流程能达到快速、及时、准确的要求。即系统全局与各子系统的配合要协调有序。尤其应使企业决策层能及时得到充分的、较准确的有效信息，随时掌握生产动态，及时决策，迅速反馈执行或向社会通报。

建立适合本企业特点的信息系统管理办法，不仅能促使管理信息系统的技术设施和组织机构两者的有机结合，同时还能明确各子系统的工作要求和职责，保证系统的正常运转。

3.4.2.3 管理信息系统的结构和功能

■ 管理信息系统的基本结构

公交企业管理信息系统应由组织管理系统和一个以计算机通信技术为手段的网络系统所组成。前者的职能是对信息系统的结构及各组成部分的职责进行分工和管理，是信息系统的“上层建筑”。后者是依靠硬件设备功能，具体完成对信息的收集和处理的系统，是企业信息系统功能的技术基础，两者是一个有机的整体。

根据前面的论述，公交企业管理信息系统的信息流通必须在企业和社会这两个系统之间进行，不能偏废任何一个系统，更不应切断它们之间的联系。

■ 企业管理信息中心

企业管理信息中心是企业管理信息系统的主管部门，是企业信息系统运转的驱动器和管家。其主要职责是：对公司经理和决策层负责，处于决策层与生产执行层以及企业内外信息交流的枢纽位置，是信息交换的关键节点。制定系统管理办法，制定管理信息记录格式、登记内容、传递线路、时间要求等工作规则，并与企业各子系统进行管理信息的交流。对企业管理信息和企业外部信息进行提炼，判断信息的真伪及价值，作出分析并向决策层报告。对来自决策层的决定要制定实施方案并及时向操作层下达指令。对信息系统进行日常管理、维护、更新，保护系统的安全。对系统工作人员的业务技能进行培训。

■ 管理信息层次需求

高层管理(决策层)：因其在企业的主要职责是决定企业经营理念、经营目标、发展方向、资产处置和人员使用等重大事项，是企业的大脑。这一层次对信息的需求量大，涉及企业内外与企业生存发展有关的各种信息；同时对信息的质量和准确性要求较高。此外还要求能够根据信息作出对企业经营策略的调整。但是，其对信息传递的格式没有较多要求。

中层管理：是根据公司高层管理确定的目标，具体安排企业人、财、物的配置和生产的运作，并为生产过程中及业务涉及的外部信息进行分析、提炼和反馈。其所需要的信息多为内部信息，也含有行业及主管部门的一些信息。这个层次对信息的格式、范围、含义有明确的要求，对信息的处理过程较固定，在企业信息系统中处于承上启下的枢纽位置。这一层次主要由企业各职能部门构成，根据自己在企业内的职能分工“完成对企业内外信息的收集、整理和反馈”并在各自的工作范围内形成公司信息系统的一个子系统。

操作层：由企业路队、修理厂、后勤等单位组成，其职能是按照中层管理制定的计划和要求组织人、财、物去具体完成企业的生产目标，这个层次信息的格式、范围、含义的运用有较高的要求，信息处理较简单，所得信息重复性大，而且又处于企业信息网络与社会信息交流的前沿节点的重要位置。

■ 提供和反馈信息的主要内容

营运管理子系统：包含营运、服务质量、票务及路队各相应业务的管理，提供的信息主要有公司车辆使用情况、各线路出车代号、营运计划安排及执行情况；各路队各线路单车每日营运状况：包括营运里程、空驶里程、营收、载客人次、班次和能耗情况等；服务质量情况：包括服务纠纷、社会反映及需求以及票务纪律执行情况等。

安全管理子系统：包括交通事故发生和处理情况；安全教育及违章处理情况；驾驶员个人基本信息档案；安全隐患的检查和整改情况，安全指标的执行情况；劳动安全卫生情况；防火安全情况；政府交通管理部门和上级对安全生产的新规定、新要求等。

劳动人事管理子系统：包括职工档案信息和职工基本素质状况(数量、年龄、文化、职业培训等)；企业工作岗位名称及定员；职工工资、福利及社会保险；职业病防治情况；对职工的招收、培训及奖惩；干部管理及提拔、任免、引进工作情况；劳动合同、集体合同签订及变更；政府及主管部门有关劳动工资的新政策等。

资产财务子系统：包括企业收支状况、效益核算及控制；企业存量资产的保值增值；企业流动资金的筹措、使用；企业对外经济合作的可行性论证等。

机务管理子系统：包括指导修理厂的技术业务；对企业的车辆、机具设备进行管理；根据车辆的使用情况，编排车辆的保养作业计划；对车辆的各级保修和总成维修进行质量管理及检验，统计、汇总、分析相关数据；关注同行业技术改进情况，为公司决策提供参考意见；进行对职工的技术培训等。

后勤物资子系统：包括对生活后勤的管理和车辆物资的采购、管理，职工医疗保障，职工劳动保护用品的采购和发放，车辆维修物资、能源的采购、管理、发放登记及质量保证，物资库存量及资金占用等。

经理咨询(决策支持)系统：包括在企业数据库的基础上，依靠网络技术，根据领导的需求，为公司决策层及分管领导及时、动态地提供企业生产状况的信息及与公交生产经营相关的社会信息。

社会信息子系统：其功能一是对政府发布的有关公交的政策、规划和乘客、新闻媒体及社会对公交服务的意见、需求等信息进行收集、分析，并将其作为企业改进服务的重要依据；在企业作出反应后，将信息反馈给有关方面，把公交企业的经营行为与服务对象的需求紧密联系在一起，体现公交为社会服务的宗旨；二是关注国内外同行业经营动态和与公交生产相关的科技进步信息，为本企业在管理思想和增加企业科技含量方面能保持不断前进的动力。

3.4.3 智能公交管理系统实施研究

智能公共交通管理系统是城市智能交通系统的一个关键组成部分，它与城市智能交通系统的其他子系统都有着密切的联系，分工协作。例如：智能公共交通管理系统还需要从智能交通系统获得交通流量、路段占有率、道路实时交通状况等数据，这些数据将用于更好的实现实时的公交车辆调度。同时，还可以将其与城市交通信号动态控制相配合，实现公交车辆的优先通行。此外，城市气象预测和环境监控部门的数据也可以被引入智能公共交通管理系统，为实现更高层面的公交智能调度和管理提供帮助。因此智能公共交通系统不是一个孤立的系统，它是一个开放的、与其他系统有着广泛信息共享的系统。

智能公共交通管理系统是城市公交集团信息化的一部分，和公交集团日常工作紧密相关，因此公交智能化运行系统应该提供和公交企业智能化管理系统的数据接口。此时，公交企业智能化管理系统完成公交总公司、分公司及其下属车队的日常经营管理，公交智能化运行系统承担双重责任，即其同时为公交企业智能化管理系统提供数据分析、整理支持，也将公交企业智能化管理系统发出的决策指令付诸实施。智能公交管理系统系统运营的主要结构框架，如图 3.3 所示。

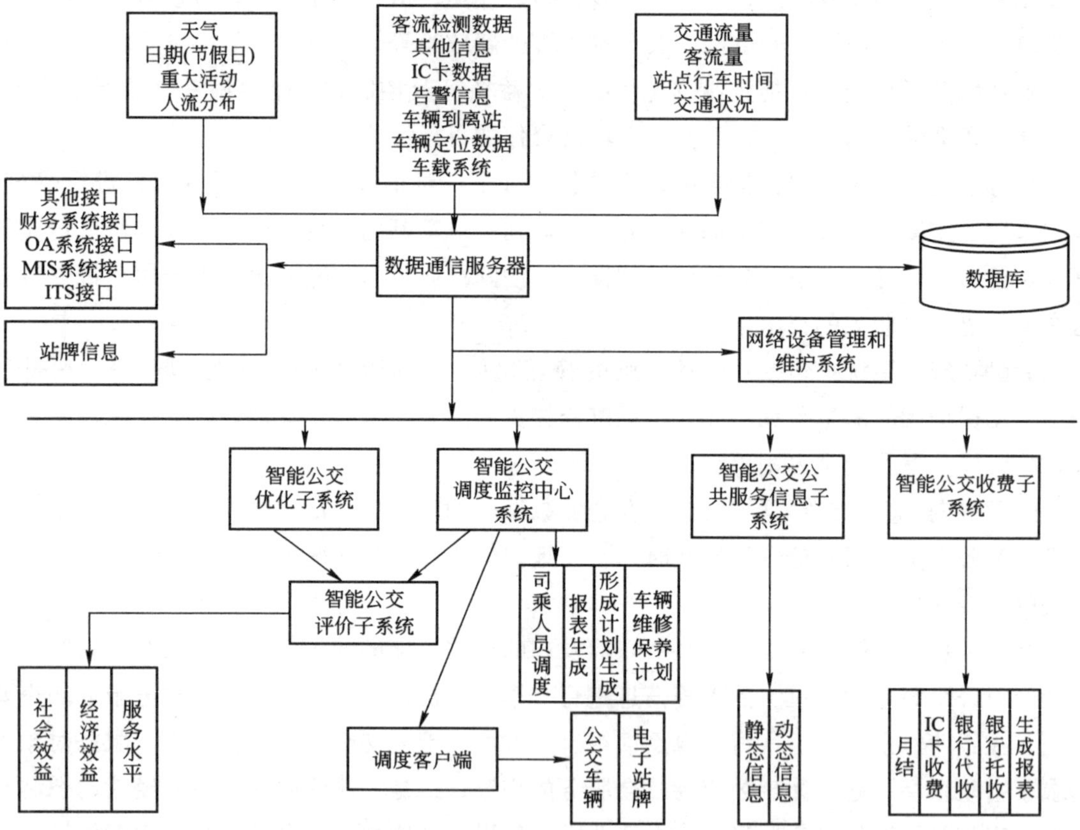

图 3.3 公交智能化运行系统结构框架图

智能公共交通管理系统以调度子系统为核心，智能调度子系统由公交调度中心(数据通信中心、调度子系统、信息服务子系统、公交评价子系统)和公交调度客户端组成。

公交调度中心与公交调度客户端通过 ADSL 相连，以满足两者快速准确交换信息的需要。公交调度中心主要实现车量的监控与大屏显示、数据的采集、公交运营管理、车辆人员的统一调配，实时调度、公交信息的处理和发布、公交网线网规划与评价等功能。

调度客户端负责管理所辖线路的信息，实时调度的调整和监控。公交车辆内安装车载系统能够实现车辆的自动定位、车速、温度等信息的采集，并将信息发给调度中心，使调度中心能够实时监控车辆的运行状况，数据同时发送到中央数据库系统存储。

调度客户端将依据城市路网当前的客流信息和城市道路交通状况，并结合对公交网络未来客流量的预测以及公交车辆的行程预测等数据，对公交车辆实施智能调度，合理安排各线路公交车辆的班次。向车辆发送的调度信息需要经过调度中心确认，然后发给车载终端。调度指令包括车辆所属线路、首末站位置、首站发车时间，以及车辆在线路中加速、减速、折返、跳站、区域调度等。司乘人员可以通过车载设备和公交调度中心联系，通过按键可以发送路阻、故障、拥挤、纠纷、救助等短信，还可以通过车载机和调度中心语音通话。

车载机还连接车内的电子收费系统车载屏幕、查询终端等设备，实现乘车服务的信息化和自动化，也便于公交实时统计收费情况。客流情况为智能公共交通优化子系统进行线网规划与行车计划提供数据支持。公交调度中心可以为城市交通管理控制中心提供实时交通数据，相互配合实现公交信号优先。公交调度中心根据实时数据计算车辆到达下一站点的时间，显示在电子站牌上，同时提供车辆的载客率以供乘客等车和选择乘坐车辆使用。

智能公共交通信息服务子系统通过多媒体向出行者提供出行前和在途公共交通信息，乘客可以通过车内的电子收费装置付费(IC 卡、手机)。

3.4.4 智能公交管理系统网络拓扑结构

对于城市智能公共交通管理系统描述为：采用全球定位系统(GPS)、客流量采集设备(IC 卡、APCS)进行数据采集，结合公安交通管理部门、气象预测部门以及其他客运部门(地铁、轻轨、铁路、空运、航运)的综合数据支持，以公交地理信息系统(GIS)、中央数据库系统为操作平台，在对公交线网布局、线路公交方式配置、站点布置、发车时间隔确定、票价的制定等进行优化和设计的基础上，实现公交车辆的自动调度和指挥，保证车辆的准点运行，并使出行者可以通过电子站牌了解车辆到达时刻，从而节约乘客的出行时间。此外，公交出行者可以通过媒体(如可变信息牌、信息台、互联网、电话)方便获得公交信息。

智能公共交通管理系统从技术上落实公共交通优先发展的战略，提高公共交通系统的服务水平和管理水平，以实现在城市客运交通中占有较大的运量分担比例，达到城市土地空间资源、能源的高效利用，保证系统的安全运行，提供高品质的客运服务，创造更大的社会经济效益。

整个公交智能调度系统的网络结构拓扑如图 3.4 所示，由出行者服务、公交车辆、前端无线通信网络、后端的有线通信网络、总调度管理中心、公司级调度系统、线路/站调度点、无线远程维护系统及信息发布系统等部分组成。系统工作原理：首先取得车载终端传输过来的数据，对数据进行存储、解析，为前台提供可视化显示的数据支持，此时智能调度子系统通过对客流量、车辆行程状况的预测确定未来公交车辆的调度。同时，可以从终端传输过来的信息中解析出考核司乘人员、统计运效的功能。终端定位信息传输系统将车载终端发送的信息传输到集团中央服务器，服务器将数据存储到基本信息库管理系统，同时将调度信息传输到可视化调度系统，供可视化调度系统应用，可视化调度系统将调度指令通过终端定位信息传输系统传输到车载终端，同时将调度指令传输到基本信息库管理系统进行存储，可视化调度系统在进行现场调度时要参照配车排班管理系统的信息，而配车排班管理系统的生成又取决于行车计划编制系统，配车排班管理系统、基本信息库管理系统、可视化调度系统又为营业统计与信息查询管理系统提供了参考的数据。

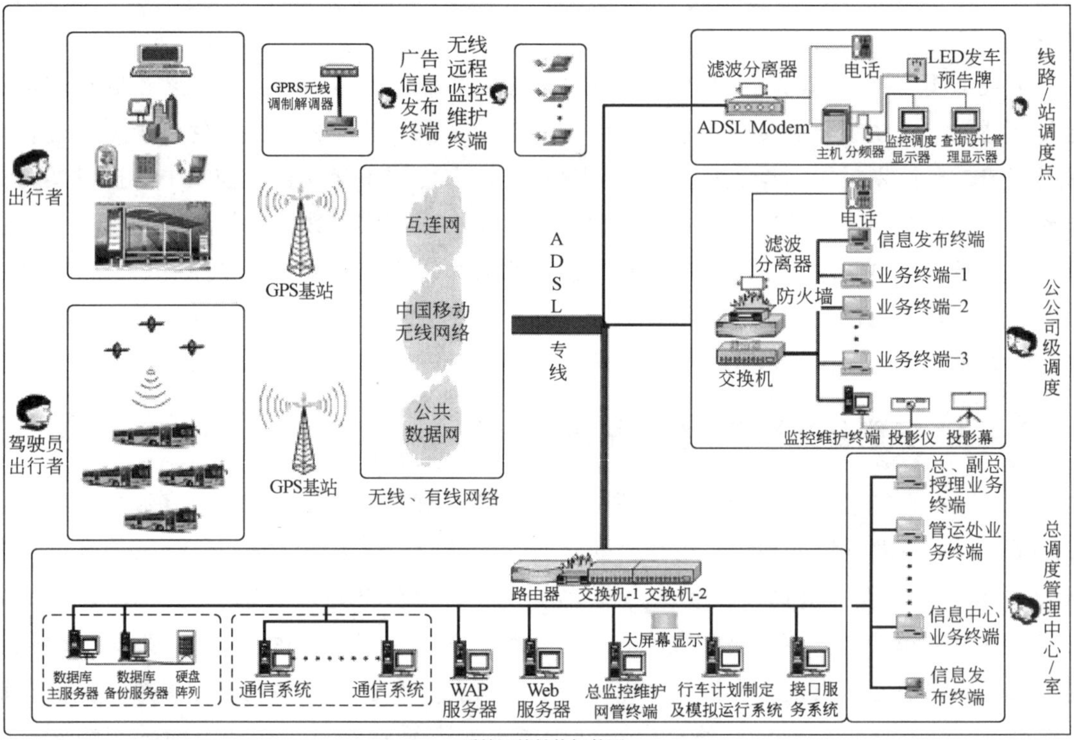

系统网络结构拓扑图

图 3.4　智能公交管理系统网络结构图

■ 公交车辆

公交车辆是整个智能调度子系统的最原始的数据来源，同时也是车载终端面向驾驶员和乘客的服务的一种方式。通过安装在车内的车载信息终端，把 GPS 部分获取的信息包括位置、时间、速度、里程、高度等信息通过无线通信方式 GPRS 或 CDMA 向调度及调度中心发送。同时，调度及调度中心也可以向车辆发送一些调度指令和相关的信息；司机可以通过车内的专用的按键，把车辆的形势情况及时向调度反映。

■ 前端无线通信网络

无线网络是整个系统最为关键的部分，无线数据通信质量的好坏，直接关系到调度指令的执行情况，所以必须采用一种安全可靠的无线数据网络通信模式和数据接入模式。根据目前无线通信的情况，GPRS 和 CDMA 1X 数据通信方式逐渐在系统的应用中被采用。CDMA 1X 数据通信方式由于刚刚应用，其数据的通信的稳定性和可靠性还有待于进一步验证。GPRS 通信由于是中国移动新开通的一种数据业务，其实用性被广泛认可。所以在我们的系统中，采用 GPRS 无线数据通信方式。

目前，无线数据通信有 2 种接入方式，一是采用虚拟数据专网(VPN)接入的方式，另一种申请专用的 APN。由于采用专用的 APN 接入接点，对数据的安全性、数据传输速度都非常好，同时 APN 专用接点的接入费用还可以根据实际情况来调整，所以费用不会是影响采用专用 APN 的关键。因此在系统中，我们采用专用 APN 方式。

■ 后端有线通信网络

有线数据通信网络是总公司、分公司、调度之间以及各单位内部之间数据通信的网络。目前有线通信可采用的方式很多，包括光纤、DDN、ISDN、ADSL 等方式，以上几种通信方式采用，主要是看数据通信要求而定。有线网络可以按下面方式组建：调度与分公司或总公司通信采用 ADSL 方式；分公司与总公司采用 DDN 专线的方式；移动端(车载机、电子站牌等)的后端与移动公司条件好的可采用移动公司提供或中国电信提供的光纤的接入方式，条件达不到的，也可采用 DDN 专线方式。

■ 总调度管理中心、公司级调度系统、线路/站调度点

根据目前业务发展的需要，数据集中方式越来越得到业界的认可。所以本系统也采用数据集中管理的模式。所有的原始数据都保留在调度管理中心，公司级调度系统、线路/站调度点的原始数据都从这获取。这样的处理，有利于系统扩容和系统的维护，通过不同权限的处理和分配，可很方便的使用系统，而不用再更新程序。

■ 无线远程维护系统

本系统的设立，可以通过无线方式，远程对系统进行维护和监控。

■ 信息发布系统

信息发布系统主要是通过有线方式或无线方式向分公司、线路/站调度、电子站牌、车内 LED/LCD 屏发布信息，包括调度、道路、广告等信息，通过权限的设置，也可以把发布系统向广告商授权。

3.4.5 智能公交管理系统结构特点

■ 中心服务器采用群集服务器模式

采用群集方式，群集服务器互为备份，动态负载平衡，稳定性、可靠性高。群集结构提供了一种新型的服务器模式，它将同构或者异构的服务器通过高速的局域网络连接起来，使用户可以对它们进行统一的维护和管理，对外提供一致的系统映像，从而构成一个功能强大、性能优越的高性能服务器体系。群集结构提供了比传统主机更好的扩展性能和更优的性价比，并提供了比分布式服务器系统更加简单有效的维护和管理方法。使用了群

集结构之后，由于系统中的每个节点都是平等的，它们可以同时接收服务请求，对外提供服务；同时，每两个节点又互为备份，当一个节点出现故障之后，另外一个节点能够承担起两个节点的服务；当故障排除之后，两个节点又能够同时对外提供服务。因此，群集服务器既节约了资源，又具有高可用性。

数据中心，通信服务器，调度监控中心、web 服务器集中布置在集团调度中心，在中心统一管理，方便维护人员维护，减少维护人员降低维护费用。提高系统的可伸缩性和扩展性。中心统一数据集中处理，方便查询。中心统一资源统一管理，方便调度和网络线路优化，为将来实现区域调度奠定基础。

中心采用群集模式，相对于分布式模式降低了服务器的档次，采用多个 PC server 群集，可以完成大型服务器或小型机完成的工作。中心采用群集模式，相对于分布式服务器减少了服务器的数量。我们以建立四个分中心为例，每个中心采用双机热备方式(即一个服务器可以完成全部工作，通常两个服务器工作，当一个服务器停止工作后，另一个服务器可以承担所有工作)。

■ 统一的调度中心

在集团设置统一的调度中心，统一部署，集中管理。调度业务由调度中心集中处理。统一的调度中心并不是权限统一，仅仅是数据处理的统一化，减轻了维护人员的工作量，降低了数据分散存储需要同步时的网络流量，降低了布置多个中心所需要的成本。调度中心统一有利于实现调度集团资源的共享，包括车辆、驾驶员、司乘人员统一调配，易于实现智能化调度和统一的线路网优化。统一的调度中心，调度业务在调度中心集中处理，调度员使用的软件只是进行浏览和简单的输入，降低软件使用的难度，降低了调度员学习的难度。在调度那里不需要临时的数据，降低调度人员维护的工作量。调度业务在中心统一处理，降低公司级调度室和站级调度室机器的档次，该机器不需要处理大量数据，所以比较经济。业务集中处理使调度客户端软件容易维护，若调度软件出现问题，只是需要重新安装即可。

■ 统一的数据处理中心

数据统一采集、存储、分析和处理，避免数据分散存储带来的数据不同步的麻烦，减少了维护的工作量。数据集中处理，有利于集团或公司统一管理。数据在中心统一处理便于统计查询。集团和公司依据权限不同，取得不同的数据和查询结果。

■ 部署灵活

部署方便性方面：调度室可以按照集团或者公司的需要进行布置，既可以集中布置，也可以分散布置，既可以采用三级网调度也可以采用二级网调度，不同的级别的调度员，只是权限不同，分管的线路不同。

■ 技术先进性

支持大容量通信的数据服务中心：

数据采集与处理技术。实施智能公共交通系统需要用到大量动静态交通数据，静态数据如：公交站点间距，居民出行 O-D 量，居民收入水平等；动态数据如：GPS 定位数据、客流量、动态交通数据、站点间行程时间数据、公交车发车间隔等等。我们需要借助先进的数据融合技术将这些数据有效融合，由于涉及到的数据源多、数据量巨大。数据服务中心，采用先进的网络 I/O 模型解决上述问题。

先进的智能调度算法：

智能公共交通优化理论与方法。主要是在地理信息系统操作平台上，结合城市总体规划和城市交通规划，利用已有的城市交通调查数据和补充调查的公交出行数据，分别对不同的公交方式在不同价格水平下和不同的居民收入水平下的居民出行需求进行预测。在此基础上，对公交线网、线路公交方式配置、站点布置、发车间隔确定、票价等进行优化，并对城市公交线网、站点、发车间隔进行设计，从规划方面提高公交服务水平。由于公交线网结构复杂，所以建立的优化模型中变量数目多，并且多数公交优化问题可归结为 NP-hard 问题，利用传统的优化方法(如：数学规划方法)很难求解。本系统采用模拟生物进化的遗传算法、蚂蚁算法对于求解此类解公共交通优化问题。

先进的智能公共交通调度系统理论与技术：

由于 GPS 定位技术已基本成熟，差分定位精度可以在 5 米以内，可以满足智能公共交通对定位精度的要求，而且随着电子技术和通信技术的发展，公交车辆与分调度中心双向通信的可靠性也是可以保证的。智能公共交通系统要解决的关键问题就是如何进行区间车、快车、跨线车、紧急情况车辆的实时调度。此问题实质上是一个模式识别问题。即在一定的交通状态(由客流量、车辆运行状况、交通流量、紧急事件等因素组成)对应一种特定的调度方案(一种模式)。系统通过在历史数据大量分析的基础上实现有学习能力专家系统找出当前交通状态和调度方案。

丰富的智能公共交通信息服务：

智能公共交通信息服务实现方法。在智能公共交通信息服务子系统中，最难解决的就是如何向出行者动态地提供出行前和在途公交路径诱导信息。智能公共交通系统建立大型的网络数据库和快速的查询系统，并设计基于人工智能的路径选反正算法以保证查询时间短、结果准确。

智能公共交通评价方法：

由于智能公共交通系统在我国还没有大范围实施，所积累的原始数据较少，因而很难对其实施后的效果作定量评价。采取计算机模拟的方法对比智能公共交通系统实施前后乘客平均等车时间、车内时间，以及车辆准点率的变化情况，从定量的角度作了科学评价。

远程维护：

智能公共交通系统涉及的设备种类多、设备数量多、分布分散、维护难度大，工作量大。智能公共交通系统，应该提供远程维护子系统，通过网络管理系统可以实现远程升级、点对点升级、远程调试、远程重启、远程查看设备的运行情况，为网络管理提供方便。

第四章　城市智能公共交通管理系统数据采集、处理及预测

4.1　公交数据的概述

城市公共交通的信息系统是公共交通客流预测、分配技术，城市公共交通通行能力技术，公共交通线网优化技术，智能公交调度优化技术等关键技术的基础。

智能公共交通管理系统各项关键技术的研究和城市智能公共交通管理系统的开发和应用，都涉及到大量相关信息的采集、处理和分析、预测。其中，部分信息属于城市公交基础设施信息，这些信息通常不会经常改变，没有实时更新的需求，本章将其称为“公交静态数据”；而智能公共交通管理系统中随时间不断变化，需要动态采集、更新、处理信息，本章将其称为“公交动态数据”。

4.2　公交静态数据

城市智能公共交通管理系统的静态数据是指一定时间内不发生变化或不需要实时更新的数据，包括各公交线路所经过站点数据、公交站点位置数据、公交站点停车泊位数据、公交站点以及路段上公交车道设置数据、公交换乘站点位置数据、换乘站点连接线路的编号、公交网络构成及接泊关系、公交优先专用设施数据等等。公交静态数据将主要由公交企业采集或者其他部门提供，并存储在中央数据库系统中，结合公交 GIS 平台进行应用，并根据实际使用情况，定期进行更新。

4.3　公交动态数据

动态数据是指随着时间变化实时更新的数据，包括公交站点的客流量、公交车辆位置

数据、车辆实时速度信息、交通流量数据、交叉口信号控制方案等。

对于智能公交管理系统的日常运营，动态数据的实时采集是关键，在智能公共交通管理系统中，信息采集子系统负责采集、处理公交动态信息。公交信息采集子系统是公交调度子系统、公交信息服务子系统、公交评价子系统等模块正常工作的前提。只有建立起稳定、可靠的信息采集子系统，才能获取足够的动态公交信息，并进而通过数据处理和积累逐步构建较为完善的公交管理中央数据库。

在动态数据中，最重要的数据包括车辆位置信息、速度、站点间运行时间和客流量等。其中，公交车辆的位置信息和速度将通过车载 GPS 定位系统直接获得。站点间的车辆运行时间将根据 GPS 定位数据、公交客流量以及车辆历史行驶记录进行计算。

4.3.1 公交车辆定位及行程时间预测

4.3.1.1 公交车辆定位技术概述

城市公交车辆定位系统是现代化城市公交系统的一个重要组成部分。公交车辆定位系统通过在车辆上安装车载定位单元、应用各种定位技术确定公交线路上公交车辆的运行状态，并通过通信系统将车辆位置、车辆运行状态等信息发送回调度中心。通过对公交车辆位置信息的监控，公交企业可以了解公交网络中公交车辆的运营状况，并可以根据企业的经营目的发布有针对性的调度指令。同时，公交车辆的定位信息还是对公交车辆在站点间行程时间预测的基础数据。目前，常用的定位技术主要包括如下类型：

(1) 推算定位(Dead-Recking)方法

这种方法是从测量到的车辆位移和航向进行定位的技术。它使用电子罗盘、速度陀螺仪、里程表、速度表及车轮脉冲传感器，由这些传感器传来的信号推算出车辆的行驶距离、速度及行驶的方向。在短时间内，利用这种方法得到的定位精度很高，例如：在平均加速度 28.4mg 的情况下，10s 范围内，得到的定位误差大约是 0.5m，与 GPS 单点平均定位误差 15～20m 相比，是微不足道的；但是可以想像，由于时间的增加，误差积累效应会越来越大，严重影响导航的精度。

(2) 全球定位系统(GPS)

GPS 定位系统是目前国内外应用最广泛的定位系统，目前国内城市采用的公交定位系统基本上采用的都是基于 GPS 车载定位终端的定位系统。

GPS 是“Global Positioning System”即“全球定位系统”的简称。GPS 接收机接受至少来自四颗卫星的信号，以确定车辆的位置。如果车载接收机时钟与两颗卫星的时钟严格同步的话，则来自第三颗卫星的信号足以对车辆进行定位。但是，实际上卫星使用精确而且昂贵的原子钟而车载接收机使用一般的时钟，两者时钟无法严格同步，因此需要第四颗卫星的信号来补偿车载接收机时钟的误差。

GPS 卫星定位系统由地面控制站、GPS 卫星网和 GPS 接收机三部分组成。

地面监控系统由一个主控站、5 个全球监控站和 3 个地面控制站组成，随时与卫星保持通信联系并对卫星的飞行进行跟踪和控制。监控站的主要任务是取得卫星的观测数据并将这些数据传送到主控站，再由主控站对所有观测数据进行处理计算，得出每颗 GPS 卫星轨道和卫星钟的修正值，并依此类推一天以上的卫星星历以及钟差，将其按一定格式转化为导航电文由地面控制站注入到卫星的存储器上。

GPS 的空间卫星系统由 21 颗工作卫星和 3 颗在轨道备用卫星组成 GPS 卫星星座，记作(21+3)GPS 星座。24 颗卫星均匀分布在 6 个轨道平面内，这些轨道相对赤道面的倾角为 55 度，每个轨道平面都有三颗卫星，卫星之间间隔 120 度；GPS 卫星运行的轨道为近圆形，其运行周期为 11h58min，这些都保证了卫星能全天 24h 连续向全球任何地区的 GPS 用户进行观测，通过卫星上原子频标发射的载波无线电信号提供覆盖任何地区范围内目标的高精度三维定位，并且随时提供这些目标的位置、时间和速度信息。

GPS 信号接收机一般由天线、接收单元、计算和控制部分以及电源组成，用于接收卫星发射的信号，取得距离观测量和导航电文，以获得接收机的位置信息，并根据这些信息来进行导航和定位等应用。GPS 定位系统组成及目前应用模式详见图 4.1 所示。

图 4.1 GPS 定位系统应用模式图

GPS 定位系统能够提供定位导航服务，是因为每台 GPS 接收机无论在任何时刻、在地球上任何位置都可以同时接收到最少 4 颗 GPS 卫星发送的空间轨道信息。接收机通过对接收到的每颗卫星的定位信息的解算，便可确定该接收机的位置，从而提供高精度的三维(经度、纬度、高度)定位导航及授时系统。

GPS 的定位方式有两种，即单点定位方式和相对定位方式。

单点定位方式就是用一台 GPS 接收机接收三颗或四颗卫星的信号，来确定接收点的位置。单点定位方式测定的位置其误差较大。在移动性一次观测定位中，其误差在使用 P 码时约 10～25m，使用 C/A 码时约 100m。若固定点定位测量时，用两种码的相应误差分别为 1m 和 5m。

相对定位方式就是在两个地点同时进行定位测量，并且求出两点间的相对位置关系。相对定位方式测定的位置误差较小。尤其若采用差分技术进行修正，则可大大提高定位精度。随着 GPS 接收机的广泛应用，GPS 载体(即用户)已不只局限于单一独立的运动载体，而是发展成为一个 GPS 载体的相关群体。群体管理部门需要及时了解各个载体的运动情况，载体之间也需要知道彼此的运动状态。这就需要建立一个 GPS 载体的信息管理系统。

GPS 载体信息管理系统就是对数个运动着的 GPS 载体用户进行导航定位联网的一种现代化管理方法。它可以使数个 GPS 载体形成一个相互关联的群体，可集导航、定位、通讯、报警、防盗等功能于一体。GPS 载体信息管理系统基本上由三大部分组成：即数个 GPS 接收机及其载体；载体上配置的通信链(电台)；数码处理及显示的基地指挥中心。对于导航定位精度要求高的用户，还需要配备一个差分基准站。

(3) 北斗卫星定位技术

北斗导航系统是我国第一代具有自主知识产权的卫星定位与通信系统。系统由两到三颗地球同步卫星、地面中心管理站、若干个标校站、大量的地面用户终端四大部分组成。

北斗定位系统采用的是双星定位技术，所有用户的信息都将汇集到地面中心站，这样就非常便于移动目标监控，而该系统覆盖区内全天候的双向通信功能又为车辆信息的双向交流提供了保证。在北纬 5 度至 55 度、东经 70 度至 145 度的覆盖范围内，北斗定位系统的信息传递无 GSM 短信息的延时及丢失现象，及时可靠。

(4) 惯性导航系统(INS)

惯性导航系统(Inertia Navigation System—INS)的基本工作原理是以牛顿力学定律为基础的。通过测量载体在惯性参考系的加速度(比力)，将它对时间进行积分，且把它变换到导航坐标系中，就能够得到在导航坐标系中的速度和位置信息。

目前，把惯性导航分为两大类：平台式惯导和捷联式惯导。它们的主要区别在于，前者有实体的物理平台，陀螺和加速度计置于由陀螺稳定的平台上，该平台跟踪导航坐标系，以实现速度和位置解算，姿态数据直接取自于平台的环架；在捷联式惯导中，陀螺和加速度计直接固连在载体上。惯性平台的功能由计算机完成，故有时也称作“数学平台”，它的姿态数据是通过计算得到的。

惯性导航虽然具有可全球运行、隐蔽性好、输出导航数据完全和数据更新率高等优点，但它有定位误差随时间积累，工作前要有一段准备时间(初始对准)和设备较昂贵等缺点。惯性导航系统一般包括 3 只加速度表和 3 只陀螺仪，这种技术具有很高精度水平的高速捕获数据的能力；但这一技术同推算定位方法一样会产生累积误差，时间长了精度会随之降低，所以需要配以辅助的传感器，如 GPS 等。

(5) 无线电(TRF)定位技术

使用 TRF(Tuned Radio Frequency)技术的系统从分布在系统运行区域内一定数量的

信号标杆中接受无线电信号，来自不同位置信号的交叉作用决定了车辆的精确位置。

该系统的信号标杆可以是公交系统专门设置的无线电信标，也可以使用其他部门布置的无线基站作为信标。例如，国内城市中的GSM/CDMA无线通信网络的基站就可以作为公交定位系统的基站使用。在30km范围内有三个GSM基站的情况下，利用GSM定位的精度可以达到125米以内，如果能够将GSM系统的信号提供准确的时钟信息，就可以利用到达时间(TOA)和到达时间差(TDOA)来实现精确定位，此时定位精度可以达到40m。对于城市公共交通系统，由于公交车辆基本都在城区内行驶，GSM基站的数量较高，因此其定位精度更能提高。

此外，在城市大型建筑群、立交桥等存在GPS定位信号衰减或者屏蔽的区域，无线电(TRF)定位技术能够保持持续稳定的定位。

(6) 基于车路通信的定位技术

通过在城市公交车站上或者公交线路沿线建立路侧通信单元，当车辆通过路侧单元时，公交车辆车载通信模块将与路侧单元进行数据通信。根据车载通信单元的ID编号，就可以获得该公交车辆通过路侧单元的时间等信息，由此可以确定车辆在该时刻的位置和前后两个路侧单元间公交车辆的平均行程速度。但是，由于路侧通信单元不能布设在整个公交运输网络中，因此基于车路通信的定位技术通常只能提供有限的车辆定位能力。

4.3.1.2 现有定位技术的技术特性和当前应用趋势

各类型车辆定位技术的优点及缺点，可以集中到下表所示：

	采集信息类型	采集设备类型	主要优点	主要缺点
公交车辆信息采集	公交车辆行驶位置	GPS定位系统	定位精度高、应用范围广、设备可靠性高、厂商众多	成本较高、城市中存在定位盲区、传送车辆位置要增加通信费用
		无线电定位系统（包括路侧信标、无线通信基站等模式）	技术比较成熟、系统设备成本相对较低	设备安装、维护费用相对较高，定位精度一般，定位速度不够快
		北斗卫星定位系统	定位精度高、可同时进行数据传输、基本不存在定位盲区	设备成本较高、数据通信费用较高、设备厂商较为单一
		推算定位系统	定位精度较高、不存在定位盲区、设备可靠性高	设备成本高、系统维护工作量较大、工作时间长存在积累误差
		惯性导航系统	定位精度高、不存在定位盲区、隐蔽性好、数据更新率高	设备成本高、系统维护工作量较大、工作时间长存在积累误差
		基于车路通信的定位技术	利用车路通信单元定位、设备投入少	受路侧通信单元限制存在定位盲区

为了提高智能公交管理系统的可靠性及通用性，目前城市智能公交管理系统基本都采用了 GPS 全球定位系统作为车辆定位的数据来源。公交车辆上安装的 GPS 定位模块确定了车辆位置后，将定期通过 GPRS 模块将数据回传给中国移动公司的通信服务器，然后由中国移动公司服务器通过有线网络发送到信息采集子系统的车辆位置信息接收服务器。整个定位信息处理的过程如图 4.2 所示：

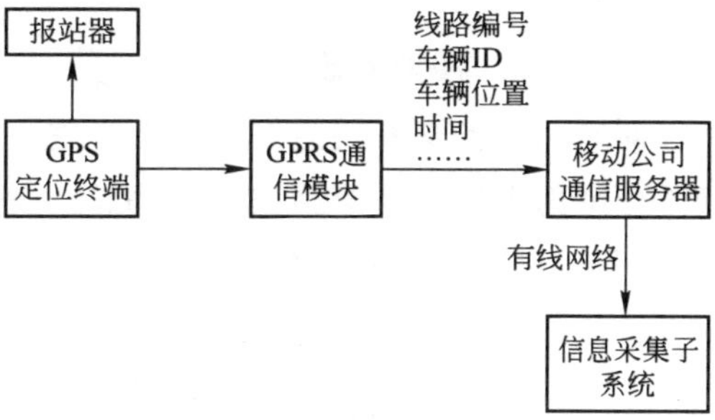

图 4.2 定位数据处理流程图

当公交车辆发送的 GPS 定位信息以及其线路编号，与中央服务器系统中存储的线路站点的 GPS 定位信息相一致时，公交信息采集子系统将在数据中增加站点编号。此时，公交车辆定位模块提供的信息包括：

- 直接信息——线路编号、车辆 ID、公交车辆位置、时间；
- 间接信息——到达站点时间、到达站点编号等。

4.3.2 公交车辆行程时间预测

站点间行程时间的预测是实现智能调度子系统、公交信息服务子系统正常、有效运行的必要条件，因此本章内容将研究在公交实时数据支持下，公交站点间行程时间的预测问题。

4.3.2.1 模型假设

无论是有、无公交专用道，结合公交车辆经过道路的交通设施构成，均可以把站点间的行程时间分为 4 部分：

(1) i 时段两站点 j，k 间的自由行驶时间；

(2) i 时段两站点 j，k 间受交叉口信号灯影响而引起的排队延误时间；

(3) 通过 j，k 间所有交叉口所需的时间；

(4) 站点 j 处的乘车延误时间。

无公交专用道的情况是把在路上行驶的公共汽车与小轿车一样看待，可假设：①车辆在该路段上以平均速度行驶；②路段上行驶的汽车是顾客，所通过的交叉口是服务台；③输入过程为在相互独立的一定时间内，进入路段的车数服从参数为 λ 的 Poisson 分布，进入过程是平稳的；④排队规则为单方向的，队长不能超过道路的通行能力，先到交叉口的先离去；⑤服务机构为单方向的，车辆一次只能通过一个交叉口，各车辆通过交叉口的时间是相互独立的，且服从参数为 μ 的负指数分布；⑥车辆进入路段的时间间隔与离开交叉口的时间间隔是相互独立的；⑦公交网中有 $n+1$ 个站点，将每一天按诱导间隔 $t_0(s)$ 分为若干时段，第 i 时段记为 i，即 $i \in I=[(i-1)t_0,\ it_0]$，$i=1, 2, \cdots, 24\times3600/t_0$。

有公交专用道的情况的假设与无公交专用道类似，只是把在路上行驶的汽车都看作是公共汽车。

4.3.2.2 模型的建立

对有(无)公交专用道都作如下考虑：计算 i 时段某相邻两公交站点 j、k 间的总行程时间，仅考虑由站点 j 至站点 k 的方向，记该方向两站点 j、k 间的路段为 (j, k)。不失一般性，可设站点 j、k 间含有 2 个灯控的交叉口，如图 4.3 所示。[13]

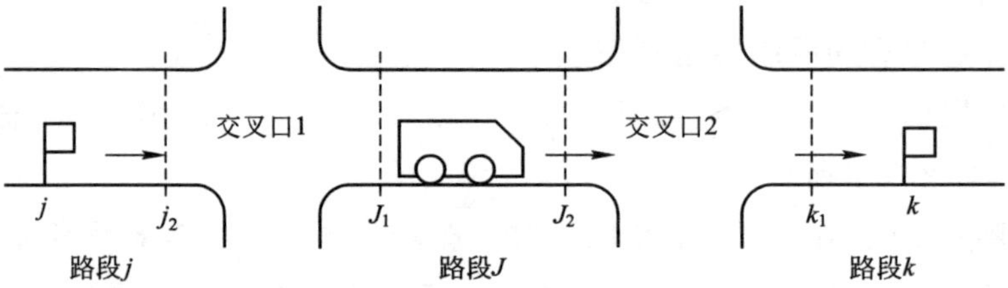

图 4.3 公交路段示意图

取站点 j 与道路网路段 j 编号相同，路段 j 下游交叉口的停车线标记为 j_2，路段 J 的上、下游交叉口停车线分别记为 J_1，J_2；站点 k 与路段 k 编号一致，其上游停车线记为 k_1，则站点间路段 (j, k) 分别由路段 (j, j_2)、交叉口路段 (j_2, J_1)，路段 (J_1, J_2)、交叉口路段 (J_2, k_1) 和路段 (k_1, k) 5 个小路段组成。记 i 时段内某公共汽车在路段 (j, k) 上的行程时间为 $T_i(j, k)$，在路段 (j, k) 上的自由行驶时间(全部发生在 (j, j_2)，(J_1, J_2) 与 (k_1, k) 三条路段上)为 $T_{i(j,\mathrm{k})}^{(\mathrm{r})}$，车辆通过交叉口 1 前因信号灯排队等待时间为 $T_{ij}^{(\mathrm{q})}$，车辆通过交叉口 2 前因信号灯排队等待时间为 $T_{i\mathrm{J}}^{(\mathrm{q})}$，通过交叉口 1 的时间为 $T_{ij}^{(\mathrm{c})}$，通过交叉口 2 的时间为 $T_{i\mathrm{J}}^{\mathrm{c}}$，车在站点 j 的乘车(乘客上、下车)延误时间为 $T_j^{(\mathrm{p})}$，路段 (j, k) 内的各交叉口中最小的通行能力为 N_j。为求得公共汽车在 i 时段(以下均设 $i \in I$)、路段 (j, k) 上的平均行程时间，从下列几方面考虑其模型和公式。

4.3.2.2.1 自由行驶时间

(一) 无公交专用道的情况

平均行驶速度是指路段 (j, k) 上所有行驶车辆的行驶速度的平均值，于是在 i 时段内公共汽车在路段 (j, k) 上的自由行驶时间为：

$$T_{i(j,\mathrm{k})}^{(\mathrm{r})} = \beta \frac{L_{(j,\mathrm{k})} - L_{(j_2,j_1)} - L_{(\mathrm{J}_2,\mathrm{k}_1)} - L_{ij}^{(\mathrm{q})} - L_{i\mathrm{J}}^{(\mathrm{q})}}{v_i} \tag{4-1}$$

式中 $L_{(j,\mathrm{k})}$ 为路段 (j, k) 的长度；v_i 为 i 时段内市内车辆的平均行驶速度；$L_{(j_2,\mathrm{J}_1)}$ 为交叉口 1 的长度；$L_{(\mathrm{J}_2,\mathrm{k}_1)}$ 为交叉口 2 的长度；$L_{ij}^{(\mathrm{q})}$ 为车辆在 i 时段内交叉口 1 的停车线 j_2 前的排队等待长度；$L_{i\mathrm{J}}^{(\mathrm{q})}$ 为车辆在 i 时段内交叉口 2 的停车线 J_2 前的排队等待长度；β 为待定参数，对混行路段 $\beta < 1$。

(二) 有公交专用道的情况

因为有公交专用道的公共汽车要比无公交专用道快，所以在式(1)中取 $\beta \leqslant 1$ 的 $T_{i(j,\mathrm{k})}^{(\mathrm{r})}$

为有公交专用道的公共汽车在 i 时段内路段(j, k)上的自由行驶时间。这时，v_i 取 i 时段公交专用道内车辆的平均行驶速度，其他变量同上。

4.3.2.2.2 交叉口前的排队延误时间

(一) 无公交专用道的情况

排队等待时间因路段所含车道数不同而不同，下面分两种情况进行讨论。

(1) 单车道情况

车辆到达交叉口需排队，由于交叉口通行能力有限，因而属于系统容量有限制的排队模型，排队是单队，即符合模型 $M/M/1/N_j/\infty$。尤其在稳态情况下，路段 $\xi(\xi=j, J)$的交叉口 1 处有 H 辆车排队的概率 $P_{i\xi}^{(H)}$ 与时刻 t 无关，则得：

$$P_{i\xi}^{(H)}=\begin{cases}\dfrac{1}{N_j+1} & \rho_{i\xi}=1\\[2ex] \dfrac{1-\rho_{i\xi}}{1-\rho_{i\xi}^{N_j+1}}\rho_{i\xi}^{H} & \rho_{i\xi}\neq 1\end{cases}\quad (H=0, 1, 2, \cdots, N_j) \tag{4-2}$$

于是在 i 时段内路段 $\xi(\xi=j, J)$上排队等待的车辆数为：

$$L_{i\xi}^{(q)}=\begin{cases}\dfrac{N_j(N_j-1)}{2(N_j+1)} & (\rho_{i\xi}=1)\\[2ex] \dfrac{\rho_{i\xi}^{2}}{1-\rho_{i\xi}}-\dfrac{(N_j+\rho_{i\xi})\rho_{i\xi}^{N_j+1}}{1-\rho_{i\xi}^{N_j+1}} & (\rho_{i\xi}\neq 1)\end{cases} \tag{4-3}$$

在 i 时段内路段 $\xi(\xi=j, J)$上的平均排队等待时间为：

$$T_{i\xi}^{(q)}=\frac{L_{i\xi}^{(q)}}{\lambda_{i\xi}(1-P_{i\xi}^{N_j})}=\begin{cases}\dfrac{N_j-1}{2\lambda_{i\xi}} & \rho_{i\xi}=1\\[2ex] \dfrac{\rho_{i\xi}}{\mu_{\xi}-\lambda_{i\xi}}-\dfrac{N_jP_{i\xi}^{N_j}}{\mu_{\xi}(1-\rho_{i\xi}^{N_j})} & \rho_{i\xi}\neq 1\end{cases} \tag{4-4}$$

式中 $\rho_{i\xi}$为 i 时段内路段 ξ 的交通强度，$\rho_{i\xi}=\lambda_{i\xi}/(g_{i\xi}\cdot\mu_{\xi})$，$\rho_{i\xi}$为 i 时段内路段 ξ 上的下游交叉口在行驶方向上的绿信比；$\lambda_{i\xi}$为 i 时段内路段 ξ 的车辆平均到达率；μ_{ξ}为路段 ξ 的下游交叉口单位时间内的最大通行能力。

(2) 多车道情况

设路段(j, k)最多能容纳的车辆数为 $N_j(\geqslant c)$，当路段 $\xi(\xi=j, J)$上的车辆数 H 已达到 N_j 时，再来的车辆即被拒绝。路段 ξ 单方向由 c 条车道组成，其他条件与上述 $M/M/1/N_j/\infty$相同，此时，符合模型 $M/M/c/N_j/\infty$。则 i 时段内路段 ξ 上无车排队的概率为：

$$P_{i\xi}^{(q)}=\begin{cases}\left[\displaystyle\sum_{H=0}^{c-1}\frac{(c\rho_{i\xi})^{H}}{H!}+\frac{(c\rho_{i\xi})^{c}}{c!}\frac{1-\rho_{i\xi}^{N_j-c+1}}{1-\rho_{i\xi}}\right]^{-1} & (\rho_{i\xi}\neq 1)\\[3ex] \left[\displaystyle\sum_{H=0}^{c-1}\frac{c^{H}}{H!}+\frac{c^{c}}{c!}(N_j-c+1)\right]^{-1} & (\rho_{i\xi}=1)\end{cases} \tag{4-5}$$

有 H 辆车排队的概率为：

$$P_{i\xi}^{(\mathrm{H})}=\begin{cases}\dfrac{(c\rho_{i\xi})^{\mathrm{H}}}{H!}P_{i\xi}^{(0)} & (0\leqslant H\leqslant c)\\ \dfrac{c^{c}}{c!}\rho_{i\xi}^{\mathrm{H}}P_{i\xi}^{(0)} & (c\leqslant H\leqslant N_j)\end{cases} \tag{4-6}$$

式中 $\rho_{i\xi}=\lambda_{i\xi}/(c\cdot g_{i\xi}\cdot\mu_{\xi})$，于是在 i 时段内路段 ξ 上排队等待的车辆数为：

$$L_{i\xi}^{(\mathrm{q})}=\frac{c^{c}\rho_{i\xi}^{\mathrm{H}}P_{i\xi}^{(0)}}{c!(1-\rho_{i\xi})^{2}}\left[1-(N_j-c+1)\rho_{i\xi}^{\mathrm{N}_j-c}+(N_j-c)\rho_{i\xi}^{\mathrm{N}_j-c+1}\right] \tag{4-7}$$

在 i 时段内路段 ξ 上的平均排队等待时间为：

$$T_{i\xi}^{(\mathrm{q})}=\begin{cases}\dfrac{L_{i\xi}^{(\mathrm{q})}}{\mu_{\xi}\left[c-\sum\limits_{k=0}^{c-1}(c-k)P_{i\xi}^{(\mathrm{H})}\right]} & (\rho_{i\xi}\neq 1)\\ \dfrac{c^{c}P_{i\xi}^{(0)}(N_j-c)(N_j-c-1)}{2c!\mu_{\xi}\left[c-\sum\limits_{H=0}^{c-1}(c-H)P_{i\xi}^{(H)}\right]} & (\rho_{i\xi}=1)\end{cases} \tag{4-8}$$

（二）有公交专用道的情况

公共汽车在路段 ξ 交叉口延误的时间为：

$$T_{i\xi}^{(\mathrm{q})}=\alpha T_{\alpha} \tag{4-9}$$

式中 ξ 取 j 或 J；T_{α} 表示剩余红灯时间；当交叉口是绿灯时，取 $\alpha=0$，当交叉口是红灯时，取 $\alpha=1$。

4.3.2.2.3 通过交叉口的时间

仅给出车辆直行时的模型，对于左转或右转的车辆，分别按无公交专用道和有公交专用道对 $T_{i\xi}^{(\mathrm{c})}$ 乘一个待定的系数即可。

（一）无公交专用道

对于单车道和多车道两种情况，在 i 时段内通过交叉口的时间均为：

$$T_{i\xi}^{(\mathrm{c})}=\frac{L_{i\xi}^{(\mathrm{q})}}{\lambda_{i\xi}(1-P_{i\xi}^{(\mathrm{N}_j)})} \tag{4-10}$$

当 $\xi=j$ 时，$T_{i\xi}^{(\mathrm{c})}$ 为通过交叉口 1 的时间；当 $\xi=J$ 时，$T_{i\xi}^{(\mathrm{c})}$ 为通过交叉口 2 的时间。

（二）有公交专用道

在 i 时段内通过交叉口的时间均为：

$$T_{i\xi}^{(\mathrm{c})}=\frac{1}{\mu_{i\xi}} \tag{4-11}$$

当 $\xi=j$ 时，$T_{i\xi}^{(\mathrm{c})}$ 为通过交叉口 1 的时间；当 $\xi=J$ 时，$T_{i\xi}^{(\mathrm{c})}$ 为通过交叉口 2 的时间。

4.3.2.2.4 乘车延误时间

一般地，公共汽车在站点停车时间仅与该站点候车乘客的多少有关，即乘车延误时间与乘车人数成正比。因此，可认为有、无公交专用道的乘车延误时间是相等的。

假定单位时间内的乘客在任何时刻、任何站点上车所需时间与下车所需时间相等。乘车延误包含上车延误和下车延误两部分，若记公交车辆在 i 时段内、站点 j 上的乘车延误时间为 $T_{ij}^{(s)}$，其中上车延误时间为 $T_{ij}^{(\alpha)}$，下车延误时间为 $T_{ij}^{(o)}T$，则有：

$$T_{ij}^{(s)}=T_{ij}^{(\alpha)}+T_{ij}^{(o)} \tag{4-12}$$

设在 i 时段内到达站点 j 等待乘公交车辆的乘客数服从参数为 γ_{ij} 的泊松分布。因为 λ_{ij} 是单位时间内到达公交站点 j 的车辆数，所以相邻两辆公交车平均到达时间间隔为 $1/\lambda_{ij}$，则有：

$$\frac{1}{\lambda_{ij}}=\frac{t_0}{Q_{ij}} \tag{4-13}$$

式中 t_0 为诱导时间间隔；Q_{ij} 为 i 时段内到达路段 j 的车辆总数(辆/s)。

若记相邻两辆公共汽车到达时间间隔内抵达站点 j 的乘客数为 a_{ij}，则由式(4-18)得

$$\alpha_{ij}=\gamma_{ij}\frac{1}{\lambda_{ij}}=\frac{\gamma_{ij}t_0}{Q_{ij}} \tag{4-14}$$

代入式(14)，则得在 i 时段内站点 j 的上车延误时间为：

$$T_{ij}^{(\alpha)}(t)=\alpha_{ij}t_{\mathrm{p}}=\frac{\gamma_{ij}t_0}{Q_{ij}}t_{\mathrm{p}} \tag{4-15}$$

式中 t_{p} 为单位时间内乘客上车或下车所需的时间。

设在 i 时段内站点 j 下车的乘客服从参数为 η_{ij} 的 Poisson 分布，若记在 i 时段内站点 j 的平均下车乘客数为 O_{ij}，同理，根据式(4-19)，(4-20)可得：

$$T_{ij}^{(o)}(t)=O_{ij}t_{\mathrm{p}}=\frac{\eta_{ij}t_0}{Q_{ij}}t_{\mathrm{p}} \tag{4-16}$$

所以在 i 时段内站点 j 的乘车延误时间为：

$$T_{ij}^{(s)}=T_{ij}^{(\alpha)}+T_{ij}^{(o)}=\frac{\gamma_{ij}+\eta_{ij}}{Q_{ij}}t_0t_{\mathrm{p}} \tag{4-17}$$

综上所述，公交车辆在 i 时段、路段(j，k)上的行驶时间 $T_{i(j,k)}$，等于该车在 i 时段、路段(j，k)上的自由行驶时间 $T_{i(j,\mathrm{k})}^{(r)}$、通过交叉口 1 前的排队等待时间 $T_{i\mathrm{J}}^{(q)}$、通过交叉口 2 前的排队等待时间 $T_{ij}^{(q)}$、通过交叉口 1 用的时间 $T_{ij}^{(c)}$、通过交叉口 2 用的时间 $T_{i\mathrm{J}}^{(c)}$、在站点 j 的乘车延误时间 $T_{ij}^{(s)}$ 的和，即：

$$T_{i(j,k)}=T_{i(j,k)}^{(r)}+T_{ij}^{(q)}+T_{ij}^{(q)}+T_{ij}^{(c)}+T_{i\mathrm{J}}^{(c)}+T_{ij}^{(s)} \tag{4-18}$$

式中对于无公交专用道类型，$T_{i(j,\mathrm{k})}^{(r)}$ 由式(4-1)给出，$T_{ij}^{(q)}$ 和 $T_{i\mathrm{J}}^{(q)}$ 由式(4-4)(单车道)或式(4-8)(多车道)给出，$T_{ij}^{(c)}$、$T_{i\mathrm{J}}^{(c)}$ 由式(4-5)给出，$T_{ij}^{(s)}$ 由式(4-13)给出；对于有公交专用道类型，$T_{i(j,\mathrm{k})}^{(r)}$ 由式(4-1)给出($\beta\leqslant1$)，$T_{ij}^{(q)}$、$T_{ij}^{(q)}$ 由式(4-9)给出，$T_{ij}^{(c)}$、$T_{i\mathrm{J}}^{(c)}$ 由式(4-6)确定，$T_{ij}^{(s)}$ 由式(4-12)确定。

该模型所需数据：两站点间的长度；站点间所有交叉口的长度；剩余红灯时间；i 段内到达站点 j 的上、下乘客数；公交车辆通过交叉口所需的时间 $T_{i(j_1\mathrm{k}_1)}$；当无公交专用道

时，i 时段内到达站点 j 所有车辆总数；当有公交专用道时，i 时段内到达站点 j 的公共汽车总数；i 时段内市内车辆的平均行驶速度。有了这些数据后，通过式(4-18)即可得到公交车辆在任何时刻、任何两站之间的行程时间，从而更好地为实现先进的公共交通智能化系统服务。

4.3.3 公交客流量采集

城市公共交通是随客流、道路条件、气候等不断变化的随机服务系统。公交运营信息是整个公交企业管理业务的基础，对公交客流的全面、准确地把握是公交管理工作的基础，它不仅为日常调度提供依据，也为线网优化提供参考。

通过对客流调查资料的分析，可以了解掌握线路客流在各时段、各方向、各断面上的分布规律，为公交企业编制车辆基础行车时刻表、执行行车计划提供可靠的依据。而快速、准确的客流信息的获取，将使得公交企业配备与之相适应的运输能力，从而实现公交的实时动态调度。

公交客流调查涉及客流调查内容、调查方法、调查设备的选择等多方面问题。从智能公共交通管理系统的应用角度出发，本章研究了公交动态客流数据先进采集技术及其应用，对如何实现客流数据的自动采集与处理进行了探讨。

4.3.3.1 公交客流量采集的概念

客流是指公交乘客在一定时间内沿着客运线路某一方向的流动。公交客流调查是根据公交客流在线路、方向、时间和断面上的动态分布，所进行的定期的或经常的，全面的或抽样的调查，是对城市居民乘车需求情况、流量分布情况等有关资料的搜集、记录、分析的全过程。系统的客流调查有助于了解线路上的客流在不同季节、不同时段的变化规律，检验营运调度措施和运行作业计划与客流实际的偏离程度，为及时修改、补充、完善行车计划提供可靠的依据。[18]

根据不同的目的，公交客流调查可以分为针对全局的全面客流调查和乘客情况抽样调查、节假日客流调查等专题性调查，以及针对公交线路的断面客流调查。

全面客流调查旨在对客流现状及客流规律有一个全面清晰的了解，可为高层管理者提供决策依据，为公交线网规划和调整提供必要的技术资料。乘客情况抽样调查和节假日客流调查则可为公交企业管理和公交线网规划服务。而断面客流调查一般只涉及到站点的上下车人数以及各站间区间的乘客流量，旨在掌握线路客流变化规律(包括季节性变化、周日间变化、昼夜变化)，直接为公交调度提供技术数据，断面客流调查应经常进行。

根据调查内容的不同，公交客流量调查还可以分为三大类：出行起终点调查、乘行起终点调查及线路客流量调查。其中，出行起终点调查对于确定乘客的出行O-D状况，分析其出行换乘情况、出行距离具有更大的价值。

目前，我国绝大多数城市的公交企业还在沿用传统的手工客流调查方式，即使是相对简单的断面客流调查，经常性的调查也要耗费大量的人力和财力，而且调查精度也难以得到保证。因此，在实际工作过程中，就极易造成调查周期过长，调查数据严重滞后的现象，直接影响到客流信息的时效性。所以，要保证公交客流量调查的科学性、时效性以及经济性，必须借助现代技术，采用多种手段，全面提高客流信息的采集水平。发达国家应用较普遍的手提计数器、电子记录收费箱、乘客自动计数系统(APCS)、IC 卡技术可以作为我国未来公交客流信息的获取手段。通过这些技术的应用，可以全天候自动统计公交线路的乘客上下车数、车内人数及相对应的时间等信息，这些信息对于实现公交智能运营调度是非常必要的。

4.3.3.2 客流数据采集技术

有关资料显示，发达国家的公交公司一般都采用从手工计数到自动计数的多种方法进行客流数据的采集工作。先进数据采集技术的使用，不仅加速了客流数据的更新，增强了公司的实时反映能力，而且还增强了数据的精度级别，降低了数据获取的成本。

手工采集除传统的笔纸记录外，还包括手提计数器，电子采集方法则包括电子记录收费箱和 IC 卡计数。自动采集方法则需要使用与车辆自动定位系统(GPS)联合使用的自动乘客计数系统(APCS)。由于客流信息的多样性和复杂性，使得每一种方法都有其技术优势和合理的使用范围，单一方法的使用都难以获取系统、全面的技术数据。正确选用计数方法会取得事半功倍的效果。

(1) ERF 数据采集

ERF(电子记录收费箱)使用时，需要操作员介入计数。当乘客上车时，操作员通过按键记录每一位乘客的付费种类，并输入代码记录行车线路、车次、出行起始时间等。该方法具有设备成本低廉，记录精度高等优点，但记录信息有限。

(2) IC 卡数据采集

公交 IC 卡的应用，为客流调查提供了一种新的手段。公交 IC 卡在方便地完成乘车收费的同时，还可记录下乘客使用 IC 卡的时间、车次、站点等信息。这些信息真实、准确地反映城市居民的公交出行状况，是进行公交调度优化所需的最原始资料。同时通过对 IC 卡数据的统计分析，还能够得到公交出行的评价数据：平均出行次数、起讫点分布、平均换乘次数、出行耗时、出行距离等。

目前，无人售票方式在全国各地公交系统已被广泛采用，这为使用 IC 卡采集客流数据提供了良好的环境。这种调查方法的突出特点是技术简单可靠，成本较低，它的缺点在于对不使用 IC 卡的乘客不能进行统计。

(3) 乘客自动计数系统(APCS)采集

乘客自动计数系统(APCS)是自动收集乘客上下车时间和地点的最有效方法之一。乘客自动计数系统的基本组成是：乘客计数装置、定位技术和数据管理系统。计数装置最常见的类型有基于视频检测技术的上下车门监视系统、基于感应检测技术的上下车门计数系统等。其中，感应式乘客自动计数系统又分为红外线感应式和压力踏板式。各模式下乘客自动计数系统的技术特性及工作过程如下所示：

■ 压力板式自动乘客计数

压力板客流统计仪安装在车辆的前后门踏板上，乘客上下车时触发压力传感器就会被自动记录下来，除了用于乘客计数外，还可以在乘客上下车时防止车门关闭。

该技术不判别上下车方向，要求乘客必须前门上车，后门下车。当乘客上下车秩序较差时或客流量大难以保证前门上，后门下时就不适用了。压力传感器件在没有台阶的公交车辆上使用时，计数不可靠。另外，系统部件易损坏，可维护性差，由于设备合适的安装位置对于准确计数至关重要，所以安装调试费用也较高。

■ 被动红外式自动乘客计数

被动红外式自动乘客计数技术由于采用合适的热释红外线探头，只能检测到人体发出的信号，这就避免了其他物体的干扰。当上下乘客时，红外传感器探测人体红外光谱所造成的变化，即得到乘客上下车的过程，通过信号处理可以判别上下车方向和上下车人数。

虽然人体温度相对稳定，但红外传感器的探测信号会受到乘客着装的影响，固有缺点在于如果环境温度与人体温度相接近时，传感器就不能有效探测乘客上下车过程，对于环境温度快速变化和强烈日光照射也比较敏感。

■ 主动红外式自动乘客计数

主动红外式计数系统安装在车门附近特定的高度，通过发射头发射定制波长的红外线覆盖一定的区域，并通过传感器检测从乘客身上反射回来的光线，从而自动识别乘客上下车方向及人数。

由于采用自身光源，它不易受外界环境温度。光线状况的影响，能够达到较高的精度，是客流信息采集比较理想的计数技术。

■ 复合系统自动乘客计数

被动红外式自动乘客计数与主动式红外计数同时采用，构成复合系统以弥补被动红外式计数的误差。复合系统的成本大，当两种传感器同时被激发时，还需要解决重复计数问题。

通过乘客自动计数系统，可以自动统计某条线路任何时段、站点的乘客上下车人数及站间区间车内人数，并自动记录每个站点的停车时刻和停车时间，以帮助统计各站间区间的行车速度以及上下客人数与停车时间的关系。

APCS数据可应用于公交系统的实时和后期管理工作中，如：辅助制订合理的发车计划、实时乘客信息系统、大范围公交运营数据的统计、调度规划、站点规划、车队管理计划等方面。可以预见，在不远的将来，APC系统还将发挥更重要的作用，通过该系统可以减少数据采集费用，获得更多种多样、更为广泛的数据，减少地理数据信息的处理时间，制定更合理的运营计划，提高营运效果。

然而，通过该系统检测出的信息较为单一，只能获得线路针对高峰小时及某段时间的平均乘客数、上下车乘客数等指标，作为公交公司调整运营的依据。对于乘客客流基本信息如平均出行次数、起讫点分布、出行时间、换乘次数、出行距离等则无法提供相应的数据参考。同时，系统建设的投入和维护成本也较高，因此在其使用过程中，应考虑与其他数据采集方法协调使用。

4.3.3.3 客流数据的IC卡采集与分析

目前，IC卡已被国内许多大城市的公交系统所采用，这不仅方便了广大乘客，也提供了一种新的客流调查统计手段。IC卡信息量大量全面，技术简单成熟。但从目前使用情况看，其作用远未得到充分发挥。如南京、青岛等城市的公交系统采用不区分站点上车刷卡形式，只能获得不同线路在各时段客流总量大小，所反映的信息也只限于线路总体客流情况，不能提供准确的各站点、各断面客流变化，更得不到较为完整的乘客出行信息，对制定线路调度方案帮助很小。因此，这里针对上述情况，对如何挖掘IC卡信息，提高IC卡数据的全面性和有效性进行探讨。

4.3.3.3.1 IC卡数据采集方法

公交IC卡在方便地完成乘车收费的同时，还可记录下乘客使用IC卡的时间、车次、站点等信息。这些信息、真实、准确地反映城市居民的公交出行状况，是进行公交客流量信息实时采集和未来预测的重要数据来源之一。

公交IC卡系统客流信息分析需要的基本信息包括：

- ◆ IC卡记录的信息：乘客卡号、线路号、刷卡日期、刷卡时刻、刷卡站点。
- ◆ 公交线路信息：线路号、站数、起点站、终点站、中间站点。
- ◆ 公交线网信息：整个城市的全部线路位置、全部站点位置、站间距离等。
- ◆ 公交车行驶信息：发车时间、发车间隔、平均行驶速度等。

就目前公交IC卡技术来看，公交IC卡所能记录的信息有很大的拓展空间，IC卡记录公交乘客上车站点是完全可行的。通过将GPS定位系统与IC卡售票系统相结合，使之与刷卡机交流数据，乘客刷卡的同时，IC卡刷卡机利用GPS定位终端，从报站器获取站点代号，再将该卡的其他信息(乘客卡号、线路号、司机卡号、余额、线路收费、乘车日期、乘车时刻)一同记录，并通过无线通信方式传送至公交信息采集子系统终端。这一过程不影响正常的公交运营效率。乘客IC卡数据将用于评价子系统以及智能调度子系统的运行。

改进后，IC卡数据采集的数据流程见图4.4。

然而，如果智能公交管理系统希望直接获取IC卡乘客出行起讫点、换乘情况等信息，IC卡信息采集设备需要记录乘客下车站点，这就必然涉及到第二次刷卡的问题。这方面，广州市公交公司作了有益的尝试，他们的做法是：当乘客上车刷卡时，刷卡机一次扣除超出全程票价的费用，并记录下上车站点号。当乘客下车时，还要刷卡一次，这时刷卡机会根据乘客上、下站间的站数计算所需的票价，归还多收部分。这种做法促使乘客自动刷卡，达到了记录乘客下车信息的目的。然而，这种方法也存在较多问题。首先，该方法仅适用于采用分程计费票价制的线路，带有一定的局限性。其次，乘客二次刷卡并非出于自愿，带有一定的强制性。另外，当下车乘客量较大时，刷卡会延长车辆的滞留时间，有时

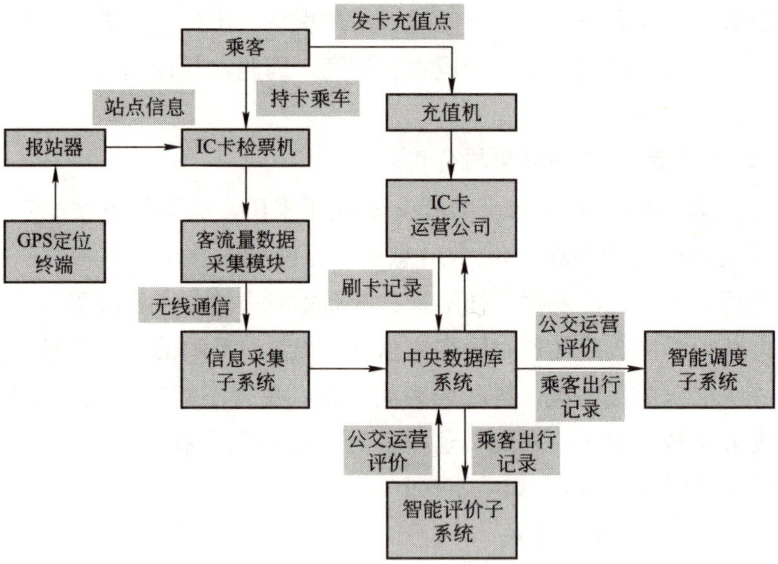

图 4.4 公交 IC 卡数据采集及应用流程图

还会带来混乱。因此，必须研究更合理的解决方案，比如考虑与其他技术手段联合使用以及通过对 IC 卡相关数据进行分析等。

还应注意的是，公交出行乘客中并非所有的人都使用公交 IC 卡，还存在相当部分投币或者购票乘车者。因此，统计的信息是不完全的信息，有必要对 IC 卡的使用作进一步调查分析。比如通过对不使用 IC 卡乘客的出行特征的研究，可掌握这部分乘客的出行规律，由此推算得到线路客流基本信息。

4.3.3.3.2 IC 卡数据分析方法

公交客流信息可被分为两类，第一类信息包括公交线路高峰小时及其他时段的断面客流量、上下车乘客数等，主要被用于公交公司调整线路、确定线路公交车数量，发车间隔时间、公交车辆选型等，以优化公交线路调度组织方案，提高线路运营质量。另一类信息则包括乘客平均出行次数、起讫点分布、出行时间、换乘次数、出行距离等，主要用于城市交通规划部门对城市公交路网近、远期规划。

当公交 IC 卡售票系统不能实现上下车刷卡时，上述乘客出行的起讫点分布、出行时间等数据将无法直接获得，而其他大部分数据则必须通过进一步分析获取。可以分析获得的数据包括：

- 平均出行次数——对公交乘客每日出行做出判断，得到每位乘客每日出行次数，将全部乘客某日出行次数累加得到公交乘客出行总次数，除以该日公交乘客总数得到某日的公交乘客人均出行次数。

- 起讫点分布——将所有乘客的出行端点在地图上表示，并简化到交通小区内，即得到起讫点的分布情况。

- 出行时间——公交乘客的一次出行时间是乘客上车刷卡至到达目的地下车的时间间

隔。公交IC卡记录下了乘客刷卡时刻，乘客的下车时刻并没有记录。但可以通过乘客个体的刷卡记录的关联性推断其出行过程(见下文)，并由起讫站点间距离及公交车平均行驶速度推断出公交乘客由出行起点至终点的平均出行时间。

● 换乘次数——对每一个乘客个体在某一时段内的出行序列进行分析，推断其出行过程(见下文)，进而求得全市公交乘客的平均出行次数。

● 出行距离——根据起迄点及中途换乘点可以得知乘客的公交出行路线，从而得到一次出行的距离。

对于上述指标的计算，很难从短时间的IC卡信息中获取所有所需数据，必须从较长时间的IC卡刷卡信息中得到反映乘客个体出行规律的刷卡站点序列，并通过对这些数据的推测与判断，得到每个乘客每次出行的起点、换乘点、出行终点及其相对应的时间。

我国城市公交车运营时间一般是每日的5：30～21：00，最迟不超过23：00。因此，分析过程中，以“日”作为分析时段是可行的。

(1) 出行起点推测

每位公交乘客，一天都有若干次出行。全天第一次刷卡的站点一般是该乘客全天第一次出行的起点。以后每一次刷卡，可能是乘客换乘，也可能是下一次出行的起点，还必须结合换乘站点的推测判断决定该次刷卡是换乘，还是另一次出行。

(2) 换乘站点的推测

公交乘客一次出行可以有多次换乘，也可以没有换乘。根据乘客在换乘点不会逗留太长时间的一般规律，可以通过计算乘客在某车站逗留时间的长短来判断是否为换乘。

例如，乘客先后乘坐公交线路L_1和L_2，其线路的交叉点处，分别设有其站点S_1和S_2，因此可以推算出乘客前一次下车站点为S_1，到达时刻为t_1，即第二次刷卡时间t_2之前最后一班L_1公交车到达的时间。后一次上车刷卡站点为S_2，时刻为t_2。公交车由站点S_1至站点S_2的平均步行时间距离为T_1，时段(t_1, t_2)范围内在站点S_2经过的上一辆公交车的离开时间为t_2'。

对于乘客在站点的换乘关系，可以通过到达站点时间以及滞留时间两个参数进行判断。

如果$0 \leqslant t_2' - t_1 - T_1 \leqslant T_w$，即乘客有时间从站点$S_1$到达站点$S_2$并乘坐上一辆公交车离开，但是实际没有上车，则乘客在站点S_2为另一次出行的起点。T_w在控制乘客到达站点S_2的阈值。考虑到换乘站点之间距离不太远，因此步行时间的可变性不大，因此可以取$T_w = 5\text{min}$。

如果$t_2' - t_1 - T_1 \leqslant 0$，则乘客在站点$S_2$滞留时间需要进行进一步的分析。此时滞留时间可表述为：$T = t_2 - t_1 - T_1$。如果滞留时间较短，则换乘的可能性就较大。反之，可能为另一次出行。因此，可设置T_0作为判定是否为换乘的滞留阈值。当$T \leqslant T_0$时，站点S_2可被认为换乘点；反之站点S_2为另一次出行的起点。

关于T_0值的取值，通过分析可知，乘客从完成一次出行，到下一次公交出行开始，其间往往要完成上班、上学、购物等任务，计算所得 T 值将会较大，一般都要大于30min。因此，可将 30min 作为另一次公交出行的开始和换乘的判定值。

(3) 出行终点推测

由于 IC 卡并没有记录乘客下车站点，因此出行终点不能直接得到。对于具有接续出行的出行终点，考虑到乘客的多次出行中，步行距离一般不会太大，由此可以推断乘客前一次下车站点与后一次的上车站点相距不会太远或为同一站点。因此可以认为，前一次出行过程中，最后所乘坐的公交车所对应的线路中距离下一次出行起点最近的站点为前一次出行终点。这里涉及到城市公交站点的空间位置关系，需要一个记录整个城市包括车辆线路、公交站点、站点位置等的公交 GIS 系统。根据已经确定的下一次出行的起始站点，通过 GIS 找到相应站点。

对于确定一天中最后一次出行的终点问题，我们可作如下分析。通常情况下，城市居民一天中最后一次公交出行多为返程，目的地是自己的住处。而全天第一次出行的起点也往往是自己的住处。因此可以认为，全天最后一次出行的终点与全天第一次出行的起点会是同一或附近站点。同理，一天中第一次出行的终点与全天最后一次出行的起点也应该是同一或附近站点。

本节讨论了如何将 IC 卡记录的原始信息转化为可用于城市交通规划及公交运营调度的客流基本信息的问题。对于全面完善的智能公交客流量采集子系统，其 IC 卡数据将通过 2 次刷卡得到补充，此外还将获得乘客监测器(APCS)系统的数据支持，获得的数据将更为直接和准确。

4.3.3.4 公交数据处理

4.3.3.4.1 公交客流特性分析

公交客流是动态变化的，但变化是有规律的，其规律性主要表现在时间、方向和断面上的不均衡。实际工作中，要根据这些不平衡规律来编制和调整行车计划，使行车频率、行车调度方法更适应客流变化规律，以达到运力和运量之间的平衡，为乘客提供较好的乘车条件，经济合理地使用车辆。[20]

(1) 客流的时间分布不均衡分析

① 日内小时客流的不均衡

客流量在运营时间内各时段分布是不均衡的，尤其是通勤、通学出行比重较大的线路，存在明显的早晚高峰。一般情况下，公交客流量存在着夜间低，早晨渐增，上班上学时达到高峰，午间稍减，下午的下班和放学又是高峰，此后逐渐减少，午夜最低的规律。这种日内时间不均衡一般采用单向分时客流不均衡系数表示，其计算方法是：高峰小时最大断面客流量与该断面全日平均小时客流量之比。具体可按下式计算：

$$a_1 = \frac{p_{\max}}{\sum_{t=1}^{H} p_t \Big/ H} \tag{4-19}$$

式中 a_1——单向分时客流不均衡系数；

P_t——单向分时最大断面客流量(人)；

P_{max}——单向高峰小时最大断面客流量(人)；

H——全日营业小时数。

② 周内全日客流的不均衡

由于人们的工作和休息是以周为循环周期进行的，这种活动规律必然要反映在一周内各日客流的变化上来。在以通勤、通学客流为主的公交线路上，双休日的客流会有所减少：而在连接商业网点、旅游景点的公交线路上，双休日的客流又往往有所增加。另外，星期一与节假日后的早高峰小时客流和星期五与节假日前的晚高峰小时客流，都会比其他工作日同一时段客流为大。根据全日客流在一周内分布的不均衡和有规律的变化，无论从乘客角度，还是从企业经济角度考虑，公交公司都应制订和执行不同的周内行车计划。

③ 季节性和短期性客流的不均衡

在一年内，客流还存在季节性的变化，如在旅游旺季，城市中流动人口的增加又会带来公交客流的增加，短期性客流激增通常发生在举办重大活动或遇天气骤然变化的时候。

季节性客流动态及其指标是制订客运计划的重要依据，也是智能公交调度子系统计算月度客流量统计数据，并进而实现智能调度的主要依据资料。

(2) 客流的空间分布不均衡分析

① 上下行方向客流不均衡

相同的时间里，线路上下行方向的客流量通常是不相等的。对于工作客流，早晚高峰的上下行客流不均衡尤为明显。公交线路上下行方向不均衡系数可按下式计算：

$$a_2=\frac{\max(p_{max}^{上},\ p_{max}^{下})}{(p_{max}^{上}+p_{max}^{下})/2} \tag{4-20}$$

式中 a_2——上下行方向客流不均衡系数；

$p_{max}^{上}$——上行方向最大断面客流量(人)；

$p_{max}^{下}$——下行方向最大断面客流量(人)。

根据线路方向上的不均衡规律，智能公交调度子系统依据客流量，通过加车、快车等调度方法，将运力加于客流大的方向上，同时减少客流量小的方向发车次数。

② 断面客流的不均衡

由于各车站上下车人数的不同，公交线路单方向各断面的客流量存在不均衡现象，单方向断面客流不均衡系数可用下式计算：

$$a_3=\frac{\sum_{i=1}^{K}p_i\Big/K}{P_{max}} \tag{4-21}$$

式中 a_3——单向断面客流不均衡系数；

P_i——单向断面客流量(人)；

K——单向全线断面个数。

对于断面不均衡系数较大的线路，采用在最大断面加发区间车、快车等调度方法，以增加最大断面的运输能力。

4.3.3.4.2 客流调查统计指标

客流调查或采集数据后，还应对原始资料进行分析处理。针对公交运营调度的调查应汇总出如下指标：

(1) 乘客人数

该项包括：分时各站上下车人数；全日各站上下车人数；全线高峰小时乘客人数；全线全日乘客人数。

(2) 断面客流量

该项包括：分时各区间断面客流量；全日各区间断面客流量；分时最大断面客流量；全日最大断面客流量；高峰小时最大断面客流量。

(3) 车辆运营

该项包括：客车公里(km)·客位公里(人·km)；车日行程(km/日)；乘客密度；平均满载率；高峰小时最大客流断面满载率；站间区间车辆运行时间；各站点停车时间。

4.3.4 公交客流量预测

4.3.4.1 传统的公交客流量预测

(一) 基于人工调查的客流量预测

由于传统公交企业缺乏高科技的客流信息采集手段，通信方式也不够完善，因此对站点、线路的客流量预测往往停留在比较初级阶段。

通常情况下，公交企业根据调度模式，对客流量情况进行调查。由于最常用的是以日为单位的线路调度模式，因此公交企业需要针对每年不同季度、月份的典型时段，进行站点、线路的客流量调查，以人工调查为主。

根据调查的记录，计算典型时段内各条线路以及其站点的乘客到达率，并以此作为未来客流量的数据。显然，这种预测模式缺乏足够的数据支持，预测准确度不高，同时缺少更新，与未来实际客流量情况存在差异，并可能随时间而愈加严重。

(二) 基于四阶段法的公交客流量预测

在城市交通规划及专项交通规划中，经常使用四阶段法对交通需求进行预测。四阶段法是预测交通需求的比较成熟的方法，包括：发生与吸引量预测、分布预测、方式划分和交通分配四个阶段。各阶段主要工作内容及流程见图 4.5 所示：

但是，由于四阶段法本身的特性，难以适用于动态模式下的客流量预测，主要体现在以下几点：

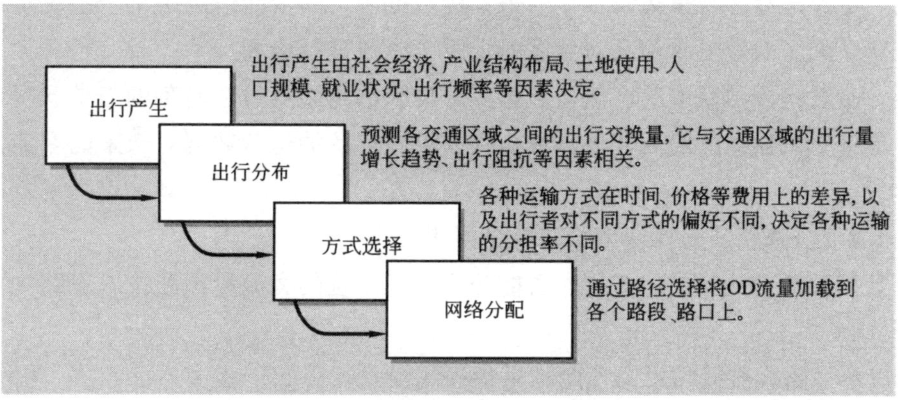

图 4.5 四阶段法交通预测模型

● 在出行产生预测的过程中，需要对社会经济、产业结构、土地利用、人口规模、就业状况、出行频率等因素进行全面研究，造成调查任务繁重；同时，调查数据更新速度很慢，无法准确反映出行产生随城市建设的变化趋势；

● 在乘客出行方式选择预测中，由于涉及的数据量太大，无法对各区域乘客出行方式选择进行精确预测；

● 四阶段法预测的公交出行量，不能随时间实时变化，无法为智能公交管理系统实时调度提供数据支持；

上述的缺陷，尤其是最后一点，使得智能公交管理系统不能直接使用四阶段法作为公交客流量预测的手段。

4.3.4.2 智能公交管理系统客流量预测

智能公共交通管理系统的客流量预测，是建立在完善的客流信息采集、处理基础之上的。智能信息采集子系统的设备基础以及相应的信息处理过程，决定了智能公交客流量预测的模式。本章节将研究信息采集子系统各个建设阶段，对应的客流量预测模式。

4.3.4.2.1 公交客流量采集设备的选型

智能公共交通管理系统的客流量预测技术，首先需要确定公交客流量采集设备的类型及安装的地点。从客流量需求实时监控的角度出发，在公交场站安装客流量检测设备是最有效的。但是，智能公共交通管理系统实际建设过程中，在公交站点处安装客流量采集设备存在较大的难度，主要表现为：

◆ 对客流信息进行实时采集技术难度高，信息的准确率不理想；

◆ 在公交站点安装客流量采集设备需要涉及土建施工和机电施工，施工中需要解决设备安装空间、供电电源、通信线路设置等问题，施工难度大，建设工期长；

◆ 采集设备暴露在室外，使用寿命和可靠性都受到影响，同时维护难度高，由此引发的维护工作量也大；

◆ 采集设备一旦安装，移动性较差，根据线路运营进行灵活的调整的难度大。

因此，选择车载客流采集设备作为采集的数据源，即智能信息采集子系统将通过安装在公交车辆上的车载客流量检测对乘客的上下车人数进行检测。

此时，车载检测器获取的客流量数据实际反映的是站点过去时刻的需求状况，在预测过程中，应针对其数据的滞后性进行分析，并结合现状的运营数据对未来的客流需求情况进行预测。

4.3.4.2.2 智能公交管理系统客流量预测模式

根据数据源和预测结果的差异，智能公交管理系统的客流量预测技术思路主要包括如下两种形式：

(1) 以单线路客流量需求为预测结果的预测模式

当只有部分线路安装了检测器时，由于不能完整获取公交乘客出行的 OD 矩阵信息，只能够分别对该线路各站点的数据进行预测。假设各公交站点的乘客需求相对独立，同一站点间各线路之间没有相互影响。具体预测步骤为：

Step1：根据 t 时刻公交线路 L 上站点 i 的公交车辆上车人数，确定 $t-1$ 时刻该站点 i 对于公交线路 L 的乘车需求。

Step2：根据该线路历史运营数据，通过分析线路 L 过去的乘客需求数据，确定站点 i 在未来时刻 $t+1$ 的乘车需求。

Step3：将线路 L 各站点预测的乘车需求状况进行叠加，构成未来线路 L 的整体乘客候车需求。

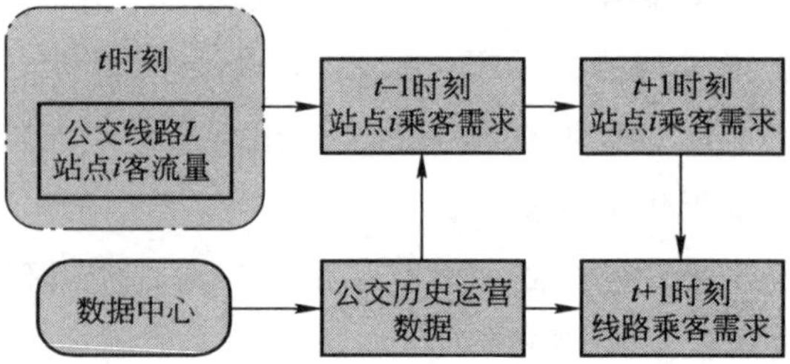

图 4.6 单线路客流量实时预测模式

具体预测过程见图 4.6 所示。

(2) 以公交网络出行需求为预测结果的预测模式

当公交线网全部采用车载检测器和实时 IC 卡数据作为基础数据源时，可根据 IC 卡数据的分析确定乘客出行的 OD 矩阵，将以各站点的公交客流出行需求作为预测的结果，并作为分配到公交网络中的数据基础。具体预测过程为：

Step1：首先对 t 时刻路经公交站点 i 的各公交线路的公交需求状况进行统计，确定站点 i 的公交出行发生量和吸引量。

Step2：根据公交 IC 卡售票系统的乘客实时乘车数据，根据算法确定公交乘客在 t 时刻的出行 OD 状况。

Step3：根据公交历史运营数据，通过分析线路 L 过去的乘客需求数据，确定公交线路 L 上站点 i 在未来时刻 $t+1$ 的乘车出行 OD 需求。

Step 4：根据各线路预测的出行需求，经过数据融合预测 $t+1$ 时刻公交路网的乘客出行 OD。

Step5：根据智能公共交通调度子系统的实时数据，计算未来 $t+1$ 时刻公交网络的公交阻抗和公交网络通行能力。

Step6：根据公交分配模型，将公交出行 OD 分配到各线路上。

具体预测过程见图 4.7 所示。

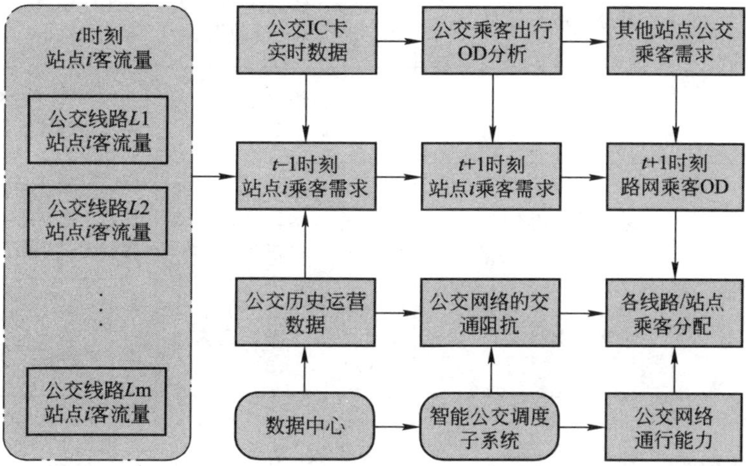

图 4.7　公交网络出行需求预测模式

4.3.4.2.3　智能公交管理系统建设与客流量预测

由于智能公交管理系统需要的信息采集设备较多，其建设不可能一蹴而就。对于客流信息采集和预测而言，智能公交系统将呈现如下几种实施状况：

■ 在部分公交线路上安装独立的客流信息采集设备，只能够直接获得这些线路的站点乘客上下车人数及线路客流信息，其他线路需求状况需要由此预测；

■ 在全部公交车辆上安装独立的信息采集设备，能够获取全市范围内各公交站点不同公交线路各自的上下车人数及车辆到站信息；

■ 公交车辆安装 IC 卡售票系统并采用单一票价制或者混合票制，此时利用 IC 卡售票系统，只能获取部分 IC 卡乘客的上下车时间、站点信息，对于单一票价的线路由于乘客只需要一次刷卡，因此只能够获取乘客的上车时间、站点等信息。此时，需要经过进一步分析才能获取公交乘客出行 O-D 等信息；

■ 公交车辆安装 IC 卡售票系统并采用二次刷卡制，乘客上下车均需要使用 IC 卡刷卡，将能够获取使用 IC 卡乘客的上下车人数及 O-D 信息；

■ 公交车辆上安装独立的乘客客流量信息采集设备，同时安装 IC 卡售票系统采用二次刷卡制度，可通过数据融合技术，直接获取全面、实时、准确的客流量信息。

如前文所示，在对智能公交信息采集子系统获取的客流量数据进行处理后，智能公交管理系统客流量信息将分为如下几种模式：

4.3.4.2.4　智能公交管理系统客流量研究

根据前文 4.2.1.2 的研究思路，对于客流采集设备不同的建设实施情况，将采用不同的调度方案实现对公交客流量的预测，并根据预测的客流对公交车辆进行智能化调度。

智能公交管理系统客流量信息采集设备评价 **表 4.1**

客流信息来源	系统应用形式	数据类型	信息采集缺点
客流量检测器(APCS)	部分线路安装	站点、线路上下车人数，客流量统计数据	不能获取乘客 O-D 情况，线路客流量数据不全面；
	全部线路安装	站点、线路上下车人数，客流量统计数据	线路客流数据全面，可以对相关线路客流数据进行分析；
IC 卡售票系统	乘客单次刷卡	IC 卡乘客在站点、线路上车人数，并推算乘客出行 O-D 和下车人数	推算乘客出行 O-D 和下车人数需要大量历史数据积累，同时准确程度受到影响；
	乘客二次刷卡	IC 卡乘客在站点、线路上下车人数，乘客出行 O-D	增加了交易过程，对公交乘客上下车速度产生一定的影响；
客流量检测器(APCS)＋IC 卡售票系统	组合	乘客在站点、线路上下车人数，客流量统计数据，出行 O-D	信息采集设备建设投资较大，同时对系统可靠性的要求较高

(1) 基于部分线路客流量信息采集设备(APCS)的公交客流量预测

当只有部分公交线路装有 APCS，不能据此直接对整个公交网络的客流量情况进行实时预测，智能调度子系统将对这些线路的客流量情况进行预测，并利用结果数据对其他线路客流量进行预测，算法步骤如下：

Step1：根据人工调查或者历史数据，将未安装 APCS 的线路及站点数据，与安装设备的线路及站点数据进行比较，计算站点之间、站点与线路之间、线路与线路之间的时段分布相似系数。

Step2：通过聚类算法，对站点之间、站点与线路之间、以及各线路之间的时段分布相似系数进行归类。聚类算法详见下文 4.3.5.2 所示。

Step3：根据采集设备(APCS)获取的公交车辆在各站点的上下车客流信息，并结合 GPS 定位系统的站点位置信息以及到站时间信息，计算过去时刻公交线路上各站点的乘客到达率曲线和下车率曲线。

Step4：使用模糊神经网络算法，对装有采集设备的公交站点及线路的客流量情况进行预测。模糊神经网络算法详见下文 4.3.5.3 所示。

Step5：以预测的单位时间客流量为基础，计算未来时刻各站点、线路的乘客上下车概率曲线。

Step6：将预测的客流量数据，利用客流量时段分布相似系数，用于其他常规公交线路的客流量预测。

Step7：使用线路配流模型，确定各条线路的公交车辆班次安排。线路配流模型详见后文 6.5.3。

整个算法过程如图 4.8 所示。

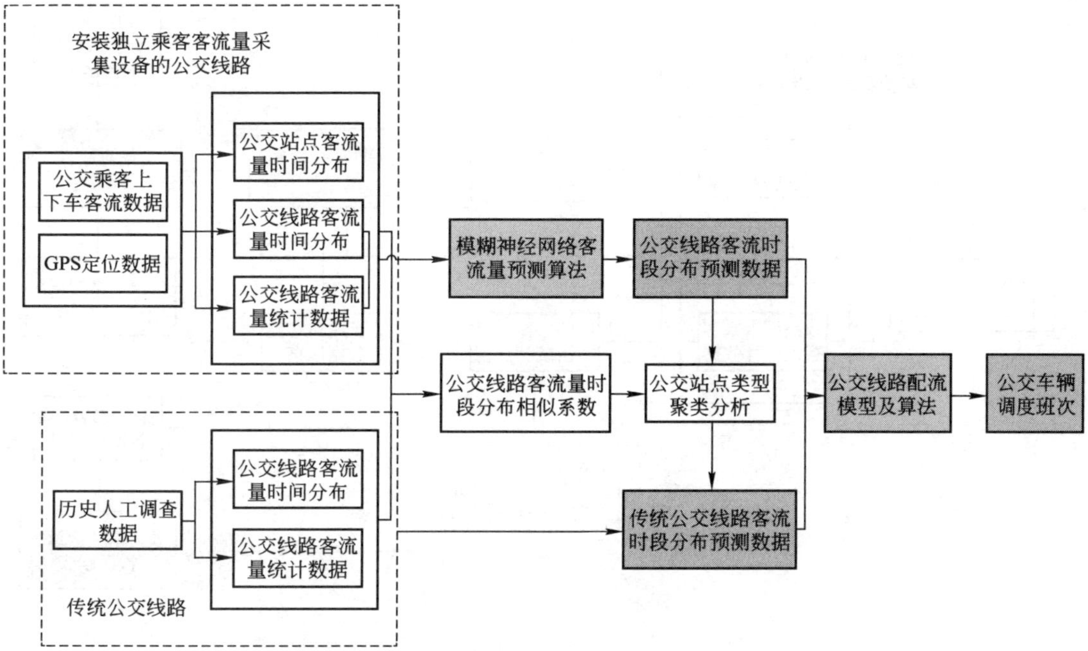

图 4.8 以部分公交线路客流量检测器数据为基础的客流量预测过程

(2) 基于 IC 卡售票检测系统的公交客流量预测

当公交车辆安装有 IC 卡售票系统，IC 卡数据包括 ID 号码、刷卡时间等信息，且能够通过通信系统实时发送到信息采集子系统时，可以利用 IC 卡数据对公交客流数据进行预测。其预测步骤如下所示：

Step1：根据人工调查或者历史数据，按照每天的时段顺序，分别计算各条公交线路上 IC 卡乘客与全部乘客的相似关系，并随时间状况进行更新。

Step2：根据 IC 卡售票系统的历史运营数据，通过数据分析，确定每天各时段的 IC 卡乘客出行的 OD 分布规律，并利用 IC 卡售票系统的实时数据不断进行更新。

Step3：根据公交 IC 卡售票系统的实时运营数据，计算各站点、线路在过去时刻的 IC 卡乘客出行需求状况。

Step4：使用模糊神经网络算法，对使用 IC 卡售票系统的公交线路及站点的 IC 卡乘客未来时刻的需求情况进行预测。

Step5：根据各线路、站点 IC 卡乘客与全部乘客的相似关系，计算未来时刻各站点、线路的所有乘客的出行需求。

Step6：根据由 IC 卡乘客出行的 OD 分布规律确定的公交网络分配模型，将公交出行需求分配到各路段、线路上。

Step7：使用线路配流模型，确定各条线路的公交车辆班次安排。

整个算法过程如图 4.9 所示。

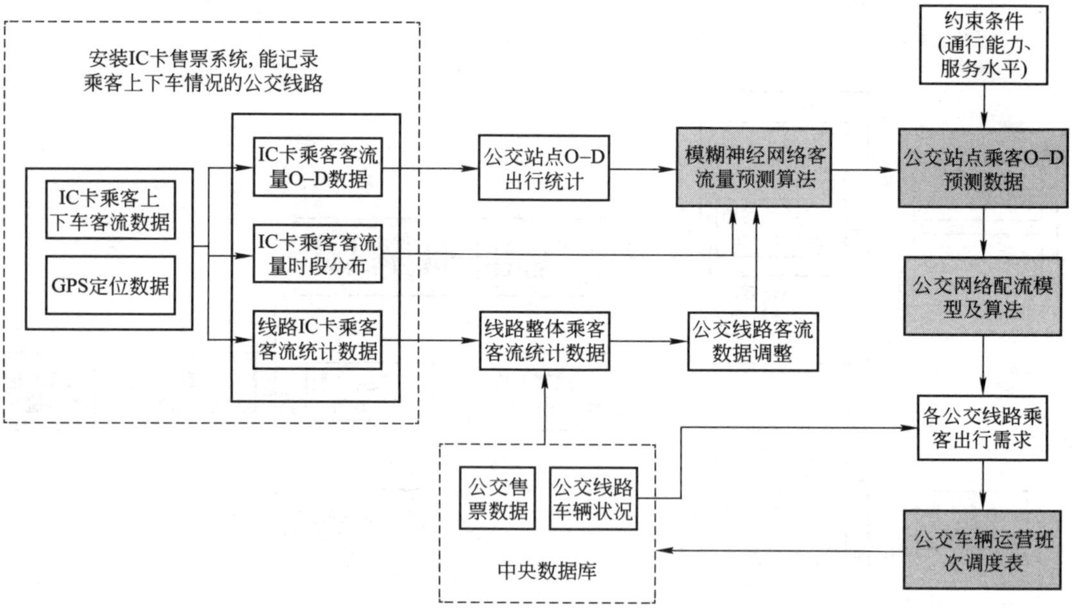

图 4.9　基于公交 IC 卡售票系统实时数据的公交客流量预测过程

(3) 基于复合公交客流量数据源的公交客流量预测

城市公交线路的车辆安装有独立的客流量检测设备，同时智能公交管理系统还使用 IC 卡售票系统的实时数据作为客流量数据源。此时智能公交管理系统的信息采集子系统将可以直接采集到公交乘客在各条公交线路出行的客流量信息。在此基础上，将能够全面、系统地对城市公交乘客未来的出行需求进行准确的预测。其预测过程如下所示：

Step1：根据信息采集子系统采集设备(APCS)获取的公交车辆在各站点的上下车客流信息，并结合 GPS 定位系统的站点位置信息以及到站时间信息，计算过去时刻公交线路上各站点的乘客出行状况。

Step2：根据 IC 卡售票系统的历史运营数据，通过数据分析，确定每天各时段的 IC 卡乘客出行的 OD 分布规律，并利用 IC 卡售票系统的实时数据不断进行更新。

Step3：根据前述两个步骤的统计数据，确定过去时刻 t 公交网络公交乘客出行的需求 OD 状况。

Step4：使用模糊神经网络算法，根据 APCS 获取的实时数据，并结合历史运营数据，对各站点未来时刻的需求情况进行预测，并形成公交网络内的乘客 OD 需求矩阵。

Step5：根据智能公共交通调度子系统的实时数据，计算未来 $t+1$ 时刻公交网络的公交阻抗和公交网络通行能力。

Step6：根据由 IC 卡乘客出行的 OD 分布规律确定的公交网络分配模型，将公交出行需求分配到各路段、线路上。

Step7：使用线路配流模型，确定各条线路的公交车辆班次安排。

整个算法过程如图 4.10 所示。

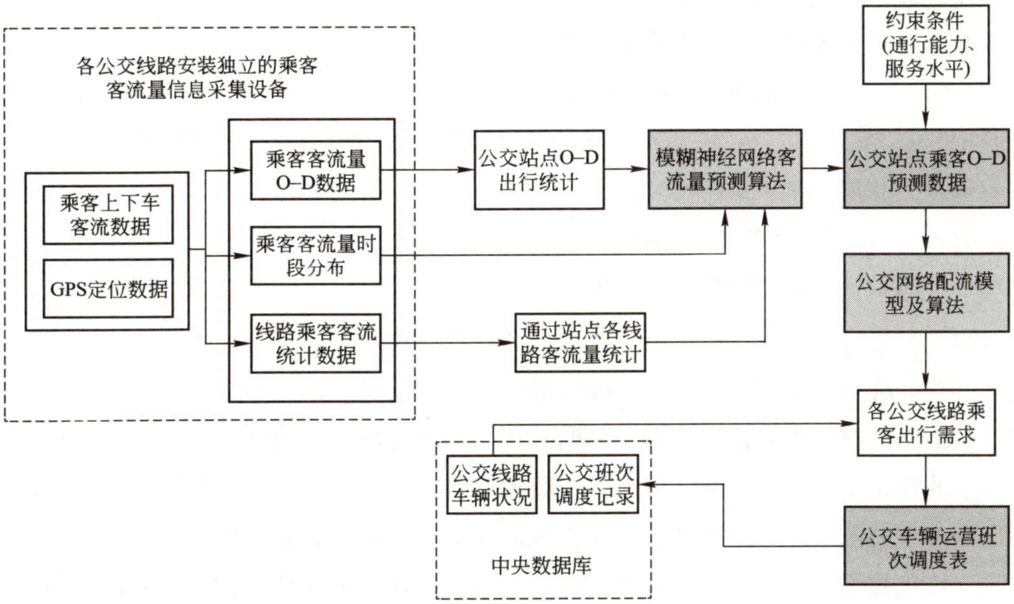

图 4.10 基于复合客流量数据源的公交客流量预测过程

4.3.5 智能公交管理系统客流量预测相关算法

4.3.5.1 时间序列算法

公交客流量预测模型一般包括长期模型、短期模型、日曲线模型和实时(准实时)模型。

公交客流量的长期模型是以年为单位的城市公交系统客流量变化模型。从预测角度来看，长期模型用于预测城市公交运输网络(系统)今后几年内的客流量需求情况，主要用于城市公交系统发展规划以及新的公交线路论证等。

短期模型是以月为单位的公交客流量预测模型，该模型用于预测整个城市公交网络或者某区域公交网络未来几个月的客流量情况，为公交企业制订运营计划班次安排提供支持。

日曲线模型是以小时为单位的公交客流量需求模型，该模型预测城市公交系统未来24h或者48h的小时需求曲线，称为公交日需求预测曲线。公交企业可以根据日曲线预测模型对公交车辆具体的班次计划进行安排。

日曲线模型随小时不同共需建立24个小时预测模型，例如日需求曲线第 i 点模型($i=0$，1，2，…，23)表明第 i 小时需求的变化规律。该模型需要30～50天的第 i 点小时需求作为数据源，通常采用AR模型，该模型的特点是，主要由平稳随机项构成，此外，在四季交接处有明显变化趋势，在例行节假日期间，小时需求有较为固定变化。因此在建立模型时，对节假日的小时需求应该有适当修正。

实时(准实时)模型是预测未来几分钟或者几十分钟各公交场站的需求情况，主要用于突发人流处理，大规模活动处理等情况。

用数学公式表述公交系统车流量预测模型为：

$$y(n)=f(n)+P(n)+x(n),\ n=1,\ 2,\ \cdots\cdots,\ N$$

其中$\{y(n),\ n=1,\ 2,\ \cdots,\ N\}$为公交系统客流量序列，$f(n)$表趋势项，$P(n)$表周期项，$x(n)$表平稳随机项，$n$代表时间。对于长期模型，时间单位为年，对于短期模型，时间单位为月，对于实时(准实时)模型，时间单位为分。

对于客流量日需求曲线模型，其模型为：

$$y_{\mathrm{m}}(n)=x_{\mathrm{m}}(n)+z_{\mathrm{m}}(n) \tag{4-22}$$

m代表小时，$m=0,\ 1,\ 2,\ \cdots\cdots,\ 23$，$n$代表天，$n=1,\ 2,\ \cdots\cdots,\ N$，$z_m(n)$表修正项，由修正数据文件或修正数据库提供，表明对周六、周日以及其他节假日第m点钟的小时客流量需求的修正量。修正数据文件或修正数据库将根据历史小时客流量既考虑到节假日也要考虑到季节的因素经大量统计后建立。因此，$z_{\mathrm{m}}(n)$是已知量，但是随区域不同有一定的差异。修正数据文件或修正数据库的建立是一个比较复杂并且工作量很大的工作，但是对于提高预测精度非常重要。由公式(4-22)可知，客流量日需求曲线模型实际上是由24个小时需求模型组成，称为客流量日需求曲线的小时预测模型。例如，$y_{\mathrm{m}}(n)$为客流量日需求曲线的第m点钟小时需求模型。

4.3.5.2 聚类算法

为了充分利用所采集客流数据，利用聚类算法预测其他线路及站点的未来客流量需求情况。

企业进行的公交客流人工调查及历史数据通常情况下只记录乘客上车情况，这是由于对于公交企业而已，需要考虑和预测的是未来时段的使用人次，即线路在未来时段的上客量。当然，如果数据包括乘客在各站点的下车人数，同理可以进行类似的处理。其计算步骤为：

Step1：在线路、站点的客流时段分布特征分析前，需要首先对站点的客流进行标准化处理：

$$x_{ik}=X_{ik}\Big/\sum_{k=1}^{p}X_{ik} \tag{4-23}$$

其中，X_{ik}为某线路i站点第k个时段的上客量(人次)；x_{ik}为经过标准化处理后的上客量，单位$x_{ik}\leqslant 1$。

Step2：将站点之间的的客流时段分布，以及站点与线路之间的客流分布特征进行相似性对比。

此时，使用相似系数

$$\rho_{ij}=1-d_{ij}, \tag{4-24}$$

其中 $d_{ij}=\sum_{k=1}^{p}|x_{ik}-x_{jk}|$ 为站点 i 和 j 之间的曼哈顿距离(Manhattan)。它的含义为代表站点 i 与站点 j 时段分布曲线绝对误差的和。将其中的 x_{jk} 变为公交线路 j 的上客量时段分布 y_k，则相似系数 $\rho_{ij}=1-d_{ij}$ 表明站点 i 与线路 j 之间的相似程度，k 的取值为有车辆运营的时间段。

Step3：计算线路之间的客流时段分布曲线的相似性，线路 i 和线路 j 之间的分布相似系数 q_{ij} 定义为：

$$q_{ij}=1-d_{ij}, \tag{4-25}$$

其中 $d_{ij}=\sum_{k=1}^{p}|x_{ik}-x_{jk}|$ 为线路 i 和线路 j 时段分布曲线之间的曼哈顿距离(Manhattan)，k 的取值为有车辆运营的时间段。

Step4：根据聚类参数对公交站点及线路进行归类，应尽量注意下述的归类原则：

◆ 线路的运营区域

在同一道路上，走向大致相同的线路，在票制及票价基本相同的情况下，其线路客流时段分布是趋于相似的。在我国大城市中，习惯于在城市主干道上布设若干条走向和通道相同的线路，如果没有较强的外部因素作用，这些线路的客流分布是相近的。而且，线路的运营区域越接近，线路的客流分布相似性越高。

◆ 线路的运营规模

线路的运营规模即配车数，对线路客流的分布有一点影响。运营规模相近的线路，其线路的客流分布相似性较强，对于大运量的线路更为明显。

◆ 线路的运营性质

线路的运营性质对线路的客流时段分布有较大影响。

4.3.5.3 模糊神经网络算法

（一）模糊神经网络算法的简介[20]

Takagi-Sugeno 模型(TS)模型是一种输出为输入变量线性组合的特殊模糊推理模型，其基本规则形式为：

R_k：if x_1 is A_{k1} and x_2 is A_{k2}……x_n is A_{kn}，Then

$$y_k=a_{k0}+a_{k1}x_1+a_{k2}x_2+\cdots+a_{kn}x_n。$$

式中：R_k为第 k 条规则，$A_{kj}(j=1, 2, \cdots, n)$为输入变量所对应的模糊子集。

把神经网络应用于模糊推理中，主要是为了解决常规模糊推理系统中存在的两个问题：规则集的生成和隶属函数参数的调整。神经网络的自适应和自学习能力，使得其能够有效调节各隶属函数，以及其他权重参数，使得模糊规则在系统的学习中产生。运用 TS 模型进行模糊推理的过程分为四个基本步骤：

第一，对输入空间的划分和隶属函数值的确定。设有 n 个输入变量，以向量形式表示为 $x=[x_1, x_2, \cdots, x_n]^T$，采用的隶属函数为高斯函数 $f(x)=\exp\left[-\left(\frac{x-c}{a}\right)^2\right]$(或者贝尔

函数 $f(x)=1\Big/\left\{1+\left[\left(\frac{x-c}{a}\right)^2\right]b\right\}$，式中的 a、b、c 为参数。以获得的输入变量隶属度作为规则判断的语言变量。

第二，通过相应的 Fuzzy 算子，求出各条规则的适用度。例如，第 k 条规则的适用度定义为：$\omega_k=\mu_{k1}(x_1)\times\mu_{k2}(x_2)\times\cdots\times\mu_{kn}(x_n)$。并且计算所有规则适用度的均值 $\bar{\omega}$。

第三，产生每一规则的后续输出，即上述 TS 模型规则中 Then 以后的部分。

第四，加权合并步骤三中产生的所有输出，形成一个模糊输出。每条规则的权重为 $\omega_k/\bar{\omega}$。这一步骤也称为"解模糊"。

在该模糊神经网络模型中，采用 BP 算法(反向传播算法)与最小方差估计(LSE)相结合的综合算法，其计算效率高，收敛速度快。

最小方差估计是通过输出层的输出值调整输出层的权重和参数，其调整的递推公式为：

$$x_{i+1}=x_i+S_{i+1}a_{i+1}(b_{i+1}^{\mathrm{T}}-a_{i+1}^{\mathrm{T}}x_i) \tag{4-26}$$

$$S_{i+1}=S_i-\frac{S_i a_{i+1}a_{i+1}^{\mathrm{T}}S_i}{1+a_{i+1}^{\mathrm{T}}S_i a_{i+1}},\ i=0,\ 1,\ \cdots,\ P-1 \tag{4-27}$$

在此综合算法中，主要用最小方差估计来调整输出层以外的权重和参数。

(二) 公交线路客流量实时预测模型

取单位时刻为小时 t，周期单位为日 T，预测下一个未知时刻的客流，需要考察当前时刻客流量值、当前时刻与其历史数据相比较的变化趋势、当前时刻与前一时刻历史数据相比较的变化趋势以及当前时刻与下一时刻历史数据相比较的变化趋势。以上考虑，表现为模糊推理系统输入变量形式为：

当前时刻 t 小时线路流量

$$x_1=s(t)$$

t 时刻线路客流与同期 t 时刻平均值之差，同期 t 时刻可以采用历史同月份每周相同日期 t 时刻的数据

$$x_2=s(t)-\frac{1}{3}[s_{(T-7)}(t)+s_{(T-14)}(t)+s_{(T-21)}(t)]$$

历史数据中，t 时刻与 $t-1$ 时刻平均值之差

$$x_3=\frac{1}{3}[s_{(T-7)}(t)+s_{(t-14)}(t)+s_{(t-21)}(t)]-\frac{1}{3}[s_{(T-7)}(t-1)+s_{(t-14)}(t-1)+s_{(t-21)}(t-1)]$$

历史数据中，$t+1$ 时刻与 k 时刻平均值之差

$$x_4=\frac{1}{3}[s_{(T-7)}(t+1)+s_{(t-14)}(t+1)+s_{(t-21)}(t+1)]-\frac{1}{3}[s_{(T-7)}(t)+s_{(t-14)}(t)+s_{(t-21)}(t)]$$

T 日已经发生的线路客流量

$$x_5=s(T)$$

T 日已经发生线路客流与历史数据平均值之差

$$x_6=s(T)-\frac{1}{3}[s(T-7)+s(T-14)+s(T-21)]$$

采用上述输入变量，将一些影响线路客流量变化且难以把握的因素，融入到系统输入中。输入变量经过隶属函数的处理，生成规则判断所需要的语言变量。隶属函数的设计影响到预测的精度，总的设计原则是：输入与输出线性关系越强，隶属函数个数越少；非线性度越大，则应该多取一些隶属函数。所以 x_1、x_2、x_5、x_6 各取三个隶属函数，x_3、x_4 各取五个隶属函数。推理系统可能的规则数量为 3×3×5×5×3×3=2025 个。

该预测系统第 k 条规则可以表达为：R_k：if x_1 is A_{k1} and x_2 is A_{k2}……x_n is A_{kn}，Then $y_k=a_{k0}+a_{k1}x_1+a_{k2}x_2+\cdots+a_{kn}x_n$。

这条规则的含义是："如果 t 时刻线路客流为小/中/大，并且 t 时刻与历史数据相比的变化为正/零/负，且历史数据中前一时刻到 t 的变化趋势是正大/正小/零/负小/负大，且历史数据中 t 时刻到后一时刻的变化趋势是正大/正小/零/负小/负大，且 T 日已经发生的公交客流量为小/中/大，并且 T 日已经发生的公交客流量与历史数据中相比的变化为正/零/负，则 $t+1$ 时刻的线路客流量是 $y_k=a_{k0}+a_{k1}x_1+a_{k2}x_2+\cdots+a_{kn}x_n$。图 4.11 是基于模糊神经网络的站点/线路客流量预测模型的运行流程图。

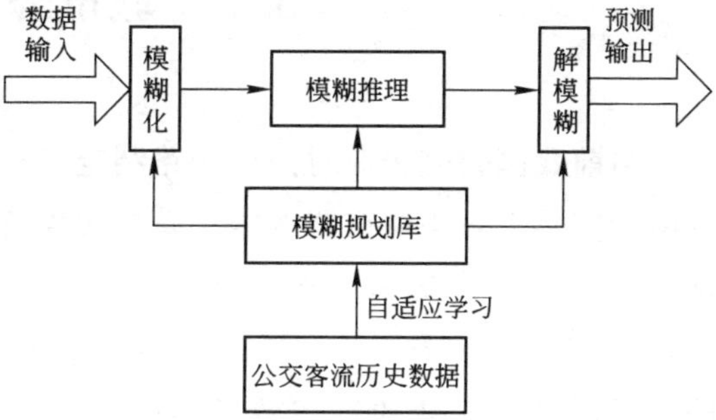

图 4.11　基于模糊神经网络的客流量预测模型

结合运营调度的需要，一般采用该模型预测当前时刻下一小时的线路客流，预测的过程中将预测得到的下一时刻数据作为已知当前数据，滚动向前预测。

第五章　城市公共交通通行能力和服务水平

5.1　城市公共交通通行能力

目前我国公交企业对公交线路制定车辆调度优化时，没有考虑通行能力对公交运行的影响。实际上，当城市路网中运营的公交车辆超过公交站点、车道、路段等设施的通行能力时，由于公交车辆彼此的互相干扰，以及公交与社会车辆的行驶冲突，公交车辆行驶的速度通常会降低。这样虽然增加了公交车辆的营运班次，但是公交服务水平反而下降，同时公交企业的经济效益也受到影响。本章节将对城市公交系统的通行能力进行研究。

5.1.1　公交通行能力概述

公共交通通行能力是城市公共交通系统规划、设计及管理等方面的基本参数。公共交通通行能力反映了城市公交相关设施的服务能力方面的属性，其具体数值随公交设施类型、设计方案、公交车辆类型、公交企业运营策略、道路交通状况等多种因素的影响。

在城市智能公共交通管理系统研究、建设及运营过程中，如何确定公共交通系统合理的线网结构，如何科学地进行智能公共交通系统建设规划，如何进行智能公共交通管理系统的成功设计以及在项目实施后进行评估，如何制定智能公共交通管理系统最优化的管理调度模式，都需要以公交通行能力作为依据。

5.1.1.1　公交通行能力的基本概念

城市公共交通通行能力是指在城市规定的交通条件、道路条件及人为度量标准时间内能通过的最大公交车辆数量或者乘客人数。通常定义为在一定的道路、交通状态和环境下，单位时间内(良好的天气情况下)，一个停靠泊位、一个公交站点、一条公交线路或公交线路的某一断面上能够通过的最大公交车辆或乘客数量。

公交通行能力是度量公交设施单位时间内可能通过公交车辆和乘客的能力，即单位时间内公交车辆和乘客通过公交设施“点”和“断面”的能力，是动态的服务能力而不是静态的数量。通常情况下，公交设施的公交车辆和乘客的通行量应该小于相应的公交通行能力。公交通行能力是在一定条件下，公交设施所能够通过公交车辆和乘客的极限数值，条件不同，要求不同，其公交通行能力自然也存在差异。

5.1.1.2 公交通行能力的影响因素

主要影响因素有道路状况、公交设施状况、公交车辆、交通条件、运营策略、交通管理、公交政策、环境、驾驶员技术、乘客及气候等条件。[30]

道路状况是指道路的几何线形组成，如车道、公交专用车道宽度、侧向净空、路面性质和状况、平纵线性组合、路幅型式、实际能保证的视距长度、纵坡的大小及坡长等。

交通设施状况是指公交系统中的设施类型及设计线形，如公交站点的位置、停靠泊位的数量及模式、公交专用车道数量及位置、公交交叉口优先通行设施及数量等。

公交车辆包括公交车辆的类型及性能，公交车辆类型包括车辆的大小、公交车门的设置方式、公交车辆的车门宽度等；公交车辆性能是指车辆行驶的动力性能，如减速、加速、制动、爬坡能力、车辆单位功率、操纵的稳定性和灵活性等。

交通条件是指交通流中车辆组成、车道分布、交通量的变化、超车及转移车道等运行状况的改变。

运营策略是指公交企业采用的经营策略，例如企业对公交服务水平的预期控制策略及公交车辆调度模式等。

交通管理是指对交通的组织指挥管理措施、交通法规、章程以及交通控制设施。此外，还包括交通管理系统对于公共交通的优先通行政策、法规以及设施。

公交政策是指政府相关主管部门对于城市公共交通建设的政策、法规等。如政府对优先发展公交的政策，交通管理部门的优先通行政策等。

环境是指公交设施的类型、布置位置及数量，以及道路所处的环境、景观、地貌、自然状况、沿途设施状况、交叉口数据和行人过街等情况。

驾驶员自身因素是指公交车辆驾驶员身体素质、技术水平、熟练程度、心理状态、视力、敏感性、交通动态预估、判断和应变能力等；

乘客因素是指乘客的出行特性以及在候车、乘车时的心理状态、行动模式等；

气候因素是指气温的高低、风力大小、雨、雪、雾、结冰等状况和程度。

5.1.1.3 公交通行能力的主要研究内容

由于公共交通通行能力涉及的因素很多，因此本章研究中将集中对公交通行能力的主要因素进行研究，以道路标准条件、公交标准车、良好天气状况下的公共交通通行能力作为研究对象。

同时，为了使得公交通行能力的研究对象更为明确清晰，本章对公交通行能力的研究，将分为如下两个部分进行：

- 公交车辆通行能力研究——以公交车辆为研究对象
- 公交客流通行能力研究——以公交乘客为研究对象

5.1.2 公交车辆通行能力

在公交系统的构成上，车站是系统最基本的设施，每一个车站都包含了若干的停靠泊位，公交线路运行的道路以及站点共同构成了公交设施。

停靠泊位是公交系统最小的组成单位。对公共交通车辆通行能力的研究，应该从对公交停靠泊位车辆通行能力的研究展开，进而对公交车站和公交设施的公交车辆通行能力进行进一步的研究。完整公交网络的车辆通行能力，由上述三个要素构成：

➢ 停靠泊位：车站上公交车停靠时供乘客上下车的泊位，是公交车辆通行能力计算的基础单元；

➢ 公交车站：由一个或多个停靠泊位组成，是公交车辆通行能力计算的关键单元；

➢ 公交设施：由公交线路沿线的道路以及沿线的公交车站构成，是公交车辆通行能力计算的整体单元。

图 5.1 显示了停靠泊位、站点和设施之间的关系。

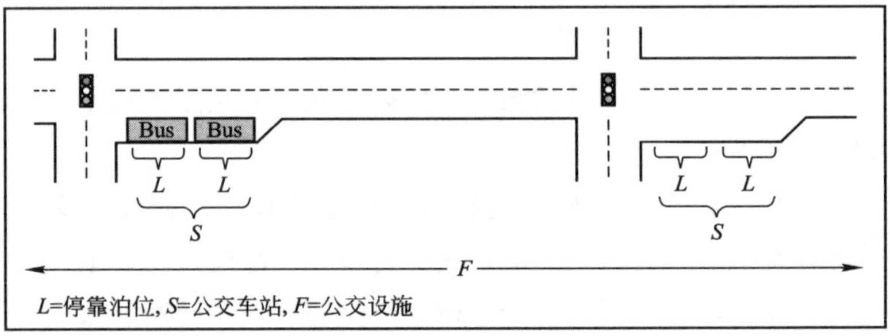

图 5.1 公交停靠泊位、站点、设施关系图

为明确公交车辆通行能力的计算过程，将其涉及的要素分别列举，图 5.2 表明了各相关要素的关系：

5.1.2.1 停靠泊位公交车辆通行能力

停靠泊位即站点设置的供车辆短时停靠，方便乘客上下车的停靠区域，单个停靠泊位的车辆通行能力是决定公交站点和公交设施通行能力的基础。停靠泊位的通行能力取决于以下几个因素：

● 停留时间——公共汽车停在路边为乘客服务的平均时间，包括乘客移动、上下车以及开关车门的时间；

● 清空时间——上一辆公共汽车加速驶出和下一辆驶进停靠泊位的最短时间，包括公交车辆之间必要的车头安全时距。

● 停留时间变化率——使用停靠泊位的公共汽车之间的连贯性和变化情况。

● 进站排队概率——公共汽车到达一个停靠泊位，发现该停靠泊位被其他公共汽车占用，并需要排队等候的概率。

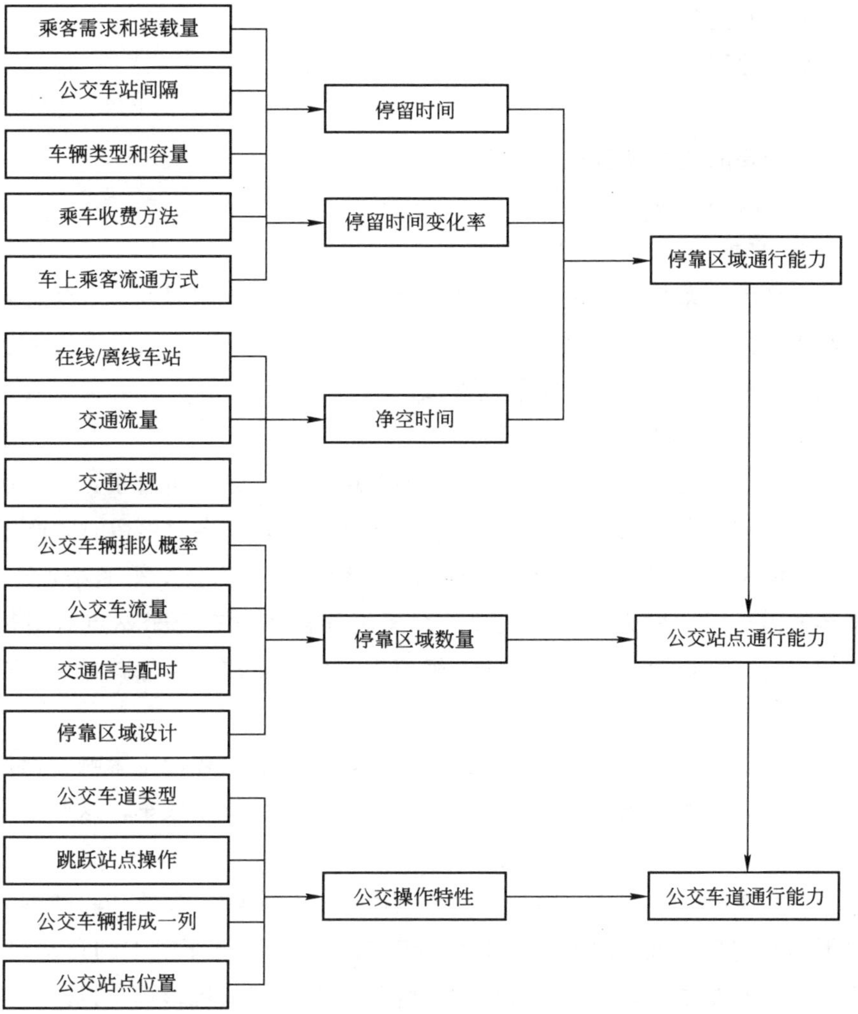

图 5.2 公交车辆通行能力相关要素图

停留时间与清空时间相加就是一辆公共汽车占用停靠泊位的平均时间。同时，在考虑了停留时间可变性与设计的失效概率时间总和后，公交系统能够保证大多数公共汽车到站后可以立即进入停靠泊位。上述两个时间的总和是避免公共汽车之间相互干扰所需要的最小车头时距。根据这个车头时距就可以得到每小时可以使用停靠泊位的公共汽车数量——即停靠泊位的公交车辆通行能力。

5.1.2.1.1 计算过程

通常情况下，公交站点停靠泊位的车辆通行能力，按照如下公式计算：

$$B_l=\frac{3600(g/C)}{t_c+t_d(g/C)+t_{om}}=\frac{3600(g/C)}{t_c+t_d(g/C)+Zc_vt_d} \tag{5-1}$$

式中 B_l——停靠泊位的公共汽车通行能力(bus/h)；

3600——1 小时换算成以秒单位的数量；

g/C——绿信比(对于没有信号灯的街道和公共设施该值为 1.0)；

t_c——清空时间(s)；

t_d——平均停留时间(s)；

t_{om}——运作余地(s)；

Z——与需要的进站排队概率相应的标准正态变量；

c_v——停留时间变量系数。

5.1.2.1.2 平均停留时间(t_d)的研究

在智能公交调度子系统中，确定公交车辆在车站的平均停留时间 t_d，是计算公交车辆通行能力的基础。同时，公交车辆平均停靠时间的相关数据，对于智能公交调度子系统进行公交车辆未来行程时间预测具有重要的意义。

(1) 公交车辆平均停留时间影响因素分析

对公交车辆停靠时间的研究首先应从停留时间的影响因素分析着手，泊位的停留时间首先受到乘客的影响，乘客的上下车人数以及上下车方式，都会对停留时间产生影响。

同时，公交线网的规划情况也会影响车辆的停留时间。当公交车辆站点距离较远时，每个站点乘客的需求可能增大，乘客人数的增多将使得车辆在每个站点有更长的停留时间。当然，如果公交站点距离太近，由于车辆每次进出站点都需要加减速、等待其他车辆空隙，同样可能对车辆通行能力带来不利的影响。

其次，公交站点的泊位设计方式也会对公交车辆行驶及乘客产生影响。通过对站点的科学交通工程设计，车辆进出车站更加方便，乘客能够更快捷的乘车，这些都将缩短车辆的停留时间。

此外，公交系统的售票模式也将对车辆停留时间产生影响，买票和验票的方式不但会影响乘客上下车时的平均服务时间，同时也会影响乘客在公交车辆上的移动过程。例如，乘客需要前门上车时购票，后门下车验票时，除了上下车过程将影响车辆停留时间外，乘客进入车厢并向后门的移动过程，由于对未上车乘客有交互作用，也会影响到车辆的平均停留时间。

公交车辆的车型也会影响停留时间的计算，公交车辆车门数量、车门的宽度、车门上下要求将影响到乘客上下车的速度。

(2) 公交车辆平均停留时间计算模式研究

智能公共交通管理系统由于集成了大量的自动信息采集设备，可以获得大量的实时数据。通过对数据挖掘，可以更精确的对调度系统模型进行标定，并通过评价子系统不断对智能公交调度过程进行优化。

在智能公共交通管理系统中，车辆停靠时间将可以采用几种模式进行，各模式其计算的方式如下：

◆ 对于没有安装 GPS 定位系统的公交线路，或者 GPS 定位系统投入使用后不久的线路，由于车辆的历史定位数据较少，分析的精确程度有限，因此首先使用默认参数估算公交车在站点的停留时间。

估算时，关键站点典型的停留时间为：在闹市区站点、交通枢纽、主要换乘车站取 60 秒；在一般站点取 30 秒；在偏远站点的 15 秒。

◆ 对于安装公交车载客流检测器的公交车辆，客流量信息采集设备可以获取各公交车在某公交车站的上下车人数，同时还可以通过对客流量数据的统计获取该站点的高峰小时系数。因此根据算法估算该站点的平均停留时间，具体计算过程见本部分下文。此外，由于计算过程中涉及了多项参数，因此也需要对参数进行进一步的标定。

◆ 对于装有 GPS 定位系统的车辆，可以通过对定位数据的判断，由定位数据是否发生变化以及车辆与站点的位置关系，计算出车辆在公交站点的停留时间。由于 GPS 定位数据的精度较高，因此该数据一般可视为实测值。但是，由于定位数据存在误差，因此需要进行必要的修正和标定。

◆ 利用通过 GPS 定位系统获取的数据，结合公交站点的属性信息，对估算公交站点停靠时间的默认参数进行标定。该参数的精确标定对于未来进行公交线网规划以及公交评价具有较大的作用。

◆ 利用通过 GPS 定位系统获取的数据，结合公交站点的属性信息，对乘客上下车的默认平均服务时间进行参数标定。进行标定时，将采用站点统计的平均停留时间，而不是某公交车单次停留时间。这是由于公交车载客流量检测器同样存在一定的误差，通过统计处理后，再进行必要的分析，将能够大大降低客流量检测器自身误差带来的影响。

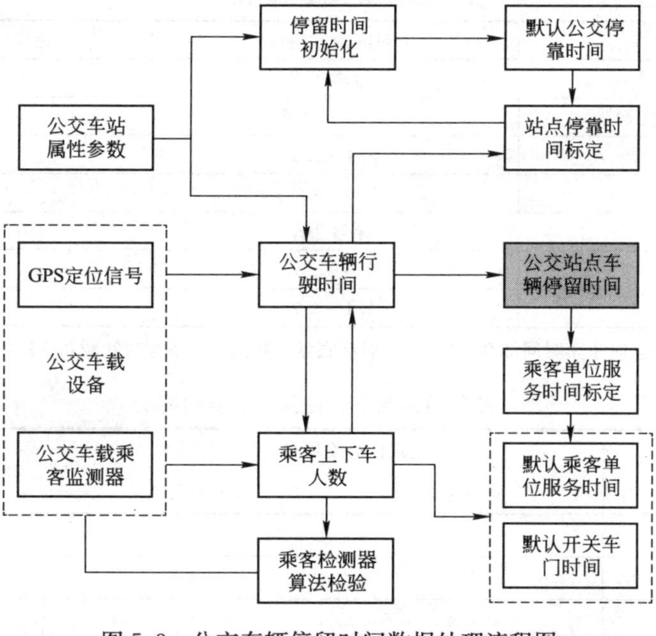

图 5.3 公交车辆停留时间数据处理流程图

(3) 公交车辆平均停靠时间计算

当利用客流量检测器数据，根据客流量数据对停靠泊位通行能力计算时，其算法步骤如下所示：

步骤 1：通过车载客流量检测器获得单位时间的乘客流量。

步骤 2：使用高峰小时系数(*PHF*)对单位时间的客流量进行调整。通常情况下，公交线的典型的高峰小时因子从 0.60 到 0.95 变化。如果缺少其他信息，对按照恒定班次间隔发车的线路，取 *PHF*=0.75 用作默认值。当公交企业根据预测的高峰公交需求对调度计划进行调整时，取 *PHF*=0.85 作默认值。对于智能公共交通管理系统，可以取 *PHF*=0.95。

一般情况下，使用方程(5-2)对平均小时客流量进行调整，以便于反映公交运输高峰的状况。

$$PHF=\frac{P_h}{4P_{15}} \tag{5-2}$$

$$P_{15}=\frac{P_h}{4(PHF)} \tag{5-3}$$

PHF——高峰小时因子；

P_h——高峰小时期间的客流量；

P_{15}——高峰 15 分钟期间的客流量。

步骤 3：确定乘客服务时间。最基础的典型情况是公交乘客只通过某个门移动，分别上车或者下车，表 5.1 可用来估计这些情况的时间。实际情况下，乘客可以从多个车门上下车，此时采用表 5.2 的典型值来估算乘客服务时间。

公交乘客服务时间 **表 5.1**

	服务时间范围(秒/人)	建议默认值(秒/人)
乘客上车		
车上售票或者预先购票	2.25～2.75	2.5
上车投币	3.4～3.6	3.5
公交 IC 卡	3.0～3.7	3.5
乘客下车		
前门	2.6～3.7	3.3
后门	1.4～3.7	2.1

注：当公交车有人站立时乘车时间加 0.5 秒/人。对低底盘公共汽车上下车时间减 0.5 秒/人。

多车门情况下公交乘客服务时间 **表 5.2**

公交车门数量	建议默认公交服务时间(秒/人)		
	乘客上车	前门下车	后门下车
1	2.5	3.3	2.1
2	1.5	1.8	1.2
3	1.1	1.5	0.9
4	0.9	1.1	0.7
6	0.6	0.7	0.5

注：如果乘客上车投币或者用 IC 卡刷卡，当公交车辆上有乘客站立时乘客上车时间要增加 20%。对于低底盘公共汽车，其上车时间会减少 20%，前门下车时间减 15%，后门下车时间减 25%。

步骤 4：调整通过单门的双向乘客服务时间。当通过单个公交车门的 25%到 50%的乘客流与主乘客流相反方向时，考虑到乘客在车门口的拥塞情况，上下车服务时间各增加 20%(一个门 0.5 秒)。

步骤 5：计算停留时间。停留时间是在最繁忙的门服务乘客所需时间加上开关门所需时间。正常情况下开关车门过程需要 2～5 秒。

$$t_d = P_a t_a + P_b t_b + t_{oc} \tag{5-4}$$

式中：t_d 指平均停留时间(s)；P_a 指每辆车在最繁忙的门下车的乘客数(p)；t_a 指下车乘客服务时间(s/p)；P_b 指每辆车在最繁忙的门上车的乘客数(p)；t_b 指上车乘客服务时间(s/p)；t_{oc}指开关门时间(s)。

(4) 乘客单位服务时间的标定

上表 5.1 和表 5.2 所列出的乘客上下车默认服务时间，可以随着智能公交管理系统的建设和历史数据的记录，通过标定来确定适合公交状况的默认值。其基本步骤如下：

步骤 1：根据中央数据库系统的历史运营数据，将公交车辆按照季节、月份、时段、站点状况、公交车型、上下车门设置、售票方式、车上乘客载客率等情况进行归类，建立各类典型情况下车辆停留时间的数据集合。

步骤 2：对各类车辆停留时间数据进行分析，首先对数据进行筛选，将不符合车辆运营特性和车辆属性的错误数据删除。

步骤 3：针对每种类型的车辆服务状况，利用智能公交管理系统记录的车辆在站点的停留时间、乘客上下车人数，经过统计后对单位乘客上下车服务时间进行标定。

5.1.2.1.3 清空时间的计算

公共汽车关闭车门准备驶出公交站点时，需要一定的清空时间。清空时间包括两部分，第一部分是固定的，包括公交车启动和行驶出停靠泊位的时间，当公交站点为沿车道公交站点时，清空时间将只包括部分时间。清空时间的第二部分是公交车辆重新汇入车道的等候时间。当公共站点为港湾式站点时，由于公交车需要重新驶入车道，为了等待合适的车间距还需要时间。重新驶入延误取决于路侧车道的交通流量，随交通流量的增加而增加。这个延误还取决于逆流交通信号的影响，它会造成长的车间距，随后一段时间车辆持续不断通过站点。

通常情况下，总清空时间范围从 9～20 秒。一辆公共汽车启动并行驶出停靠泊位需要大约 10 秒。公交车辆从港湾式停靠泊位重新驶入车道的等待时间可以根据图 5.4 进行估计。在缺乏其他相关交通信息的情况下，可以假定等待时间为 7 秒。

5.1.2.1.4 停留时间可变性

每辆公共汽车在同一站点的停留时间并不相同，这依赖于不同车辆和不同线路的乘客需求波动。停留时间可变性对公交车辆通行能力的影响反映在停留时间变量的系数(C_v)上，即停留时间的标准偏差除以平均停留时间。当 C_v 为 0 时，所有的停留时间都一样。当 C_v 为 1 时，停留时间的标准偏差与平均停留时间同样大，这意味着大约三分之一公交

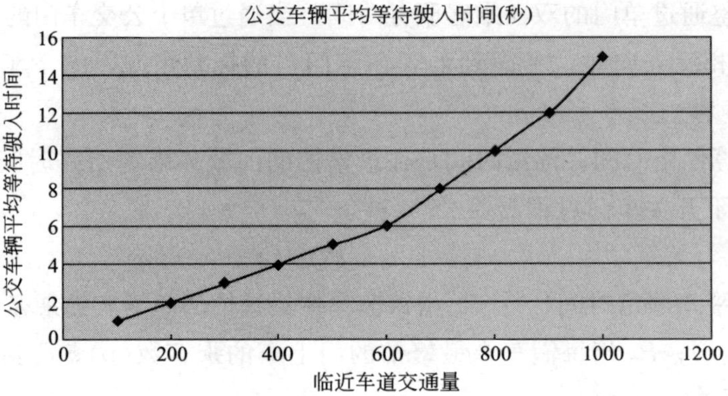

图 5.4 公交车辆驶出港湾平均等待时间

车辆的停留时间是平均停留时间的两倍。

典型的 C_v 的范围从 0.4 到 0.8，缺少现场实际数据情况下，建议取 0.6 较为恰当。影响停留时间的因素同样影响停留时间可变性。当车辆安装了 GPS 定位系统后，可以采用车辆 GPS 数据，对车辆在站点的平均停留时间进行计算，进而对停留时间系数 C_v 进行标定。

5.1.2.1.5 公交车辆排队概率

前一辆公交车刚驶出停靠泊位，下一辆接着马上驶入，此时停靠泊位通行能力显然最大。然而，由于多种因素制约，这种理想的状态很难出现。因此，公交车辆通行能力的计算需要考虑车站的排队进站概率，排队进站概率决定了公车辆隔多久到达站点需要等候停靠泊位清空。

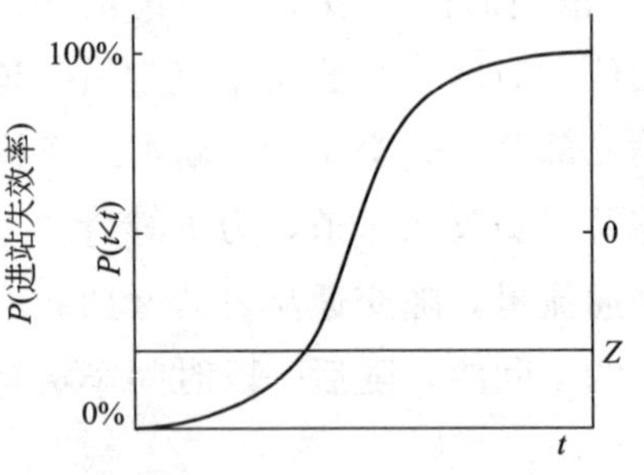

图 5.5 进站排队进站概率关系图

排队进站概率与停留时间可变性和平均停留时间结合提供调度余地，该参数设定了公交车辆不失效的比率。实际上，调整空间就是指单辆公交车辆停留时间能超过平均时间的最大值，这里的平均时间指当计划使用站点的车辆数接近它的通行能力时，使其不可能造成进站失效的时间。所希望的排队进站概率越低，调整空间和计划可靠性越高，停靠泊位通行能力就越低；相反，允许的排队进站概率越高，运作余地和计划可靠性越低，停靠泊位通行能力就越大。

从统计资料来看，正态分布曲线上给定 Z 点的右下方面积表示任意给定公交车辆的停留时间大于这个时间的可能性。与 Z 相对应的停留时间值 t_i 体现在方程(5-5)中：

$$Z=\frac{t_{om}}{s}=\frac{t_i-t_d}{s} \tag{5-5}$$

式中：Z 指与要求的排队进站概率相对应的标准正态变量；s 指停留时间的标准偏差；t_{om} 指运作余地；t_d 指平均停留时间；t_i 指不会经常超过要求排队进站概率的停留时

间值。

当停靠泊位运营接近通行能力，重新整理方程(5-6)得到完成特殊设计排队进站概率所需运作余地：

$$t_{om}=sZ=c_v t_d Z \tag{5-6}$$

式中：c_v＝停留时间变量系数。

表 5.3 列出了与不同排队进站概率相应的 Z 值。

标准正态系数 Z **表 5.3**

排队进站概率	Z	排队进站概率	Z
1.0%	2.330	15.0%	1.040
2.5%	1.960	20.0%	0.840
5.0%	1.645	25.0%	0.675
7.5%	1.440	30.0%	0.525
10.0%	1.280	50.0%	0.000

在城市中心区，通常使用 7.5%～15%的排队进站概率来计算公交通行能力。当排队进站概率达到 15%时，一小时内公交车辆进站需要等待的时间已经长达 10 分钟，此时从这个站点开始公共汽车的行驶速度显著下降，其速度比公交车辆顺畅行驶时低大约 20%。

在城市快速路、重要交叉口等区域，当不允许出现大规模的车辆排队情况时，可以采用排队进站概率 2.5%，此时其概率的上限是 7.5%，排队延误处于可以接受的范围。

在排队进站概率为 25%时站点通行能力显著提高。从数学上计算，在排队进站概率为 50%时站点通行能力达到最大，然而实现它需要精确控制公交车的间距，而且此时公共汽车的速度会极低，这会导致乘客认为服务质量很差。因此，通常情况下，要避免公交车辆进站排队进站概率高于 25%。

图 5.6 说明了排队进站概率、调度余地和停靠泊位公共汽车通行能力之间的关系。

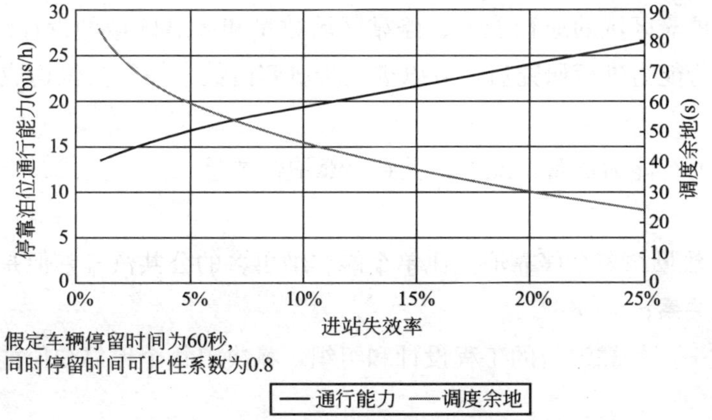

图 5.6

5.1.2.1.6 交通信号控制对站点泊位通行能力影响

位于车站附近的交通信号对公交车辆的通行能力会产生影响。例如，在远端站点或下游有交通信号的路中站点，只有当站点所在地的绿灯亮时，公交车才能进站。绿灯时间越短，站点通行能力越低。同样在近端站点，一辆公交车在乘客上车后，也必须等绿灯亮才能离站。在这些情况下，公交站点通行能力都会受到影响而降低。只有在远离上游交通信号，没有公交信号控制的站点，公交车辆才能立即进出站点，此时信号系统对站点通行能力没有影响。但是，即使在这种情况下，车站的通行能力也要受到周边交通条件的制约。

交通信号对通行能力的影响可由绿信比(g/C)来描述。在远离上游交通信号灯，没有信号灯的站点，g/C 比率为 1.00，因为公交车接近站点或停靠泊位的时间几乎没有受到信号灯影响。

g/C 比率在两个方面影响站点通行能力的计算公式。第一，公式的分子调整为 3600 (g/C)，以便能够反映公交车进入远端站点或中段站点，或离开近端站点时所花的时间在一小时中所占的部分。第二，公式分母中的停留时间调整为 $t_d(g/C)$，以便反映道路绿灯相位期间发生的停留部分。红灯期间发生的停留时间不会影响通行能力，因为在红灯期间，公交车还不能进出站点。实际结果是随着绿灯时间的延长通行能力也相应增加了。

停靠泊位典型通行能力表 **表 5.4**

停留时间(秒)	清空时间		停留时间(秒)	清空时间	
	10 秒	15 秒		10 秒	15 秒
15	116	100	60	38	36
30	69	63	75	31	30
45	49	46	90	26	25

注：该情况发生在公交车进站排队进站概率 25%，停留时间变化系数 60%，并且没有信号灯影响的情况下。

5.1.2.2 公交站点公交车辆通行能力

公交站点是一个公交车装卸乘客的场所，由一个或多个停靠区域组成。公交站点通行能力与站点单个停靠区域的通行能力、停靠区域数量和停靠区域的设计组织模式有关系。在对泊位车辆通行能力进行研究后，可以进一步研究由数个停靠泊位构成的站点的车辆通行能力。

公交站点的通行能力通常情况下，受到停靠泊位数量、停靠模式、交通控制方式等因素的影响。

- 停靠泊位数量：多个停靠泊位比单个能容纳更多的公共汽车，但是通行能力增长并不是线性增长的关系；
- 停靠模式——停靠泊位的工程设计和组织，将决定每个停靠泊位能提供多少额外的通行能力；
- 交通控制方式——交通信号在一定程度上会影响单位时间段内通过站点的公交车辆

的数量。

5.1.2.2.1 公交站点停靠泊位的类型

站点由一个或多个停靠泊位组成，站点通行能力与站点单个停靠泊位的通行能力、停靠泊位数量和停靠泊位的设计有关系。另外，附近的交通信号灯也会影响站点的公交车辆通行能力。路段长度、车道位置和路内停车会影响站点通行能力。

当有四个或更多个停靠泊位时，与线内站点相比，路外港湾式公交站点具有更高的通行能力。当只提供一个或两个停靠泊位时，路内站点有较高的通行能力。当提供三个停靠泊位时，线内站点和港湾式站点的通行能力基本相同。

路内站点通常位于以下三个地点之一的路边：

(1) 路口近端，站点直接在交叉口的前面；

(2) 路口远端，站点直接在交叉口的后面；

(3) 路段中间，站点在交叉口之间的道路的中间。

站点位置会影响公交设施的通行能力，路口远端站点对通行能力影响最小，近端站点最容易受到影响。

在公交车右转的路口处，使用路口近端公交站点较为合适；而在公共汽车左转的路口处，路口远端站点更为合适；路段中间站点只用在主要乘客发生地或交叉口附近空间不充足的地方。

5.1.2.2.2 公交站点类型对通行能力的影响

站点停靠泊位越多，其站点的通行能力会越大，有更多的公交车辆同时上下乘客。实际上，科学的交通工程设计和组织能更有效地提高站点通行能力。

如图 5.7 所示，路外停靠泊位分成四大类：线型、锯齿型、直通型、带角度型。后三种属非线型停靠泊位，这些设计允许公共汽车互相独立的进出停靠泊位，非线型设计是全效的：双倍的停靠泊位数量能使站点的通行能力加倍。全效产生于公共汽车能互相独立移动。另外，当使用非线型设计时，公交车辆通常被分配到特定的停靠泊位，当乘客所要乘坐的车在其他几辆之后到达，乘客沿着车列行走不会发生延误。在一般的路内公交站点基本都不会采用非线型站点设计，除非是城市内的公交中心站或换乘枢纽。

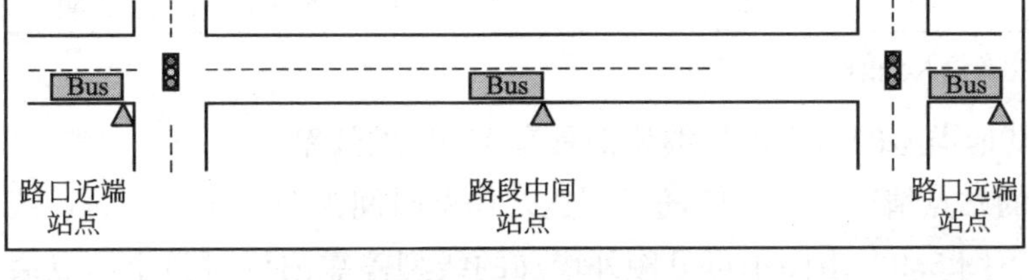

图 5.7

(1) 绝大部分路内站点是线型站点，在这种站点，第一辆公共汽车到达时占用第一个停靠泊位，其后到达的公交车顺次占用后面的几个停靠泊位，如果没有空余的停靠泊位，则公交车辆发生排队延迟。由于受到前车的影响，每个额外的停靠泊位会增加站点的通行能力，但是增长率不是线性关系，基本呈现递减趋势。增加的程度取决于停靠泊位是在路内还是路外，以及使用站点的公交车的到达特征。当公交车以车队形式进出时使用线型停靠泊位更有效率。此时，要求组成车队的公交车辆必须具有相同的停留时间。

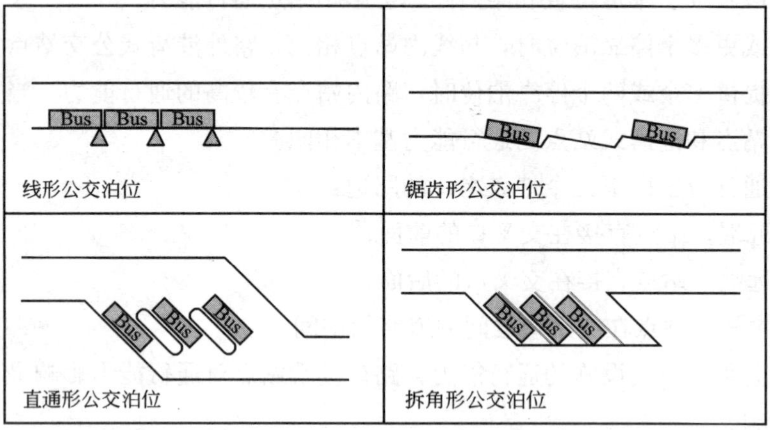

图 5.8 公交车站停靠泊位类型

表 5.5 列出了线型路外停靠泊位、路内停靠泊位的实际效能情况。显然，四或五个路内线型停靠泊位与不超过三个的停靠泊位具有基本同等的效率。同时如果要得到两个有效的路内停靠泊位，必须提供三个实际的停靠泊位。

表 5.5

	路内公交停靠泊位				路外公交停靠泊位	
	车辆随机到达		公交车排队到达		所有到达方式	
停靠泊位	泊位效率%	合计有效停靠泊位	泊位效率%	合计有效停靠泊位	泊位效率%	合计有效停靠泊位
1	100	1.00	100	1.00	100	1.00
2	75	1.75	85	1.85	85	1.85
3	70	2.45	80	2.65	80	2.65
4	20	2.65	25	2.90	65	3.25
5	10	2.75	10	3.00	50	3.75

注意：以上数据假定不会出现超车情况。

(2) 所有其他类型的多个停靠泊位都具有 100%的效率。

对于典型的站点情况，当车辆随机到达，停留时间为 30～120 秒时，线型路内站点通行能力可参考下图 5.9。由图中可见额外增加的线型停靠泊位对整个站点通行能力的影响逐渐缩小，增加泊位的数量对站点通行能力改变的影响比对减少停留时间的影响小的多。尤其是当车辆停留时间长于 60 秒，g/C 比率为 0.5 与 1.0 之间的差异很小。

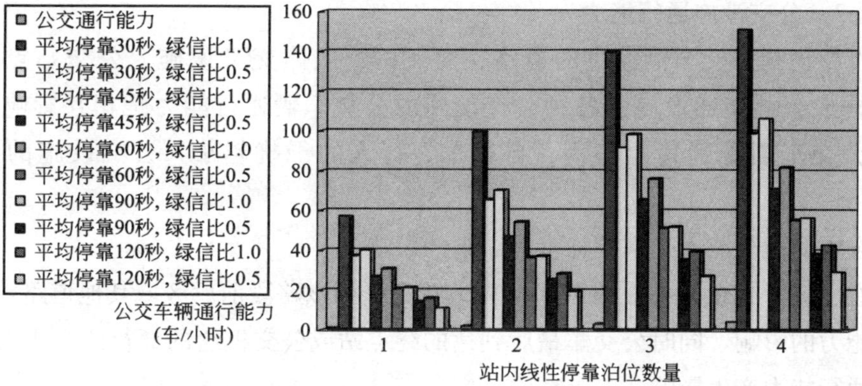

注：本图基于车辆 10 秒的清空时间、25%的排队进站概率、60%的停留时间变量系数。

图 5.9

5.1.2.2.3 公交站点公交车辆通行能力计算

站点每小时公共汽车通行能力，B_s 为：

$$B_s = N_{el}B_l = N_{el}\frac{3600(g/C)}{t_c + t_d(g/C) + Zc_v t_d} \tag{5-7}$$

式中 B_s——站点车辆通行能力(bus/h)；

B_l——单个停靠泊位的公交车辆通行能力(bus/h)；

N_{el}——有效停靠泊位数量，见表 4.12；

3600——1 小时换算成以秒为单位的数；

g/C——绿信比；

t_c——清空时间(s)；

t_d——平均停留时间(s)；

Z——与需要的排队进站概率相应的标准正态变量；

c_v——停留时间变量的系数。

当公交车随机到达路内站点时，表 5.6 提供了各种数量的停靠泊位、停留时间和 g/C 比率的路内线型站点的最大通行能力估计值。

表 5.6

路内公交站点直线形停靠泊位										
数量	1		2		3		4		5	
停留时间(s)	g/C 0.50	g/C 1.00	g/C 0.50	g/C 1.00	g/C 0.50	g/C 1.00	g/C 0.50	g/C 1.00	g/C 0.50	g/C 1.00
30	48	69	84	120	118	169	128	182	133	189
60	27	38	48	66	68	93	74	101	76	104
90	19	26	34	46	48	64	52	69	54	72
120	15	20	26	35	37	49	40	53	41	55

注：本表数据采用 10 秒清空时间、25%排队进站概率、60%停留时间可变系数。要得到非线型路内站点的车辆通行能力，将显示的单个停靠泊位的值乘以停靠泊位数量。

5.1.2.3 公交设施通行能力

公交设施包括公交车辆经过的道路、交叉口、立体交叉设施、公交站点等，所有这些设施构成公共交通设施。各种公交设施的公交车辆通行能力是相互影响的，通常情况下，公交车辆受到其他车辆、自行车、行人的干扰越小，公交设施的通行能力越大。

公交设施的通行能力受到下述多种因素的影响：

- 在公交车不停的地方，设施通行能力首先受到该路段前后区域其他道路或者公交设施的通行能力的影响，同时公交车最后到达的终点站或公交枢纽的通行能力也会对沿线路段的车辆通行能力产生影响。
- 公交线路的通行能力都会受线路上关键站点通行能力的制约，线路沿线具有最低通行能力的站点会限制能有多少辆车辆通过。通常情况下，该站点的客流最多，车辆会有最长的停留时间。但在靠近路口的站点如果有大量的右转车流量或者在路口信号只提供很短的绿灯时间，那么公交通行能力也会受到影响。
- 调度模式也会对公交设施的通行能力产生影响。如果采用车辆跳站、区间车等调度模式，都将极大提高设施的通行能力。

本部分将分别对混合车道、公交专用车道、公交跳站调度模式、混合交通等情况下的公交设施通行能力进行研究。

5.1.2.3.1 公交车道的通行能力

下图 5.10 举例说明了决定公共汽车专用道通行能力的因素。

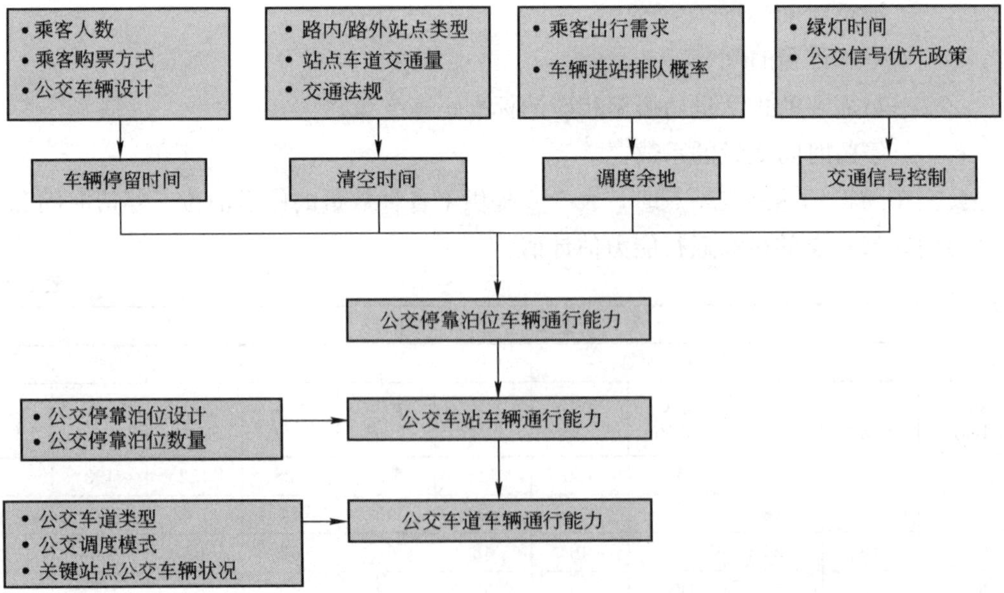

图 5.10

公交车道的车辆通行能力较复杂，又分为混合车道的公交车辆通行能力和专用公交车道的车辆通行能力两种。

5.1.2.3.2 混合车道的公交车辆通行能力

混合车道是指公交车辆与其他社会车辆一同在车道中行驶，公交车辆不具有优先通行权限，车道也没有公交专用限制的道路状况。由于单车道车辆通行能力的研究已经较为成熟，因此针对混合车道公交车辆通行的研究将基于标准车道宽度的道路条件来进行，针对的公交车辆也采用标准车的形式。其他道路宽度情况下的公交车辆通行能力，将根据相应换算系数进行计算。

对混合车道的公交车辆通行能力，可以根据下式(5-8)计算：

其中：

$$B=B_{bb}N_{eb}f_m \tag{5-8}$$

B——车道的车辆通行能力(bus/h)；

B_{bb}——停靠区域的车辆通行能力(bus/h)；

N_{eb}——关键站点的有效停靠泊位数量；

f_m——其他车辆对公交的干扰调节参数。

其中：

$$f_m=1-f_l\left(\frac{v}{c}\right) \tag{5-9}$$

f_l——公交站点的位置参数；

v——与公交站点相邻的车道交通流量(辆/h)；

c——与公交站点相邻的车道通行能力(辆/h)。

5.1.2.3.3 公交专用车道的车辆通行能力

公交专用车道是只允许公交车辆通行的道路设施，在公交专用车道上公交车辆由于不会受到其他车辆的干扰，因此可以保持不间断流状态，相对混合车道其通行能力大幅度提高。

公交专用道是城市道路网络的一部分，因此公交专用道的通行能力同样受到城市交通状况等因素的影响。影响公交专用道通行能力的因素包括：

- 公交专用道沿线关键站点的通行能力
- 公交专用道的类型
- 公交车辆是否进行跳站调度
- 公交专用道比邻车道交通量及通行能力
- 公交站点位置及右转公交车辆比例

报告本部分将对公交专用车道通行能力的影响因素分别进行研究，首先对公交专用车道类型及右转车辆对公交车道的影响进行分析。

(1) 公交专用车道的类型

由于城市交通管理部门对城市道路及公交专用道的使用有着不同的规定，因此在实际管理中公交专用道可以细分为几个类型：

◆ 类型1——车辆只能在公交专用车道内行驶，不允许使用比邻的其他车道；

◆ 类型2——车辆可以使用比邻的其他车道；

◆ 类型3——车辆对比邻的其他车道有专用权，除公交车辆外其他车辆均不允许右转。

显然，类型3的公交专用车道在其他条件相同时，相对其他类型的公交专用车道具有更高的通行能力。

(2) 右转车辆对公交专用道通行能力的影响

通常情况下，城市道路系统都使用最右侧的车道作为公交专用车道，因此在交叉口处右转车辆与公交车发生冲突，互相影响，排队在公交车辆前后等候右转的社会车辆会阻碍公交车辆进出站点、并且将阻碍公交车辆通行。尤其是当有大量的行人和自行车直行过街时，由于右转车辆被阻挡，公交专用道的通行能力被进一步降低。同时，公交车辆在站点的停靠也会对其他车辆产生干扰，尤其是路口近端站点会大大增加右转车辆的延误。随着公交站点与路口停车线间距离的增加，公交车辆与其他车辆的冲突程度降低。因此，当公交车辆能使用邻近车道时，设置在路口远端或路段中段的公交站点能降低右转车辆对公交速度的影响。把站点设在没有右转的地方能进一步降低这种不利影响。

(3) 公交专用车道的计算过程

公交调度模式将对公交专用车道的车辆通行能力产生很显著的影响，因此对专用车道通行能力研究，将分为车辆跳站调度和不跳站调度两种模式进行。

◆ 不采用跳站的调度模式下，公交专用车道通行能力计算

通常调度模式下，公交车辆都顺次行驶，依次通过各站点，因此对不跳站模式下公交专用车道的通行能力研究是通行能力研究重要的部分之一。

在没有其他因素对公交专用道影响的情况下，专用车道的通行能力实际上只受到两个因素的制约——沿线关键站点的通行能力，以及公交专用车道自身道路通行能力，最终公交专用道的车辆通行能力将取两者之间的最小值。

公交专用车道自身道路通行能力可以根据《道路通行能力手册》计算，本部分不作详述。沿线关键站点的通行能力将受到右转车辆对专用车道通行能力的影响，因此需要对站点车辆通行能力计算公式进行修正，此时专用道沿线关键站点的车辆通行能力(bus/h)使用下式(5-10)计算：

$$B=B_{bb}N_{eb}f_r \tag{5-10}$$

式中 B——车道的车辆通行能力(bus/h)；

B_{bb}——停靠区域的车辆通行能力(bus/h)；

N_{eb}——关键站点有效的停靠区域数目；

f_r——右转车辆对公交的干扰调节参数。

其中：
$$f_r = 1 - f_l\left(\frac{v_r}{c_r}\right) \tag{5-11}$$

f_l——公交站点的位置参数；

v_r——与公交车道相邻的右转车道交通流量(辆/h)；

c_r——与公交车道相邻的右转车道交通通行能力(辆/h)。

公交站点位置参数 f_l，可以参照表 5.7 选取：

公交站点位置修正参数表 **表 5.7**

公交站点位置	公交专用车道类型		
	类型 1	类型 2	类型 3
路口近端	1.0	0.9	0
路口中段	0.9	0.7	0
路口远端	0.8	0.5	0

◆ 采用公交跳站的调度模式下，公交专用车道通行能力研究

当采用快车、区间车和跳站等调度模式时，公交车道的通行能力水平将能够获得提高，公交快车、区间车都是公交车辆跳站的形式之一，因此只研究公交跳站通行能力。

采用跳站调度模式下，公交专用道的通行能力可以根据下式(5-12)计算：
$$B = f_k(B_1 + B_2 + \cdots B_n) \tag{5-12}$$

其中：

f_k——采用跳站调度的干扰调节参数；
$$f_k = \frac{1 + ka(N_s - 1)}{N_s} \tag{5-13}$$

$B_1 \cdots B_n$——采用跳站调度情况下，每个跳站序列站点中关键站点的车辆通行能力(bus/h)。
$$B_k = B_{bb} N_{eb} f_r \quad \forall k \in [1,\ n]$$

k——在跳站调度中，充分利用站点的车辆到达调节参数；

a——临近车道的阻抗参数；
$$a = 1 - 0.8\left(\frac{v}{c}\right)^3 \tag{5-14}$$

N_s——公交车辆依次跳站的数目。

v——公交车道相邻车道的交通流量(veh/h)；

c——公交车道相邻车道的交通通行能力(veh/h)。

参数的取值：

通常情况下，车辆到达调节系数可以根据下面的方式取值：
$$k = \begin{cases} 0.5 & \text{公交车辆随机到达站点} \\ 0.75 & \text{公交车辆基本按计划到达} \\ 1.0 & \text{公交车辆呈车队形式到达站点} \end{cases}$$

在数据不充分情况下，可以将专用公交车道简化为三种类型：

类型 1：单独的公交车道，公交车不使用相邻车道；

类型 2：单独的公交车道，公交车允许使用相邻车道；

类型 3：双个公交车道。

类型 1，3 的车辆通行能力模型同前面所述；

类型 2 的车辆通行能力模型只需再附加上使用相邻车道的公交通行能力即可：

即
$$B=B'+B'' \tag{5-15}$$

式中 B——类型 2 类型的公交专用车道的车辆通行能力(bus/h)；

B'——单独公交车道的车辆通行能力(bus/h)；

B''——使用相邻车道的公交车车辆通行能力(bus/h)。

其中
$$B''=B_{bb}N_{eb}f_{p} \tag{5-16}$$

B_{bb}——停靠区域的车辆通行能力(bus/h)；

N_{eb}——有效的停靠区域数目；

f_{p}——使用相邻车道的干扰调节参数。

$$f_{p}=1-4\left(\frac{N_{p}}{3600}\right) \tag{5-17}$$

N_{p}——移到相邻公交车道的公交车数量。

$$N_{p}=\frac{N_{s}-1}{N_{s}}v_{b}\left(\frac{v_{b}}{c_{b}}\right)^{3} \tag{5-18}$$

N_{s}——使用相邻车道的车辆跳过的车站数目；

v_{b}——公交车道的车流量(bus/h)；

c_{b}——公交车道的车辆通行能力(bus/h)。

在数据不充分情况下，可以将专用公交车道简化为三种类型，并选取默认值：

类型 1：70bus/h；

类型 2：100bus/h；

类型 3：180bus/h。

5.1.3 公交乘客通行能力

5.1.3.1 公交乘客通行能力的构成

公交乘客的通行能力分为两大类：

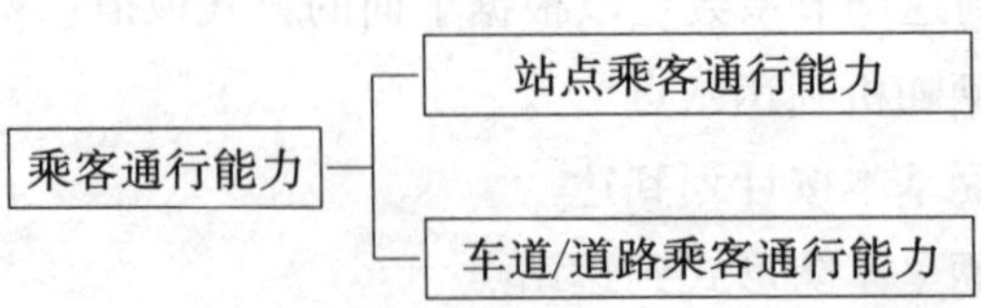

一条公交线路的乘客通行能力是每小时通过的车辆数(通常指通过最繁忙的公交车站)和每辆车装载的乘客数量共同作用的结果。

乘客通行能力(p/h)同样也受到许多因素的影响，且与公交车辆的通行能力有很大关系，具体的影响因素见图 5.11 所示：

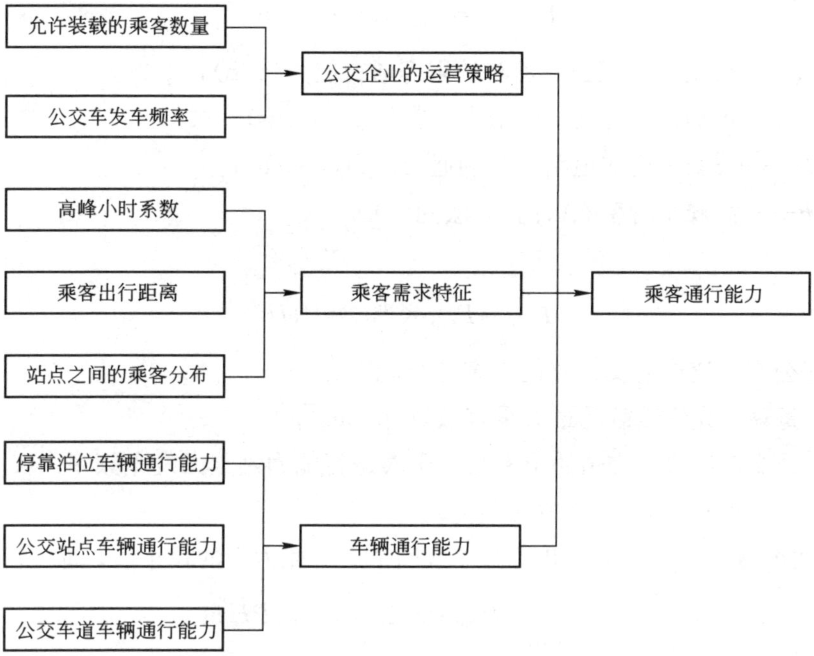

图 5.11

5.1.3.2 用于规划中公交站点的乘客通行能力

公交车站的车辆通行能力 × 高峰小时 15min 每辆车的乘客交换量 × 高峰小时系数 = 公交车站的乘客通行能力

具体的乘客通行能力模型如下：

$$p_s = B_s \times p_{15} \tag{5-19}$$

式中 p_s——站点的乘客通行能力(p/h)；

B_s——该站点的车辆通行能力(bus/h)；

p_{15}——高峰小时 15min 每辆车的乘客流量。

其中 $$p_{15} = \frac{p}{4(PHF)} \quad 或 \quad PHF = \frac{p}{4p_{15}}$$

p——高峰小时的乘客流量(p/h)；

PHF——高峰小时系数。

5.1.3.3 用于规划中的公交车道或道路的乘客通行能力

公交车道/道路的车辆通行能力 × 允许装载的最大乘客数量 × 高峰小时系数 = 公交车道的乘客通行能力

或

公交道路使用频率	×	允许装载的最大乘客数量	×	高峰小时系数	=	公交道路的乘客通行能力

具体的模型如下：

$$P_{mlp,max}=P_{max}\times B\times PHF \tag{5-20}$$

式中 $P_{mlp,max}$——公交车道或公交道路的乘客通行能力(p/h)；

P_{max}——每辆车允许装载的最大乘客数量(p/bus)；

B——公交车道或道路的车辆通行能力(bus/h)；

PHF——高峰小时系数(计算方法同上)。

或：

$$P_{mlp}=P_{max}\times f_{mlp}\times PHF \tag{5-21}$$

P_{mlp}——公交车道或公交道路的乘客通行能力(p/h)；

P_{max}——每辆车允许装载的最大乘客数量(p/bus)；

f_{mlp}——公交车道或公交道路上有最大乘客通行能力站点的发车频率；

PHF——高峰小时系数(计算方法同上)。

当上述两个通行能力都可以获得时，取两个通行能力中的较小值，即：

$$P=\min\begin{cases}P_{mlp}=P_{max}\times f_{mlp}\times PHF\\P_{mlp,max}=P_{max}\times B\times PHF\end{cases} \tag{5-22}$$

当采用不同类型的车辆时，应该根据车辆类型对公交车载客能力进行调整，使用方程 5-22 时要计算每辆车的带权值的平均最大计划装载。通常情况下，典型的公共汽车车型、尺寸和载客量如表 5.8 所示。

公交车辆容量表 **表 5.8**

车型	中巴	单节公交车	铰接公交车
车容量	26	72	129

对典型的主干路和城市中心区公交车站，可以采用下表对站点乘客人员通行能力进行估算：

表 5.9 显示的客流量是指所能装载的人数，假设在高峰小时(也就是说，高峰小时系数为 1.00)期间等速流情况下。等速流很少发生，当它发生时意味着对需求的服务不充分，应使用适当的高峰小时系数将这些值减到设计水平，来反映在高峰期间的 15 分钟的客流变化。

站点乘客通行能力 表 5.9

公交车通行数量	公交车载客情况(人/座)				
	0.00～0.50	0.51～0.75	0.76～1.00	1.01～1.25	1.26～1.50
主干路车站					
<25	535	805	1075	1340	1610
26～45	965	1450	1935	2415	2900
46～75	1610	2415	3225	4030	4835
76～105	2255	3385	4515	5640	6770
106～135	2900	4350	5805	7255	8705
城市中心区车站					
<20	430	645	860	1075	1290
21～40	860	1290	1720	2150	2580
41～60	1290	1935	2580	3225	3870
61～80	1720	2580	3440	4300	5160
81～100	2150	3225	4300	5375	6450

注：假定公交车设有 43 个座位，并且高峰小时系数为 1.0。

5.1.3.4 实时模式下的公交乘客通行能力

利用智能公交信息采集子系统获取的公交车辆实时定位数据、公交车辆在各站点上下车人数的数据，利用公交车辆行程时间预测模型，智能公交管理系统可以预测公交车辆到达线路上各站点的时间，公交车辆将发生的上下车人数，进而计算出各公交车辆到达某站点时，其车厢内剩余的可载客人数。

根据智能公交调度子系统确定了公交车辆发车时刻和公交车辆预计到达各站点的时间，在实时模式下，智能公交乘客通行能力(站点乘客通行能力、路段乘客通行能力、线路公交通行能力)等于单位时间内，通过特定公交站点、路段、线路的公交车辆剩余载客人数的总和。即：

$$P=\sum_{j}P_{i}=\sum_{j}P_{\max}(1-\varphi_{i,j}) \tag{5-23}$$

其中：

P——公交站点、车道或线路的乘客通行能力(p/h)；

P_i——公交车辆 i 在站点 j 可装载的剩余乘客人数；

$P_{\max}$——每辆车允许装载的最大乘客数量(p/bus)；

$\varphi_{i,j}$——公交车辆 i 在站点 j 时的实时满载率。

公交乘客通行能力在公交规划的静态应用，以及公交动态调度的实时模式下的计算过程和参数关系，可详见图 5.12 所示。

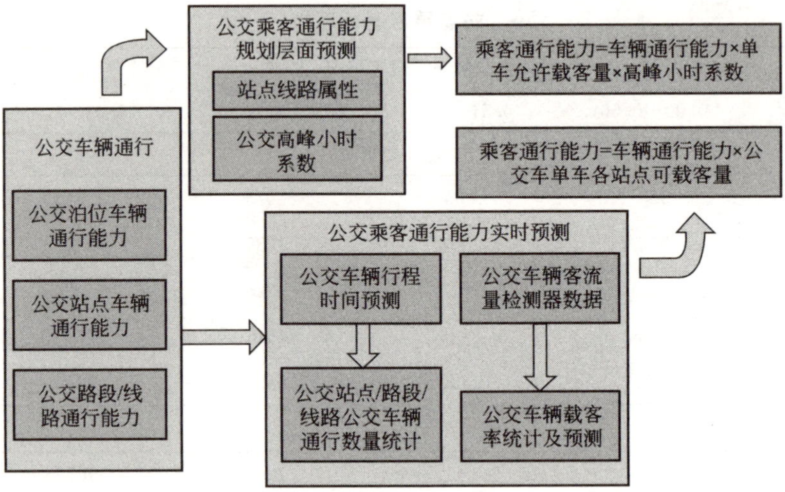

图 5.12 公交乘客通行能力实时预测流程图

5.2 城市公共交通服务水平

城市公共交通服务水平是是指城市公共交通设施所具备的服务功能强弱。城市公共交通服务质量的好坏主要通过方便性、迅捷性、准时性、舒适性、安全性和经济性等 6 个方面内容来体现。[39]

评价现有公共交通的运行状况，找出存在的问题及可能发挥的潜力，把握公交总体发展水平，可以为公交进一步发展提供规划、建设、管理等方面的依据，对整个城市交通系统管理将起到积极的推动作用。

5.2.1 城市公共交通服务水平概述

对城市公共交通服务水平的评价，主要通过如下方面进行：

① 城市居民采用公交出行所需最大时耗；

② 乘客换乘系数；

③ 线路网密度；

④ 站点服务面积覆盖率；

⑤ 发车频率；

⑥ 运送速度；

⑦ 日均满载率；

⑧ 线路非直线系数；

⑨ 线路长度。

5.2.2 城市公共交通服务水平评价

5.2.2.1 建设投入水平指标

公共交通相关的基础设施建设是公交发展的基础，是公共交通发展水平的重要体现。有了良好的设施基础，才能发挥高水平的服务。

线网指标包括线网密度、非直线系数、重复系数等描述网络结构和网络规模的几项指标。公共交通的线路网密度是指每平方公里城市用地面积上有公共交通线路经过的道路中心线长度，其值的大小反映了居民接近公交线路的程度；公共交通线路的非直线系数是指公交线路首末站之间的实际距离与空间直线距离之比，反映了公交线路的曲折程度；公共交通线路重复系数是公共交通线路总长度与线路网长度之比，反映了公交线路在城市主要道路上的密集程度。这些指标能够说明公交网络结构的合理性，在一定程度上反映了乘客乘坐公交的方便性、舒适性，但对于不同的城市形态、道路网络，评判标准应有所不同。

场站建设指标包括站点覆盖率、车均停车、保养面积、车辆进场率等。公交站点覆盖率是公交站点服务面积占城市用地面积的百分比，是反映居民接近公交程度的又一重要指标；车均停车、保养面积是用停车场、保养场的总面积除以车辆保有量，车辆进场率是全市公共交通停车场所能停放车辆数与公共交通车辆总数的比例。这些指标反映出公交场站的建设规模是否与拥有车辆相匹配，以及进一步发展的余地。

车辆配置指标包括万人拥有标台数、车辆更新率、完好率、高档车拥有率等。万人拥有标台数，指在城市一定空间内每万人拥有的公交车辆标台数，是反映公交实际客运能力的一个重要指标；车辆更新率、完好率、高档车拥有率从不同的侧面反映了车辆配置状况，更新率反映了公交车辆的投入速度、完好率说明了实际运能状况，高档车拥有率则反映了车型配置情况，也从另一个侧面说明了乘坐的舒适程度。

公交优先通行措施指标包括港湾式停靠站设置比例、优先路段比例、优先路口比例，这些指标有助于考察公交优先发展战略的制定、公交优先措施的实施水平。

公交投资计划指标为年度基建投资额，反映出政府、企业对公交建设的重视程度以及公交今后的发展潜力。

5.2.2.2 运营服务水平指标

公共交通运营服务水平与居民对公交的满意度息息相关，也体现出企业的运营管理水平，这是公交发展水平最直接的体现。

行车安全性通过安全行驶间隔即公共交通车辆总行驶里程与行车责任事故次数的比率(万公里/次)反映。

方便性指标包括公交出行比例、换乘系数、换乘距离、换乘站距、发车频率等公交基本运营特征指标。公交出行比例从总体上反映居民对公交的选择，换乘系数、换乘站距反映了线网布局、站点设置的合理程度，直接与乘坐方便性相关；发车频率直接反映在乘客等车时间上，发车间隔太大，会影响居民选择公交，发展水平必然降低。

迅速性通过出行时耗、公交运营速度指标反映。出行时耗为车内时间和车外时间的总和，车内时间主要和公交运营速度有关，从这一指标也反映出道路条件和交通环境对公交的影响；车外时间包括到离公交站台时间、等车时间、换乘时间等几方面，主要和网络布设有关。高水平的公交服务，应在缩短出行总时耗、提高运营速度上下功夫，只有在同等出行距离条件下，相较其他交通方式，公交能提供较为迅速的出行，才有可能吸引更多的出行者，才能提供高水平的服务。

公交的准点率也是反映公交服务的又一重要方面。行车准点性与企业调度管理、运营组织、道路条件等因素相关，准点率越高，公交发展水平越高。

舒适性主要通过高峰和平峰满载率反映。随着生活水平的提高，人们对公交出行的要求也越高，这就要求车厢内的拥挤不能超过一定限度。此外从车型配置、非直线系数等方面也能反映乘坐的舒适程度。

高效性指标比较难以定量化，主要通过乘客信息获得程度、企业调度手段先进程度来反映。随着生活节奏的加快，人们对于信息的要求越来越高，随着信息技术的普及应用，可以通过乘客信息系统获得出行前、出行中的公交服务信息，有助于更好地选择决策，也将提高公交吸引力。

企业的调度手段先进程度影响到企业运作的效率，从而影响到能够提供服务的水平。先进的技术能够带来高效的运作，因此，考察乘客信息系统的完备性和企业调度管理手段的先进程度有助于衡量公交系统服务的效率。

5.2.2.3 综合效益水平指标

综合效益水平试图从经济效益和社会效益两方面选取合适指标加以描述，这也是公交水平评价的重要部分。

经济效益主要体现公交企业的运营效益，通过分析千车公里成本、千车客运收入、运营车辆人车比等指标，全面反映企业的财务状况，衡量企业的管理效率。

公交是一项公益性事业，社会效益是衡量公交发展水平的重要方面。选取居民对公交的满意程度反映公交的社会影响力，选取出行时间节约的效益作为反映公交对社会经济效益作出的贡献，用噪声、废气排放量和振动来衡量对城市环境和生态循环的影响。公交的发展水平还包括促进国土和自然资源的开发利用、水土保持和环境保护条件的改善以及对城市政治、经济、文化古迹及风景名胜等方面的影响。相对于经济效益评价来说，社会效益评价具有长期性、多目标性、间接影响多等特点，因此评价指标很难定量化。

5.2.3 智能公交管理系统中的公交动态服务水平

5.2.3.1 公交饱和度的定义

公交饱和度用于描述公交站点、路段及线路上的公交供求关系，其定义涉及到公交通行能力和公交密度两个指标。公交通行能力是指公交设施在特定时刻上单位空间内能够容纳行驶中的最多公交单元数，在第5章已经进行了研究，在本部分用 Acc 表示。公交密度是指在特定时刻上通过公交设施的公交车辆/乘客人数，用 K 表示。由公交通行能力和公交密度的两个指标，便可以定义公交饱和度：在特定时段内公交密度与公交通行能力之比，用 X^s 表示。根据定义，空间饱和度的计算公式如下：

$$X^s=\frac{K}{Acc} \tag{5-24}$$

其中，公交容量的计算参照本章第 5.1 节的内容。

5.2.3.2　公交密度的计算

公交密度包括公交车辆密度和公交乘客密度，在城市智能公共交通管理系统中，根据信息采集子系统采集的车辆定位及客流量数据，结合 GIS 平台上的站点属性数据，智能公交管理系统可以很容易将各公交站点、城市路段、公交线路上某时段内的公交车辆及乘客数据统计出来。

5.2.3.3　公交服务水平的判断

根据空间饱和度指标的计算值，对于公交站点再增加公交车辆进站排队概率指标，由下表的服务水平划分标准建议值即可分析出实时的城市公交服务水平。服务水平分为公交站点服务水平和路段/线路服务水平两种情况，分别见表 5.10 和表 5.11。

（1）公交站点的服务水平

公交站点公交服务水平判定表　　表 5.10

站点饱和度	服务水平	相 应 站 点
$X^s\leqslant0.50$	Ⅰ	公交车辆进站基本无须等候，排队概率<10%
$X^s\leqslant0.70$	Ⅱ	少数公交车辆进站需要等候，排队概率<33%
$X^s\leqslant0.85$	Ⅲ	多数公交车辆进站需要等候，排队概率<75%
$X^s\leqslant0.95$	Ⅳ	极少公交车辆进站无须等候，排队概率为<90%
$X^s>0.95$	Ⅴ	所有公交车辆进站都需要等候，并可能发生二次等候

（2）城市路段/公交线路的服务水平

线路/路段公交服务水平判定表　　表 5.11

线路/路段饱和度	服务水平	相 应 站 点
$X^s\leqslant0.50$	Ⅰ	公交车辆可以自由流畅通行，$v\geqslant30$km/h
$X^s\leqslant0.70$	Ⅱ	公交车辆所在车道交通无溢流，$v\geqslant24$km/h
$X^s\leqslant0.85$	Ⅲ	公交车辆行驶有稳定溢流，$v\geqslant16$km/h
$X^s\leqslant0.95$	Ⅵ	公交车辆行驶发生阻塞，10km/h$>v\geqslant5$km/h
$X^s>0.95$	Ⅴ	公交车辆行驶严重阻塞，$v<5$km/h

第六章　城市智能公共交通管理系统调度理论与方法

智能公交系统对公交车辆的调度指令，需要根据公交系统的实时运行状况，根据公交运营政策进行不断的调整。

本章以公交线路实时调度为目标，首先对传统公交调度形式和模式进行了分析，对国内外智能公交调度研究现状进行总结，基于公交通行能力约束，构建兼顾乘客利益和企业效益，以乘客候车时间和空间满意度、车内舒适满意度为实时服务水平参数的线路发车频率优化模型。[40]

6.1　公交调度系统概述

6.1.1　公交车辆传统调度形式

车辆调度形式是指运营调度计划中所采取的运输组织形式。基本上有两种分类：

按车辆工作时间的长短与类型可分为正班车、加班车与夜班车。

◆ 正班车：主要指车辆在日间营业时间内连续工作相当于两个工作班的一种基本调度形势，所以又称为双班车、大班车；

◆ 加班车：指车辆仅在某段营业时间内上线工作，并且一日内累计工作时间相当于一个工作班的一种辅助调度形式，所以又称为单班车；

◆ 夜班车：指车辆在夜间上线工作的一种调度形式，通常与日间加班车相兼组织，夜班车连续工作时间相当于一个工作班。

按车辆运行与停驶方向又可分为全程车、区间车、快车、定班车和跨线车等。

◆ 全程车是指车辆从线路起点站发车直至终点站止，必须在沿线各固定停车站依次停靠，按规定时间到达有关站点并驶满全程的一种基本调度形式。因此。又称慢车，全站车。

◆ 区间车是指车辆仅行驶线路上某一客流量较大的路段的一种辅助调度形式。区间调度形式可通过计算路段(断面)客流量差或路段不均匀系数的方法确定。一般情况下，当客流段面不均衡系数达到 1.5 时，就应该采用发区间车的调度方法。

◆ 快车是为适应沿线长距离出行需要而采取的一种越站快速运行的调度形式。它包括大站快车和直达车两种。大站快车是指车辆仅在沿线乘客集散量较大的停车站(包括起、终点站)停靠和在其间直接运行的一种调度形式；直达车是快车的一种特殊形式，车辆仅在线路起点和终点站停靠。快车调度形式可通过计算时间不均匀系数或通过客流调查计算站点不均匀系数的方法确定。

◆ 定班车是为接送有关单位职工上下班或学生上下学而组织的一种专线调度形式。车辆可按定时间、定线路、定班次和定站点的原则进行运行组织。

◆ 跨线车是为了平衡相邻线路之间客流负荷，减少乘客换乘而组织的一种车辆跨线运行的调度形式。即“甲”线路车辆载客，跨出本线路，进入“乙”线路继续行驶。开行跨线车形式的条件为：两条线路在部分区段衔接或顺行，且两线高峰时间不同，客流量大断面不同，线路上先行客流量不同。

公交运营调度均以全程正班车为基本调度形式，并辅以其他调度形式。选用其他调度形式，除根据线路客流情况进行有关计算外，尚需考虑道路与交通条件、企业自身的组织与技术条件以及有关运输服务质量要求等因素。

6.1.2 传统公交行车时刻表的编制

在传统公交企业中，编制行车时刻表是其管理的重要基础工作之一。一般情况下，公交企业将根据企业运营的特点，分析运营生产条件和乘客在现阶段的要求，确定相应的运营服务水平后，编制相应的行车计划，以适应不同季节、不同工作日和节假日的客流变化需求。

公交行车时刻表将用来组织和指导公交车辆运营生产的全过程，其内容将包括线路车辆首、末站时间，车辆发车间隔和线路配置车辆数。在编制过程中，确定了劳动班次配备，决定了与行车时刻表相应的司机、售票人员。

国内城市公交企业传统的公交行车时刻表，是基本依靠手工方式编制的。因此，存在着工作量大，工作强度高，调度灵活性小等缺点。

6.1.3 国内城市智能公交调度研究现状

自上个世纪 80 年代以来，公交调度优化问题开始受到国内学者的关注。10 多年来，无论在理论研究方面，还是在系统建设方面都取得了一定的成果。尽管如此，理论研究还缺乏系统性，系统建设也还处于试点和探索阶段。

在理论研究方面，1985 年，蒋光震、何显慈在《公共交通线路组合调度模型》一文中，介绍了基于乘客分布的公交线路静态区间调度模型。1987 年，马国庆、徐一勤等人就城市公交行车计划提出了具有 3 个目标函数和 24 个约束条件的多目标非线性整数规划模型，并给出了求解的两种启发式算法。1988 年，张席洲在硕士专题《公交调度系统分析、建模与优化》中，针对公交调度优化问题进行了探索性研究。1995 年，同济大学陈继军结合上海市“85 攻关项目”公交动态调度系统研究，对调度理论和调度系统设计进行了详细研究；1998

年，西安公路交通大学孙芙英依据西安市部分公交客流调查数据，探讨了几种确定发车间隔的方法。90年代以后，东南大学杨新苗等提出了基于准实时信息的公交调度优化系统，并对系统的目标、系统设计集成方案等进行了详细研究；北方交通大学结合北京公交ITS示范工程对公交智能调度平台专家系统设计与开发、区域调度运营组织与调度体制以及调度优化等做了重点研究；北京航空航天大学张飞舟对公交车辆智能调度及相关技术进行了研究，提出了运用遗传算法和混合遗传算法优化车辆调度的方法；北方交通大学ITS研究中心黄溅华等人对公共交通实时调度进行了深入研究，针对放车调度问题提出了优化模型。[35]

总的看来，国内相关研究工作还处于起步阶段，研究的深度和广度都很有限，与先进国家相比，差距很明显。虽然国外有很多可以借鉴的成果，但国内公交运营有别于国外情况，因此要针对国内的情况进行进一步的研究工作。

6.1.4 系统描述

国内城市目前还没有实现真正的公交实时化调度，因此本章节研究将智能化公交调度系统作为核心内容进行研究。

智能化公交调度系统包括四个模块，即：

- 公交车辆班次安排模块
- 公交车辆实时调度模块
- 公交调度优化模块
- 公交区域调度模块

整个公交调度子系统的运行模式如图6.1所示：

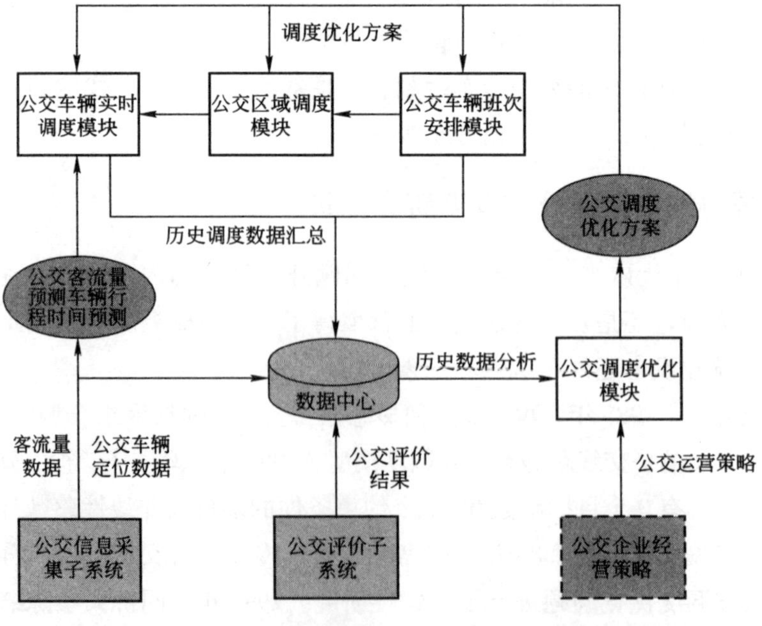

图6.1 智能公交调度子系统模块关系图

6.1.4.1 公交车辆班次安排模块

公交车辆班次安排模块解决公交企业班次调度问题，该模块根据车载客流量检测器采集的乘客信息、结合公交 IC 卡售票系统的交易记录，同时依据公交车辆的定位数据与车辆行程时间预测，以某时段(可选定为半小时)为单位，确定各线路公交车辆的发车频率，并进而编制相应的班次、人员安排。

公交企业中长期将主要按照公交规划的方式进行安排，并根据公交信息采集子系统的历史数据通过算法分析后进行修正。此外，公交企业中长期的班次调度还需要考虑企业经营策略和政府相关部门指导意见的影响。

在运营过程中，公交车辆班次安排模块将拟订公交车辆从各线路首站发车时间、以及到达各站点的预计时间，并将此数据存储到中央数据库系统中。公交车辆司乘人员通过公交车辆的车载终端接受调度指令。

6.1.4.2 公交车辆实时调度模块

公交车辆实时调度模块将根据信息采集子系统采集到的动态公交信息，即线路上公交车辆的位置、载客率、前后车状况、公交场站的乘客等信息，综合评估公交系统的整体运营状况和乘客的需求情况，作出车辆调度决策，并对公交车辆发送实时调度信息。调度信息将通过通信子系统传送到公交车载通讯终端上，并可以通过多种模式提供给驾驶员。

公交车辆实时调度模块，在实际调度过程中主要解决车辆在线路上的动态调度，根据车辆预计行程时间的差异，并结合未来各站点的乘客候车情况，合理安排公交车辆的班次，减少乘客的候车时间，提高公交的服务水平。

在实现实时调度的过程中有两项关键技术需要把握：

(1) 调度方案实时性的保障技术：

公交调度系统的核心功能是调度实时性的实现。由于在现阶段公交场站的乘客信息采集从技术上比较难实现，为了在公交调度中实现根据乘客候车情况、等待时间情况进行动态“实时”调度，因此将采取公交场站历史数据与公交车辆动态实时数据相结合，通过算法预测公交场站“准实时”乘客候车信息。

由于实时数据很重要，而又很难采集得到，因此建立一定的模型进行计算是十分必要的，需要对如何保证输入数据的实时性做深入的研究，建立相应的预测模型，并且根据现状的交通状况不断地进行更新。

(2) 调度方案的可行性问题：

为了达到调度系统的目的，需要有良好的外部运行环境的支持。因此需要在做调度方案的过程中，考虑重要的约束条件，比如公交车辆所在的路段发生拥堵的情况下，或者发生交通事故的时候，大部分公交车辆都堵在路上，这个时候若仅仅从调度的角度出发，一味的增加车辆，这样不仅不能提高公交的服务水平，反而会更加恶化路面交通，无法解决实际的问题。因此智能化公交管理系统的建设要考虑影响调度方案能否可行的重要约束条件。需要重点考虑的约束条件有：

- 公交通行能力
- 公交服务水平
- 公交企业经济效益

因此将公交的通行能力和服务水平作为重要的研究内容，同时根据公交系统的运行状况，以及长期以来的历史积累数据，期望能够对公交系统线网、站点的调整与优化提供辅助决策的功能，从公交优先的思路出发，研究公交系统对于道路网、信号控制系统的调整需求。

总结上面两个方面，提出如下的调度系统的具体解决方案：

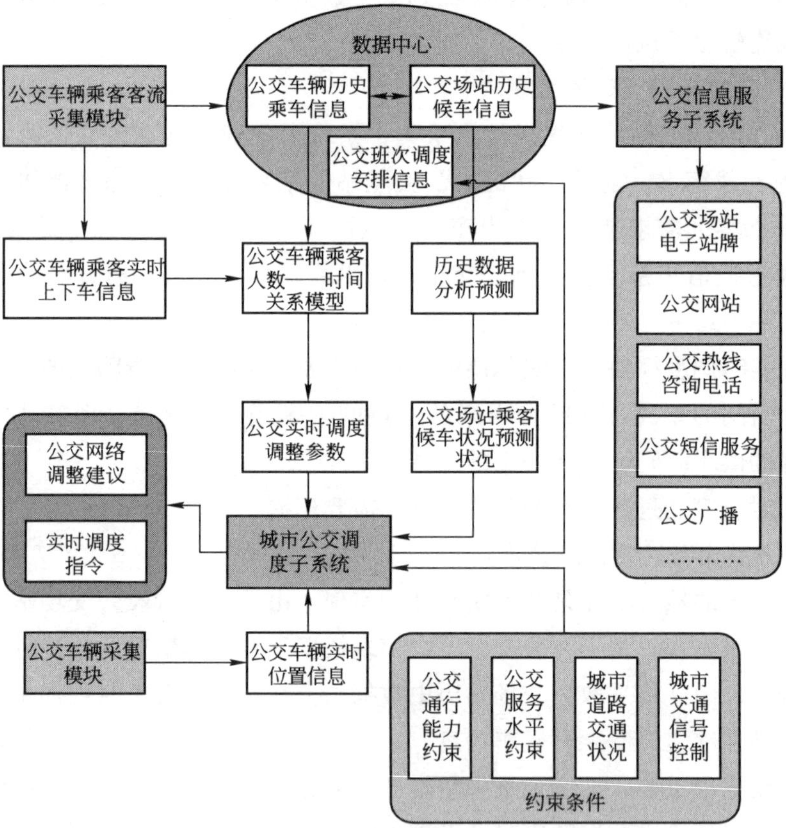

图 6.2 智能公交调度子系统工作流程图

6.1.4.3 公交调度优化模块

公交调度优化模块是一个自适应、后台实时运行的功能模块。该模块将根据公交企业的历史运行数据，结合公交评价子系统的分析结果，按照公交企业的经营策略，对公交班次安排调度模块和公交车辆运行调度模块进行自动的优化。

在公交调度优化模块中，包括了四个主要的优化组件：

➢ 针对公交通行能力的优化

➢ 针对公交运营参数的优化
➢ 针对公交运营服务水平的优化
➢ 针对公交负荷度的优化

针对城市公交通行能力的优化，公交调度优化模块将建立公交车辆、乘客通行能力的计算模型，开发针对公交站点、线路(含公交专用道)和线网的通行能力的优化组件。该组件的主要功能是在系统输入了一定的公交企业运营策略参数的情况下，优化组件输出的公交班次调度方案受到城市公交通行能力的合理制约，也即是优化方案是真正的可行性方案。

针对公交运营参数的优化，是公交调度优化模块根据公交企业历史运营数据，以全程车、正班车的班次编排为基础，辅以动态调度模块对班次调度数据变更，根据公交信息采集子系统收集的客流信息以及据此生产的预测结果，将预测的满足运营条件的最优发车次数输出到班次调度模块中，实现公交车辆最优配置。

针对公交运营服务水平的优化，调度优化模块将建立公交运营服务水平的计算模型，根据公交信息采集子系统采集的乘客及公交车辆信息，确定公交站点、线路和线网的服务水平，并根据公交运营策略进行优化。该组件的主要功能是在系统输入了一定的公交企业运营策略参数的情况下，根据对公交历史运营数据的分析，按照优化算法对公交企业的班次调度进行优化，提高公交企业的服务水平。该组件可以针对某些公交站点、线路和线网进行单独的班次调整，通过区域公交服务水平的不平衡性，实现公交企业的运营策略。

针对公交负荷度的优化，公交调度优化模块将根据公交负荷度评价，建立中观层次公交优化模型，包括站点、线路和线网点、线、面三个层次，对公交运营调度的总体状况进行调整。

公交优化模块的处理过程如图 6.3 所示：

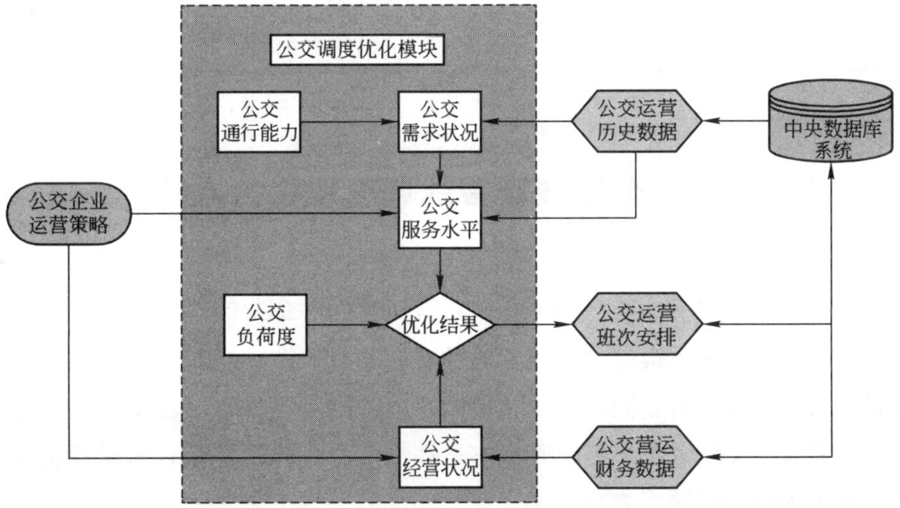

图 6.3 公交调度优化模块处理流程图

6.1.4.4 公交区域调度模块

公交区域调度模块将用于对区域内各公交线路统一进行调度，智能区域运营组织调度将根本改变“一线一调”的传统调度方式。通过对区域内公交车运营进行统一组织和调度，提高公交线路的调配和服务能力，实现区域人员集中管理、车辆集中停放、计划统一编制、调度统一指挥，人力、运力资源在更大范围内的动态优化配置，降低公交运营成本，提高调度应变能力和乘客服务水平。

区域调度的相关内容将在本报告第九章中进行详细研究。

6.1.5 智能公交调度子系统与传统公交调度的对比

对比项目	常规公交调度管理	智能公交调度
站点客流量预测	根据人工调查数据确定过去客流量，以此作为未来客流量数据；	根据城市公交出行的历史数据和实时客流量检测数据，对未来站点客流量数据进行预测；
公交车辆行程时间预测	不进行公交车辆行程时间预测，假定车辆以固定车速和车头时距行驶；	根据GPS定位数据以及公交车辆历史行程数据，对车辆行程时间进行预测，并进行停留时间修正；
调度模式	编制数套行车计划表，车辆按照计划行驶；	根据公交系统的实时数据，不断对公交车辆调度计划进行调整。
调度人员工作方式	采用人工调度工作方式，纸面作业，工作强度高；	以智能调度系统自动调度为主，辅以人工监控，计算机化管理，工作强度轻；
公交服务水平	不能对公交系统的服务水平进行动态评价和监督；	能够实时评价公交系统的服务水平，并根据经营策略进行动态调节；
时刻表内容	各时段内线路车辆首、末站时间，车辆发车间隔和线路配置车辆数	公交车辆编号及其到达所有站点的预计时间，车辆发车间隔及行车过程中车头时距，线路需要配备车辆数量及所属车场。

6.2 公交线路智能调度理论与方法

运营调度是公交企业工作的核心部分，它直接影响到企业的服务质量和经济效益。根据客流需求确定发车频率可提高公交服务的针对性和有效性，从而改善服务质量，增强公交对城市居民出行的吸引力。同时，公交调度方案的制定还要考虑公交企业的财务成本和运营收入。尽力以公交服务水平和运营成本总体最优为目标的发车频率规划模型，获取合理的发车时刻是优化公交调度方案，实现科学调度的关键工作之一。

有关该类模型已在文献中有所体现[34][35][37][41]，它们均以乘客候车时间和车内拥挤程度作为衡量公交服务质量的指标，并兼顾乘客和公交企业的利益，以期获得总体最佳发车频率。但通过分析不难发现，三者的量纲难以统一，即使能够统一也存在着系数难以确定的问题。

智能公交调度模型针对上述问题，提出了以公交实时服务水平和企业满意度加权平均值最大为总体目标的调度模型。同时，该智能公交调度模型还将受到公交通行能力的制约。

其中，乘客实时服务水平采用下述三个参数的加权平均值：

◆ 候车时间满意度

◆ 站点候车空间舒适满意度

◆ 车上舒适度

上述参数的满意度将通过隶属度函数，将乘客候车时间、候车空间，以及公交车辆车内人数转换而得。

企业满意度则是由企业收益，即客票收入和运营成本之差转换而得。

为简化调度过程，同时容易求得最可行的调度方案，公交线路智能调度方案将按照如下步骤进行。

Step1：获取公交线路的客流量信息及公交车辆位置信息；

Step2：对公交线路未来的客流量信息进行预测；

Step3：对公交车辆未来的行程时间以及到站时间进行预测；

Step4：根据公交智能调度优化模型，确定未来时间周期内公交车辆的基础发车频率；

Step5：根据公交企业经验策略，确定是否发跳站车；

Step6：根据公交车辆实际运营情况，对其自动发送调度指令，实现预定的运营目标。

其中，Step1～Step3 的内容在前面的章节中都分别进行了研究；本章将在回顾前面章节的基础上，对 Step4～Step6 的内容进行进一步研究。

6.2.1 公交基本信息的获取及处理

6.2.1.1 公交客流量数据的获取及处理

及时、可靠的客流数据是实现调度优化的基础。如前文 4.2.1 所述，智能公共交通管理系统将采用自动化的客流量自动计数系统(APC)、IC 卡分析技术作为公交客流信息的获取手段。

通过这些技术的应用，可以全天候自动统计公交线路的乘客上下车数、车内人数及相对应的时间，由此推算公交线路各断面客流量随时间变化的函数曲线。

如前文 4.2.1 所述，当智能公交调度子系统根据客流量实时预测模型的计算，预测出未来公交线路上的客流量需求情况后，就可以根据此客流量预测数据，对线路车辆计划进行进一步的优化。

对于未来时刻的站点乘客到达率，通过乘客客流量信息采集设备搜索的数据，智能公交调度子系统能够预测未来线路各站点公交车辆的下车人数。考虑到出行特征随时间变化的规律性，模型中所需要的车站乘客预计下车人数，可以通过两种方式处理：

◆ 当客流量信息采集系统不能够对乘客的出行 O-D 进行准确分析的情况下，通过客流量检测器(APS)数据，调度子系统能够确定未来各站点公交乘客的下车率，即下车人数占车上总数的比例。

◆ 当乘客公交出行的整个行程 O-D 情况都能够预测的情况下，调度子系统将能够同时预测乘客的起始上车地点，以及其在各站相应的下车人数。

通过上述两种方式，都可以建立公交线路的下车率曲线，其横坐标为时间，纵坐标为下车率，其建立过程与乘客到达率曲线基本相同。

6.2.1.2 公交车辆行程时间的获取及处理

公交车辆进入城市道路系统行驶后，即使以相同的车头时距发车，由于受到道路其他车辆的影响，在站点上下车乘客的影响，其车速不可能恒定。因此，公交车辆到达各站点的时间将不再是定值。

如前文 4.2.3 所述，智能公共交通管理系统将根据公交车辆安装的 GPS 定位数据，并结合公交系统历史运营数据，以及周边公交车辆的实时数据，对公交车辆的行程时间进行预测。同时，还将利用预测的公交站点客流量情况，对公交车辆在站点的停留时间进行必要的修正。

6.2.2 模型的建立

6.2.2.1 模型假设

公交调度具有所受影响因素多，外部环境复杂，客流变化大等特点，因此建立模型前应对实际情况进行概括和简化。本文在分析调度实际过程的基础上，作如下假设：

➢ 线路客流需求独立，不受相邻线路运行状况的影响；

➢ 客流需求独立于发车频率，即不受发车率的影响；

➢ 乘客服务服从“先到先服务”的原则，即先到车站的乘客先上车；

➢ 乘客均在公交站点候车区域内候车；

➢ 站间区间内车辆途中无特殊事件发生；

➢ 公交车辆的发车量不超过公交站点、线路、设施的通行能力的限制；

➢ 同一时刻内，车辆发车间隔不变，且全部采用“全程全站”的运行方式；

➢ 采用单一票价；

➢ 公交车辆车型统一，座位数和最大容量为定值；

➢ 乘客在某一站下车人数与车上总乘客数成正比，比例之值随时间变化；

➢ 沿途各站车辆停车时间与乘客上下车人数成正比关系；

➢ 各时段内乘客能够接受的候车时间为一定值，超过该时间乘客就会产生不满。比如，早高峰时段乘客能够接受的等待时间不大于 5 分钟，其他时段不超过 10 分钟；

➢ 各时段内乘客能够接受的候车次数为一次，即乘客在候车中不能一次上车会发生不满；

➢ 各站点乘客候车的站点舒适程度与候车区域的人均空间成反比。

6.2.2.2 变量及符号说明

T_1、T_2——分别为时段起始时间和终止时间；

m——线路站点数；

n——线路发车数量；

n_i——站点 i 在单位时间内通过的公交车辆数量；

$\lambda_i(t)$——i 站 t 时刻乘客到达率，人/min；

t_{ij}——第 j 辆车到达 i 站的时刻；

t'_{ij}——第 j 辆车在 i 站的离站时刻；

t_{od}——车辆在 i 站的停留时间，min；

β——乘客平均上车用时，s；

B_{ij}——第 j 辆车在 i 站上车的乘客数；

A_{ij}——第 j 辆车在 i 站时下车的乘客数；

p_{ij}——第 j 辆车到达 i 站时，候车的乘客数；

V_{ij}——在 i 站至 $i+1$ 站区间内第 j 辆车上的乘客数；

q_{ij}——第 j 辆车在车站 i 能提供的乘车空间，单位：人；

h——公交车车头时距，单位：min；

C_{max}——公交车辆最大容量；

C_i——站点 i 的公交车辆通行能力；

C_d——公交线路上路径 d 的公交车辆通行能力；

C_k——公交线路的公交车辆通行能力；

L——乘客能够接受的候车时间；

s——公交车辆座位数；

r_0——车内不感觉到拥挤的站立人数临界值；

ρ——单一客票价格，单位：元；

cop——时段内公交线路运营总支出；

rop——时段内公交线路运营总收入；

w_1，w_2，w_3，w_4——分别为乘客候车时间满意度、乘客候车空间满意度、车上舒适满意度、企业满意度权重因子；

S_w，S_s，S_c，S_e——分别为乘客候车满意度、乘客候车空间满意度、车上舒适满意度、企业满意函数；

W_{min}——乘客能够接受的最低候车时间服务水平，通常情况下可以取 0.8；

S_{min}——乘客在站点能够接受的最低候车空间服务水平，通常情况下可以取

0.4，对于高峰小时可以考虑取 0.2；

T_{min}——乘客能够接受最低车上舒适满意度，通常情况下可以取 0.6，对于高峰小时可以考虑取 0.3；

D_{min}——企业能接受的公交线路收益最小值，单位：元。

注：上述的 W_{min}、S_{min}、T_{min} 等公交服务水平参数，可以根据不同的时段选取不同的值。

6.2.2.3 模型的建立和分析

模型的建立应兼顾乘客和公交企业的利益，智能公交调度的目标为乘客候车时间满意度、站点候车空间舒适满意度、公交车上舒适满意度和企业满意度加权平均值最大，由此获得公交线路发车频率优化模型。

$$\text{Max}z = w_1 \cdot S_w + w_2 S_s + w_3 S_c + w_4 S_e$$

$$\text{s.t.}\begin{cases} S_w \geqslant W_{min} \\ S_s \geqslant S_{min} \\ S_c \geqslant T_{min} \\ h \leqslant L \\ r_{op} - c_{op} \geqslant D_{min} \\ B_{ij} \leqslant q_{i,j} \\ 0 \leqslant A_{i,j} \leqslant V_{i-1,j} \\ V_{ij} \leqslant C_{max} \\ n_i \leqslant C_i \\ n_d \leqslant C_d \\ n \leqslant C_k \end{cases} \tag{6-1}$$

6.2.2.4 公交智能调度单位时间内调度班次求解过程

利用上述模型，根据智能公交管理系统预测的乘客客流量需求，根据各车站乘客到达率变化情况，通过求解上述方程确定公交线路的最佳班次安排情况。

通过进一步分析可知，上述模型为非线性规划问题，因为公交车辆的行程预测和客流量的需求预测都是非线性的过程。此时，为了简化计算过程，采用了如下的调度班次求解过程：

Step1：确定某个调度时段内发车时间间隔上限，并根据经验设定该时段的发车间隔的初始值；

Step2：根据公交线路过去时段的运行情况，经过预测后，给定未来各站点候车人数的到达率状态和乘客的下车情况；

Step3：计算某一发车间隔时间状态下，公交车辆未来到达各站点的时间 t_{ij}；

Step4：计算每一辆公交车在线路上所有站点的上下车人数 A_{ij} 和 B_{ij}，车内人数 V_{ij}，乘客候车超过时间限值或者候车超次的人数 μ_{ij}，乘客站点候车空间舒适度，并确定车辆离开站点的时间 t'_{ij}；

Step5：计算乘客候车时间满意度、乘客站点候车空间舒适度、车内舒适满意度和企业收益满意度；

Step6：检验约束条件，若约束条件不被满足，go to step8；

Step7：以步长 1min 为单位，调整发车间隔时间，go to step3；

Step8：取定目标函数为最大的发车时间间隔，以及相对应的乘客候车满意度、车内舒适满意度和企业收益满意度；

Step9：结束。

调度计划优化过程如图 6.4 所示。

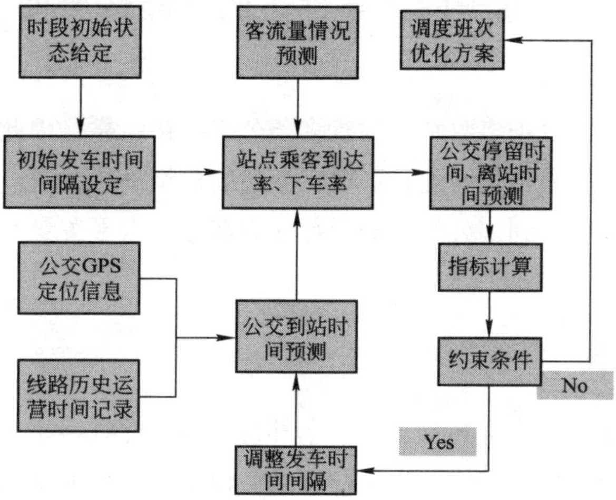

图 6.4 公交运营过程计算机仿真框图

在智能公交管理系统设计中，可以对 3 个权重因子的取值进行调整，不同的取值将会得出不同的结果。可以根据企业的经营政策，设计多组权重值，进行计算比较，有针对性地得到满意结果。

6.2.3 相邻时段的过渡

通过上述模型可计算出不同时段内发车间隔和发车频率，这时虽然已具备了编制行车时刻表的重要参数。但是，要编制出更为合理的行车时刻表，还需对于相邻两个时段间的转换段发车时间进行进一步分析。一般情况下，公交公司采用平均间隔法进行处理，即将前后两时段的发车间隔的中间值作为相邻时段的发车间隔值，但它并未考虑客流量与运能间的关系，可能造成运力的浪费或服务水平的降低。针对这种情况，这里采用了平滑间隔法。所谓平滑间隔法就是在时段 $j+1$ 内确定第一辆车的发车时刻时，综合了 j 和 $j+1$ 两时段的综合需求的最大断面通过量，并且满足平均期望占有量要求，也就是在转换段内设置平均期望占有量而不是均匀间隔。

将上述过程以公式形式表达，可得：

$$\Delta h_{i+1}=\frac{1-[f_i-\text{int}(f_i)]}{f_{i+1}}\times 60 = \frac{h_i(1+\text{int}(f_i))-60}{h_i}h_{i+1} \tag{6-2}$$

式中，Δh_{i+1}——第 $i+1$ 时段第一辆车的发车时刻；

f_i，f_{i+1}——第 i，$i+1$ 时段的发车频率，车次/h；

h_i，h_{i+1}——第 i 时段和第 $i+1$ 时段的发车间隔，min；

int( )——取整函数。

6.3 基于网络条件下的智能调度模型

对于城市公交网络，由于多数站点都有多条公交线路停靠，因此只限于单条公交线路的车辆通行能力约束不尽完善。因此，可以将上述的模型进行改进，建立基于公交网络条件下的智能公交调度模型，利用公交车辆通行能力和服务水平等参数，对智能公交调度方案进行优化。[44]

6.3.1 模型假设

由于基于公交网络条件，乘客乘车及候车都将受到其他线路乘客的影响，因此必须对单条公交线路的智能调度模型进行改进。模型的假设条件除了前文的内容外，还必须进行必要的补充。基于网络条件下智能公交调度模型假设如下：

- 公交网络中各条线路客流需求独立，不受相邻线路运行状况的影响；
- 客流需求独立于发车频率，即不受发车率的影响；
- 乘客服务服从“先到先服务”的原则，即先到车站的乘客先上车；
- 乘客均在公交站点候车区域内候车；
- 站间区间内车辆途中无特殊事件发生；
- 公交车辆的发车量不超过公交站点、线路、设施的通行能力的限制；
- 同一时刻内，车辆发车间隔不变，且全部采用“全程全站”的运行方式；
- 采用单一票价；
- 公交车辆车型统一，座位数和最大容量为定值；
- 乘客在某一站下车人数与车上人数总乘客数成正比，比例之值随时间变化；
- 沿途各站车辆停车时间与乘客上下车人数成正比关系；
- 各时段内乘客能够接受的候车时间为一定值，超过该时间乘客就会产生不满。比如，早高峰时段乘客能够接受的等待时间不大于 5 分钟，其他时段不超过 10 分钟；

➢ 各时段内乘客能够接受的候车次数为一次，即乘客在候车中不能一次上车会发生不满；

➢ 各站点乘客候车的站点舒适程度与候车区域的人均空间成反比。

6.3.2 变量及符号说明

$T1$、$T2$——分别为时段起始时间和终止时间；

N——公交线路数量；

m_k——公交线路 k 上站点数；

m_i^k——公交线路 k 上第 i 个站点；

n_k——公交线路 k 上，单位时间内发车数量；

f_k——公交线路 k 上，单位时间内发车频率；

n_i^k——公交线路 k 上，站点 i 在单位时间内通过的公交车辆数量；

n_d^k——公交线路 k 上，路段 d 内单位时间内通过的公交车辆数量；

$\lambda_i^k(t)$——公交线路 k 上，i 站 t 时刻乘客到达率，人/min；

t_{ij}^k——公交线路 k 上，第 j 辆车到达 i 站的时刻；

t'^k_{ij}——公交线路 k 上，第 j 辆车在 i 站的离站时刻；

t_{od}^k——公交线路 k 上，车辆在 i 站的停留时间，min；

β——乘客上车平均用时，s；

B_{ij}^k——公交线路 k 上，第 j 辆车在 i 站上车的乘客数；

A_{ij}^k——公交线路 k 上，第 j 辆车在 i 站时下车的乘客数；

p_{ij}^k——公交线路 k 上，第 j 辆车到达 i 站时，候车的乘客数；

V_{ij}^k——公交线路 k 上，在 i 站至 $i+1$ 站区间内第 j 辆车上的乘客数；

q_{ij}^k——公交线路 k 上，第 j 辆车在车 i 站能提供的乘车空间，单位：人；

$h_k(t)$——公交线路 k 上，t 时刻公交车车头时距，单位：min；

C_{max}——公交车辆最大容量；

C_i^k——公交线路 k 上，站点 i 的公交车辆通行能力；

C_k——公交线路 k 上，公交线路的公交车辆通行能力；

C_d^k——公交线路 k 上，路径 d 的公交车辆通行能力；

L——乘客能够接受的候车时间；

s——公交车辆座位数；

r_0——车内不感觉到拥挤的站立人数临界值；

ρ——单一客票价格，单位：元；

c_{op}^k——时段内公交线路 k 的运营总支出；

r_{op}^k——时段内公交线路 k 的运营总收入；

w_1，w_2，w_3，w_4——分别为乘客候车时间满意度、乘客候车空间满意度、车上舒适满意度、企业满意度权重因子；

$S_{\rm w}^{\rm k}$，$S_{\rm s}^{\rm k}$，$S_{\rm c}^{\rm k}$，$S_{\rm e}^{\rm k}$——分别为公交线路 k 上，乘客候车时间满意度，乘客候车空间满意度、车上舒适满意度、企业满意函数；

$W_{\rm min}^{\rm k}$——公交线路 k 乘客能够接受的最低候车时间服务水平，通常情况下可以取 0.8；

$S_{\rm min}^{\rm k}$——公交线路 k 上，乘客在站点能够接受的最低候车空间服务水平，通常情况下可以取 0.4，对于高峰小时可以考虑取 0.2；

$T_{\rm min}^{\rm k}$——公交线路 k 上，乘客能够接收最低车上舒适满意度，通常情况下可以取 0.6，对于高峰小时可以考虑取 0.3；

$D_{\rm min}^{\rm k}$——公交线路 k 上，企业能接受的的收益最小值，单位：元。

6.3.3 模型的建立和分析

如上所述，模型的建立应兼顾乘客和公交企业的利益，因此，公交网络智能调度的目标为乘客候车时间满意度、站点乘客候车空间舒适度、车上舒适满意度和企业满意度加权平均值最大，由此获得公交网络发车频率优化模型。[31]

$$\text{Max}z=\max\sum_{k=1}^{N}(w_1\cdot S_{\rm w}^{\rm k}+w_2S_{\rm s}^{\rm k}+w_3S_{\rm c}^{\rm k}+w_4S_{\rm e}^{\rm k}) \tag{6-3}$$

约束条件：

$$\begin{cases}
S_{\rm w}^{\rm k}\geqslant W_{\rm min}^{\rm k}\\
S_{\rm s}^{\rm k}\geqslant S_{\rm min}^{\rm k}\\
S_{\rm c}^{\rm k}\geqslant T_{\rm min}^{\rm k}\\
h_{\rm k}(t)\leqslant L\\
r_{\rm op}^{\rm k}-c_{\rm op}^{\rm k}\geqslant D_{\rm min}^{\rm k}\\
B_{ij}^{\rm k}\leqslant q_{ij}^{\rm k}\\
0\leqslant A_{i,j}^{\rm k}\leqslant V_{i-1,j}^{\rm k}\\
V_{ij}^{\rm k}\leqslant C_{\max}\\
\sum\limits_{k=1}^{N}n_i^{\rm k}\cdot\varepsilon(n_i^{\rm k})\leqslant C_i^{\rm k}\\
\sum\limits_{k=1}^{N}n_{\rm d}^{\rm k}\cdot\varepsilon(n_{\rm d}^{\rm k})\leqslant C_{\rm d}^{\rm k}\\
n_{\rm k}\leqslant C_{\rm k}
\end{cases}$$

式中，

$$\varepsilon(n_i^{\mathrm{k}})=\begin{cases}1 & \text{线路 } k \text{ 经过站点 } i\\0 & \text{其他}\end{cases}\tag{6-4}$$

$$\varepsilon(n_{\mathrm{d}}^{\mathrm{k}})=\begin{cases}1 & \text{线路 } k \text{ 经过路径 } d\\0 & \text{其他}\end{cases}\tag{6-5}$$

上述约束条件中，第 1～8 项与单条公交线路调度优化模型中相同；

第 9 项约束条件，是对公交站点通行能力约束的改进，通过站点 i 的公交线路，单位时间内所有线路公交车辆的数量不能超过站点的通行能力；

第 10 项约束条件，是对公交网络中路段（设施）通行能力的约束，通过路段（设施）d 的公交线路，单位时间内所有线路公交车辆的数量不能超过路段（设施）的通行能力；

第 11 项，是对公交线路整体车辆通行能力的限制。

显然，由于智能公共交通实时调度模型涉及的参数较多，并且相互影响，因此不可能通过常规办法求得最优解。因此，采用遗传算法求解该模型。[31]

6.4 多因素影响下智能公交调度技术

在日常公交运营中，车辆的调度除了要受到公交通行能力影响外，还会受到其他一些因素的影响，某些情况下其影响作用还十分显著。在对智能公交调度子系统进行改进的过程中，应该考虑将新的容易量化的影响纳入到智能公交调度子系统的指标系统中去。

6.4.1 天气状况影响因素分析

城市公共交通运输状况在特定天气状况下将发生很大的变化，首先是公交车辆自身的行驶状况受到气象条件的影响，其次是居民对于出行方式的选择发生了很大的变化。

对公交运营秩序影响较大的是冰、雪、雨、雾。临近上、下班时间时发生天气变化，客流量会突然增加，平峰时间则客流量下降。尤其冰雪天气时，雪地路滑，必须减速行驶，延长单程行驶时间，周转效率下降，放大行车间隔，而形成运输紧张的局面。

6.4.2 其他影响因素

（1）车辆事故：车辆在运行中所发生的事故主要有以下几种：两车迎面相撞、和前行慢车相撞、和后行快车相撞、和行人相撞、乘客受伤事故、车内盗窃事故等，这些事故车辆一般都要中断正常的行驶。

（2）车辆故障：运行中发生的车辆故障主要包括：油路故障、电路故障、气路故障、机械故障、传动故障、轮胎故障、工字板故障等。

（3）道路堵塞：造成个别车组或若干车辆未能按行车时刻表规定的时间返回总站，这将影响下一次发车，有可能使线路出现大间隔(一般为20分钟)。

(4) 乘客滞留：每逢社会上的重大活动，客流都会显著增加。这种情况对公交运营的影响比较大。

(5) 服务纠纷：司机或售票员与乘客的纠纷，如影响到车辆运行，需要采取调度措施。

(6) 紧急情况处理：包括报警等。

(7) 车辆调出：由于上级要求需要调出若干车辆进行其他作业，从而影响了区域内线路的正常运营。

(8) 司、售人员迟到。

(9) 劳动力不足：这种情况主要发生在司售人员请假或调出时。

6.4.3 多环境下的调度技术

在这种情况下，应该根据情况，及时启动临时行车计划或公交调度预案，改变原有的班次安排，以满足居民出行的需求。

当前城市交通管理系统能够获取的交通状态参数包括车流量、车速、车辆类型等，这些数据有时不能同时获取，如何将其进行有效的数据融合，然后作为约束条件引入智能公交调度管理?

由于我国大城市大部分公交线路车辆发车间隔小，为了合理使用车辆，公交公司需要根据变化的客流断面情况编制不同类型的公交时刻表，这点与国外一年基本固定的时刻表有着明显的不同。公交行车时刻表的种类有不同季节的时刻表、不同日期的时刻表。

不同季节行车时刻表是指季节变化，对乘客的乘车规律会产生一定影响，需要调整或重新编制时刻表。北部地区冬季气侯寒冷，日照时间短，上下午高峰时间集中，客流量大，低峰客流量较其他季节减少。春秋季是旅游、购物的季节，低峰客流量较其他季节大，夏季气候炎热，早晚高峰时间客流量不集中，晚间客流量较大。此外，还有社会上各单位作息时间的变更，中、小学假期等影响因素。在一年中，原则上有春、夏、秋、冬四个季节和寒假、暑假两个学生假期时刻表。

不同日期行车时刻表主要是根据一周内平日、周末、公休日、节假日客流规律的变化而编制。公休日及节假日工作客流量小，游览区、商业区的客流大，低峰时间投入的运力要大于平日。周末主要表现在晚高峰客流量上升的时间早，客流量略大于平日晚高峰的客流量，需提前加车。因此，需要有在不同季节的时刻表中分别编制平日、周末、公休日的行车时刻表。同时，还需编制元旦、春节、清明、五一、十一等重要节日的行车时刻表。

原线路编制时刻表由线路(车队)的调度组长编制，根据符合客流规律、车辆周转效率、车辆载客均衡以及经济合理地使用车辆等原则，制定了行车时刻表的指标，指标包括载客公里、满载率、工时利用率、班公里、不同时段的车辆单程行驶时间、营业时间、停站时间、换饭时间、极限间隔、配车数、劳动班次(司售人员配备)、保养车辆、计划晚间首末站的住车数、低峰实际首末站停站车数等，仅由手工编制时刻表，其工作量相当大，一般需要编 2～3 天，如区域多条线路共同编制时刻表，其工作量更大。因此，国外都采用计算机编制时刻表，并通过公交信息采集系统，提供断面客流量、运行速度等编制依据，为编制时刻表打下良好基础。但国外的公交运行间隔一般在五分以上，而我国高峰时候可达一分间隔；国外每站都有点，并考虑不同线路车辆间的换乘接续，而我国由于车辆间隔较小，只编制首末站的时刻表，很少考虑不同线路间的换乘接续。在劳动力配班、配车、车辆保养等方面都有自己的特点，因此，在计算机编制行车时刻表这方面需要结合我国公交的特点，开发适用于我国特点的编制公交区域运营组织时刻表的计算机软件。

6.5 智能公交调度优化技术

6.5.1 城市智能公共交通系统网络的优化

公共交通网络优化设计是城市公共交通系统规划和日常运营改进重要的组成部分。由于城市现有的公共交通系统基本上都是随着城市的发展在原有的公交网络上逐步形成的，因此公交系统一定程度上都存在着一定的缺陷。智能公交系统运营后，随着采集、存储数据的增多，可以在对相关数据进行分析的基础上，根据公交企业的经营目标，对原有公交网络进行针对性的优化。

6.5.1.1 公交网络优化研究现状综述

公交网络的优化直接影响到公交服务水平，并且受到很多条件的限制，一直受到国内外学者的关注。国外在此方面的研究起步较早，具有代表性的有杜波依斯等人于 1979 年采用启发式搜索方法建立了线路网生成模型和发车频率确定模型。弗思和威尔逊于 1981 年通过优化车辆运行时间和等车时间之和建立了在给定线路集合中分配发车频率的模型。科丘和亨德里克森于 1982 年提出利用分析模型简化路网，来推出公交系统参数之间的最优关系。赤于 1984 年提出利用交通分配模型，将系统分析方法引入到公交网络规划之中。塞德和威尔逊于 1986 年将三阶段法引入到公交网络设计中，所谓的三阶段法包括：出行分配，规划路径和确定发车间隔。内斯等人于 1986 年开发了线路及其发车频率同时确定的模型。在国内，城市公交网络设计研究具有代表性的有：东南大学王炜教授等人在《城市交通规划理论及其应用》中提出的全网最优的规划方法、逐条布设优化成网的规划方法、结合现状公交网络的启发式逐步优化方法等三种方法。北京交通大学高自友教授、德国那然提出的连续平衡网络设计的双层规划模型和求解方法。林柏梁、德国那然在对公交网设计的指派问题模型分析的基础上，以所有乘客流的出行时间和要实现公交网络的资金投入为费用目标函数，综合考虑了起讫点场站的容量限制，同一条道路上的重复线路的数量限制等项因素，建立了公交网络设计非线性 0～1 规划模型。杨超等人则用图论方法，以城市客流 OD 分布为基本依据，给出了城市公交线网优化的图论模型。这些模型和方法为我国公交网络优化开辟了崭新的研究思路。

公共交通网络设计优化方法也有很多，例如斯蒂恩布林克于 1974 年提出的传统数学规划方法；杜尚等人 1994 年将模糊逻辑引入到航班备选路径的确定中，并用模糊线性规划确定了航班间隔。1995 年巴贾和马赫马萨尼提出的人工智能和运筹学混合算法，该方法将人工智能中车辆路径搜索启发式算法和运筹学中的公交系统分析方法结合起来；在 20 世纪 90 年代，人工神经忘记和遗传算法等生物进化算法被引入到优化问题的求解中。1995 年查克拉博蒂等人采用遗传算法求解调度问题。据报道，遗传算法在求解简单的公交系统优化问题中是一种行之有效的方法。在国内，韩印等人提出城市公交线网调整优化的 PSO 算法，遗传算法等进化算法也被广泛的应用到公共交通网络设计中，并取得了很好的效果。

对于城市公交污纳过滤设计模型而言，总结起来有两种建模思路。一是将选择公交线路和确定发车频率结合起来考虑；另一种办法是单纯考虑公交网络优化设计，然后在规划好的网络上讨论各条公交线路的发车频率、调度组织等优化问题。在城市智能公共交通管理系统中，各条公交线路的发车、调度组织将通过公交车辆实时调度模型来管理。因此，只需要对公交网络进行专门的优化，即采用上述第二种优化模式。

6.5.1.2 公交网络现状分析

对于公交网络，现状线网覆盖水平在空间上存在不均衡性，因此公交企业的决策者需要知道城市不同区域公交网络的覆盖水平，以及各个区域内公交线路、路段、公交站点的服务水平。尤其需要知道现状线网覆盖的薄弱区域。在充分掌握公交线网覆盖水平空间分布的基础上，才能有针对性地根据公交企业的经营目标，确定城市整体或者某区域内公交线网的调整方案。同时，对单条公交线路，也需要进行针对性的调整，保留现状路网中合理的公交线路，对服务水平较低或者不合理的公交线路进行优化或者调整。

聚类分析是研究“物以类聚”的一种方法，它事先并不知道输入样本的分析属性，而是利用样本间的“相似性”或者“距离”来自动分类。在交通领域内得到了广泛的应用。本文部分使用聚类分析法对城市公交网络服务水平和各条公交线路特征进行分析。

(1) 选择聚类因子

聚类因子的选择需要考虑以下因素：所选择的指标应有较强的代表性并能较好地反映所研究区域的公交网络服务供给和需求状况。由于智能公共交通系统采集的数据量极为丰富，智能公共交通系统对城市交通网络的分析，可以选用的指标将比通常城市公交规划更为丰富。此时，可以选择公交线路网密度、万人拥有公交线路长度、交通区人口密度三项指标作为公交网络的聚类因素；选取线路长度、非直线系数、全日客流量、线路高峰小时满载率、线路公交通行能力及饱和度、线路乘客平均候车时间、线路乘客乘车舒适度作为公交线路的聚类因子；选取公交站点通行能力及饱和度、公交站点乘客平均候车时间、站点乘客候车舒适度作为公交站点的聚类因子。聚类因子的关系如下图 6.5 所示。

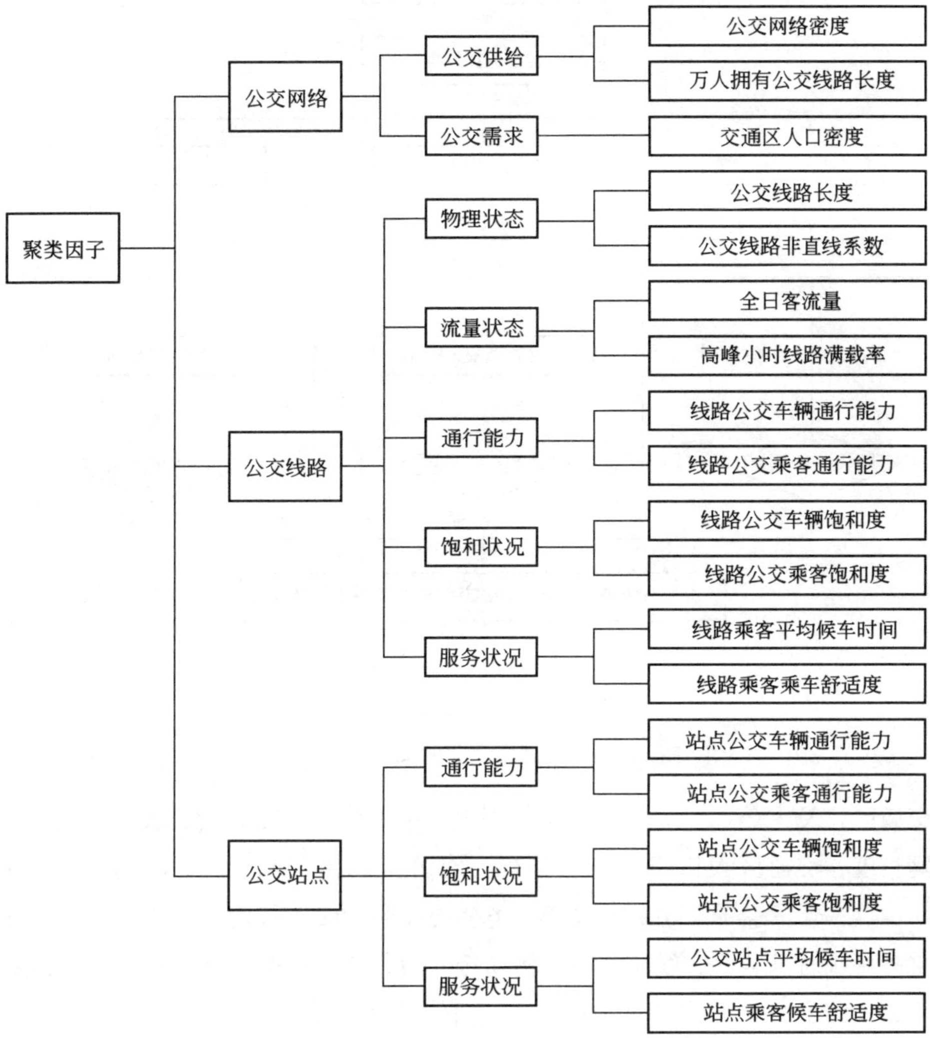

图 6.5 公交网络、线路及站点聚类因子

(2) 聚类分析

本文采用数学上多元分析的方法，以欧式距离为度量，两类的欧式距离以同类中最靠近的两元素的欧式距离表示，距离最近的两类合并直到类间的距离大于阀值。如此把各元素合并为不同的类。其流程见图 6.6。

欧式距离的计算公式为：

$$d_{ij}=((X_i-X_j)^{\mathrm{T}}(X_i-X_j))^{\frac{1}{2}}$$

式中 d_{ij}——第 i 类交通区(或公交线路、站点)和第 j 类交通区(或公交线路、站点)间的欧式距离；

X_i——第 i 类交通区(或公交线路、站点)指标变量列向量。

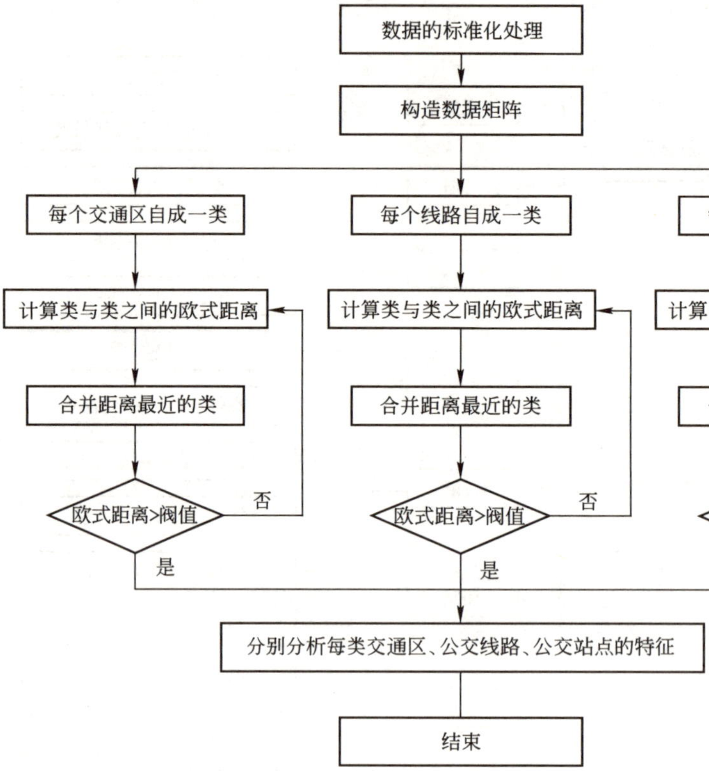

图 6.6 公交网络优化的聚类分析流程图

对交通区，$X_i=(x_{i1}, x_{i2}, x_{i3})^T$，分别表示第 i 类交通区的公交线网密度、万人拥有公交车辆长度、交通区人口密度三项指标。对公交线路，$X_i=(x_{i1}, x_{i2}, x_{i3}, x_{i4}, x_{i5}, x_{i6}, x_{i7}, x_{i8}, x_{i9}, x_{i10})^T$，分别表示第 i 类公交线路的线路长度、非直线系数、全日客流量、线路高峰小时满载率、线路公交车辆通行能力、线路公交乘客通行能力、线路公交车辆饱和度、线路公交乘客饱和度、线路乘客平均候车时间、线路乘客乘车舒适度十项指标；对公交站点，$X_i=(x_{i1}, x_{i2}, x_{i3}, x_{i4}, x_{i5}, x_{i6})^T$，分别表示第 i 类公交站点的站点公交车辆通行能力、站点乘客通行能力、站点公交车辆饱和度、站点乘客饱和度、站点乘客平均候车时间、站点乘客候车舒适度六项指标。

经过聚类，对于公交网络服务水平，可以得到两个重要的定量分析结果：①交通区之间的距离矩阵；②交通区的分类成员表。通过交通区的分类成员表，可以知道各交通区的类别归属。通过交通区距离矩阵表，可以对各交通区的公交网络服务水平进行定量的排序。

对于公交线路，可以得到每一类公交线路的典型特征和公交线路的分类成员表。通过各类公交线路的典型特征，可以明确现有公交线路的状况。

对于公交站点，可以得到每一类公交站点的典型特征和公交站点的分类成员表。通过各类公交站点的典型特征，可以明确现有公交站点的状况。

6.5.1.3 公交网络优化的限制条件分析

由于是对公交网络现有状况的优化，这意味着是在现有的基础设施和运营条件下进行的。因此，限制条件主要集中在三个方面：停车场、公交车辆和城市道路条件。

(1) 停车场：公交线路原则上起终点站至少应有一个停车场，另一端可以在路上调头，也需要一定的空间。一般来说，城市的用地是非常紧张的，在短期调整的范围内不会有新的公交停车场出现。所以在调整公交线路时，只能以现有的首末站作为公交线路至少一端的停车场，除此以外的区域，最多只能作为中间站，不能成为开行线路的首站。

(2) 公交车辆：在现状调整时，公交线路、配车数发生变化，但是公交车辆的总数和车辆的载客能力不变。由车辆的总数、车辆的载客能力和线路的配车数可以决定公交线路的总数。因为单条线路的容量应大于该线路上分配的公交流量，即：$C_i > V_i$，其中 $C_i = \left(\frac{60t}{X_i}\right) * Y * \gamma * \alpha$，要保证发车间隔 X_i，要求$\frac{1}{2}h_i * \beta_i \geqslant \frac{2t_i}{X_i} \Rightarrow X_i \geqslant \frac{4t_i}{h_i * \beta_i}$并且$\sum h_i = H$

式中

t——所计算的运营时段；

Y——该条线路运营车辆的平均额定定员；

γ——运营时段内的车辆满载率；

α——换乘系数；

h_i——第 i 条公交线路的车辆数；

H——公交车辆总数；

C_i——第 i 条公交线路的客运容量；

V_i——分配到第 i 条公交线路的客流量；

X_i——运营时段内的平均行车间隔；

β_i——第 i 条公交线路的运营车辆系数；

t_i——在第 i 条公交线路上运行的公交车行驶一次的规定时间。

(3) 道路条件：现有的城市道路条件是进行公交网络现状优化的基础。要根据城市道路的实际状况对公交线路进行优化，尽量避免在路宽不足 7 米的支线上布线。

6.5.2 基于 GIS-T 的公交网络优化

6.5.2.1 公交网络优化的设计思路

利用公交 GIS-T 平台，智能公共交通管理系统可以建立针对城市公交网络的优化模型。在建立公交优化模型的过程中，不是从寻找公交起讫点出发，而是把现有公交起讫点平等考虑，作为寻找公交线路的起点，之后再采用“逐条布设、优化成网”的方法建立路网。在公交客流量分配时，将智能公交信息采集子系统采集的数据与公交小区的出行需求分析数据相结合，这样分配的结果比基于小区的分配结果更为准确，所规划的线路更能够满载实际需要。而且结合 GPS、GIS、客流量传感器等高新技术，公交网络的优化结果更为直观，效果更理想。

所建立的公交线网优化模型基于如下假设条件：

(1) 仍然以目前公交线网中的起终点作为优化后的起终点站，即不在路网中新增起终点站。

(2) 以公交线网中的线路所经过的道路作为优化后线网经过的道路，即不新增道路，道路属性也不改变。

具体建模和求解过程如下：

① 利用全球定位系统(GPS)确定城市路网中各个公交站点(即 GIS 中的节点)位置，对公交站点进行标号，并标注于 GIS 图层上，形成公交路网现状图；

② 利用 GIS 计算节点间距离的功能求出所有公交站点间的距离，并保存在距离矩阵中。此外，同时计算相邻站点间的步行换乘距离，保存在距离矩阵(2)中；

③ 对公交网络起终点站进行编号，并建立起终点数据库；

④ 根据网络节点的连接关系建立公交站点的链接数据库；

⑤ 将居民公交出行需求 OD 矩阵中的出行量分配到各公交站点，形成一个公交站点 OD 矩阵；

⑥ 建立公交网络优化模型；

⑦ 调用蚂蚁算法，求出第一条满足约束条件的公交线路；

⑧ 将本组中最优解代表的公交线路所运送的客流量从公交站点 OD 矩阵中减掉，返回步骤⑦，直到没有满足布线条件的线路为止；

⑨ 根据公交路网运营状况，对路网进行调整。

6.5.2.2 公交网络优化模型

1. 公交线网的线网优化原则

公共交通在城市客运中的优势同时也决定了在进行公交线网优化时的主要原则。那就是在一定的舒适度下，能够尽可能多而迅速地将乘客运送到目的地。只有这样，才能充分发挥公共交通容量大，相对占用道路面积小的特点。现有的公交线路一般都是根据乘客的需要而开通的，与城市用地布局长期作用，已经趋于稳定并且有了一定的固定客流，而且对城市居民的居住地、工作地的选择产生了深远的影响。为适应长期以来居民出行心理的习惯性，对原有的公交线路一般在走向上不作大的变动，而是对公交网络及线路、站点中不合理的部分进行适当的调整。主要依据以下的原则：

(1) 公交线路的调整应该使得主要客流方向占优势，这样才能提高公交线网的平均乘车距离，保证对出行需求最大路段的覆盖水平。主要客流方向公交线路的优先配置不但能够提高公交网络的服务水平，还有利于减少公交车辆的配置数量和发车频率，提高公交企业的经济效益，降低公交车辆对城市交通系统的冲击。

(2) 对运行在城市主要道路上的公交线路，配备新型车辆，采用高频率发车，并尽量提高公交车辆的运营速度。

(3) 对于大流量的直达客流，为了减少公交线网的平均换乘次数，应该使得公交线路与主要客流方向基本一致，使得尽可能多的乘客能够避免换乘。

(4) 线路平均客流不低于最低开线标准。这样才能使得线路开通后有足够的乘客数，保证较高的公交运输效率，同时也能保证公交企业的经济效益。

(5) 平均满载率尽可能高。在满足最低客流标准的待选公交线路中，尽量选择客流量大的线路，优先布线，保证尽可能高的车辆满载率。这样做的目的与上一条一致。

(6) 对于乘客候车时间较高的公交线路，在满足公交线路公交车辆通行能力限制、并不大幅度影响公交企业效益的条件下，增加线路的发车频率。

(7) 对于乘客乘车舒适度较低的公交线路，在满足公交线路公交车辆通行能力限制、并不大幅度影响公交企业效益的条件下，可以调整线路的发车频率，或者配备大型公交车辆。

(8) 适当延长部分线路，使之进入公交服务水平薄弱的交通区，完善公交网络服务。

(9) 线路的长度在规定的范围内。这是为了便于公交系统本身的组织管理。线路太长，车辆周转时间过长，增加车辆调度、管理的困难，使得智能公交管理系统的可靠性下降。线路太短，车辆周转过快，车流量可能不足，不能充分发挥公交车的运输效率，经济效益不高。

(10) 适当调整部分线路，以改善这些线路的运营状况或者避免线路过于集中，尽量避免多条饱和度较高的公交线路集中在相同的路段上。

(11) 公交线路的调整应该尽可能选择最短距离的线路，这将使得公交网络乘客总的出行时间或乘车距离最短，提高公交车辆的服务质量。

(12) 删除明显不合理的线路，但是不能影响其场站设施的使用。

(13) 公交站点车辆饱和度过高时，应该进行调整，在满足公交服务水平限制的条件下降低途经公交线路的发车频率；或者对原有公交线路进行必要的调整，移动到同方向相邻的路段上。

(14) 对于乘客候车时间较高的站点，在满足站点公交车辆通行能力限制的条件下，适当增加主要客流方向公交线路的发车频率。

(15) 对于乘客候车舒适度较差的站点，增加站点的候车区域面积，或者将原有的站点拆分成若干个公交站点。

(16) 对于公交乘客饱和度很低的公交站点，可以在满足公交线网覆盖率的条件下，对公交站点进行必要的归并。

2. 公交网络优化模型

依据上述的原则，改进后的公交网络优化模型为：在一定的约束条件下，确定公交线网由哪些线路组成，以及各条线路的发车频率如何，以使得目标函数最大或最小。目标函数极小化时运营者(公交公司)和用户费用的总和，用户费用是总行程时间的函数，而运营者费用则主要取决于特定配置条件下车辆的运营里程。约束条件包括：发车间隔的变化范围、车辆载客量限制、车队规模现状、公交通行能力约束等。代表性的模型表示如下：

$$\text{Min}: Z = c_1 \sum_{i,j=1}^{n} d_{ij} \cdot t_{ij} + c_2 \sum_{k \in R_{SR}} f_k \cdot t_k \tag{6-6}$$

$$\text{s. t.} \begin{cases} l_k \leqslant l_{max} & \forall k \in R_{SR} \\ f_k \geqslant f_{min} & \forall k \in R_{SR} \end{cases}$$

式中 d_{ij}——从节点 i 到节点 j 的出行需求；

t_{ij}——从节点 i 到节点 j 的行程时间总和(包括车内时间、等车时间和换乘损失时间)；

f_k——第 k 条公交线路的发车频率；

t_k——第 k 条公交线路的的全程运行时间；

f_{min}——任何公交线路的最小发车频率；

l_k——第 k 条公交线路的的满载率。

$$l_k = Q_k^{max} / (f_k \cdot C) \tag{6-7}$$

式中 C——公交车的额定载客量；

Q_k^{max}——第 k 条公交线路的最大路段截面客流量；

R_{SR}——公交线路集合；

c_1——将用户行程时间转化为用户出行费用的转换系数；

c_2——将公交车辆行程里程转化为公交公司运营费用的转换系数；

n——网络节点的数目。

目标函数中的第一项表示用户总出行费用，第二项表示运营于所有公交线路上的公交车的运营费用。因此，目标函数表示总出行费用。

6.5.3 基于公交站点的公交网络配流模型与算法

6.5.3.1 公交网络优化模型

在过去的 20 多年中，众多国内外专家学者对公交配流问题做了大量的研究和探讨，提出了许多公交配流模型，其中尤以平衡配流模型为主。但是这些模型中有相当一部分要么忽略了公交车辆的容量限制，得出超过线路容量的配流结果；要么就是虽然考虑了车辆容量限制，但没有考虑到公交网络的特殊性，沿用了一般道路网络中的路径概念，且过度简化了乘客在车站等待时间，仅适用于小型的公交网络的配流计算。同时这些模型均已非拥挤条件为前提，即假设所有的公交线路都具有足够大的运载能力，保证满足所有的需求，也就是说在整个公交网络中不存在拥挤现象。然而在现实公交网络中，这种非拥挤条件的假设仅仅停留在理论研究层面。无论在发展中国家还是发达国家，由于公交线路的运载能力不足而引起的拥挤现象是经常发生的。因此在研究公交问题时，如果仍引用非拥挤条件下的公交配流模型作为研究公交运营问题的基本工具，那么其结果的准确性和可靠性则很难符合实际情况。

在传统的交通网络配流中，容量限制配流模型是以路段阻抗函数来反映在配流过程中交通流量与道路阻抗的关系，称为基于路段的阻抗更新；而对于公交网络系统，线路拥挤效应主要反映在公交站台上，也就是对于特定的公交线路，公交车在两个站点之间行驶的时间与线路的流量变化关联度很小。此时，乘客出行路径的阻抗与线路客流量之间的关系，便表现在路径阻抗与站点的拥挤效应之间，称为基于站点的阻抗更新。公交网络系统上的拥挤效应反映在由于公交车容量限制而导致的乘客过饱和延迟上，乘客此时的路径选择行为具体表现为：如果第一辆期待公交过于拥挤，则选择下一辆公交或者选择其他线路。基于这种思想，可以提出拥挤函数概念，结合公交出行时间链的研究，建立起基于站点的公交网络配流实用模型——多路径容量限制配流模型，并对其算法进行了理论分析。

交通阻抗函数应该能够真实反映出公交出行者的心理特征，综合考虑时间、费用因素，采用“费用”表示，也称为广义费用。公交出行阻抗一般采用如下函数式计算

$$R_{\mathrm{k}}=C_{\mathrm{mt}}T_{\mathrm{k}}+\psi(L_{\mathrm{k}},\ P_{\mathrm{k}}) \tag{6-8}$$

式中，R_{k} 为交通阻抗值，元；C_{mt} 为时间价值，取用相应年度的居民人均国民收入值，元/h；T_{k} 为公交出行总时间；$\psi(\cdot)$为公交出行费用函数，与公交距离 L_{k}(km)以及票价 P_{k} 有关，分/km。在本文的公交网络阻抗研究中，引入了公交出行时间链和拥挤函数。

(1) 公交出行时间链的提出

乘客公交出行过程中，出行时间 T_{k} 包括步行到站时间和离站时间、起点站站台等车时间、车内运行时间以及不同线路间的换乘时间，这些不同部分组成的整体定义为公交出行时间链，乘客每次公交出行包含一个完整的出行时间链。公交出行时间链不同部分具有各自权重值，因此，T_{k} 不是各部分简单的累加值。利用权重可以更真实的分析乘客出行过程中对不同状况表现出的不同选择行为。因此，总出行时间 T_{k} 表述如下：

$$T_{\mathrm{k}}=\omega_{\mathrm{w}}T_{\mathrm{k}}^{\mathrm{w}}+\omega_{\mathrm{a}}T_{\mathrm{k}}^{\mathrm{a}}+\omega_{i}T_{\mathrm{k}}^{i}+n\omega_{\mathrm{t}}T_{\mathrm{k}}^{\mathrm{e}} \tag{6-9}$$

式中，$T_{\mathrm{k}}^{\mathrm{w}}$ 为步行时间(包括到站步行时间和离站步行时间)；$T_{\mathrm{k}}^{\mathrm{a}}$ 为起点站站台等待时间；T_{k}^{i} 为车内运行时间；$T_{\mathrm{k}}^{\mathrm{e}}$ 为换乘时间(包括换乘等待时间和换乘步行时间)；n 为换乘次数；ω_{x} 为时间权重。步行时间与步行距离 $D_{\mathrm{k}}^{\mathrm{w}}$、步行速度 v_{w} 相关。站台等待时间由发车频率 F 决定。车内运行时间则由公交运行距离 D_{k}^{i}、行驶速度 v_{i} 来决定。换乘时间与换乘站台之间的距离 $D_{\mathrm{k}}^{\mathrm{t}}$ 以及换乘站台的等待时间 $T_{\mathrm{k}}^{\mathrm{a}'}$ 有关。因此，公交出行时间可以表述如下公式

$$T_{\mathrm{k}}=\omega_{\mathrm{w}}\frac{f_{\mathrm{w}}D_{\mathrm{k}}^{\mathrm{w}}}{v_{\mathrm{w}}}+\omega_{\mathrm{a}}\frac{f_{\mathrm{a}}}{F}+\omega_{i}\left[\frac{D_{\mathrm{k}}^{i}}{v_{i}}+T_{\mathrm{k}}^{\mathrm{s}}\right]+n\omega_{\mathrm{t}}\left[\frac{f_{\mathrm{w}}D_{\mathrm{k}}^{\mathrm{t}}}{v_{\mathrm{w}}}+\frac{f_{\mathrm{a}'}}{F}\right] \tag{6-10}$$

式中，f_{w} 为步行线路的非直线系数；f_{a} 为等待时间修正参数。实践证明，该值可应用于该配流模型当中。

(2) 引入拥挤函数计算公交网络阻抗值

对单条公交线路，采用下式计算其线路阻抗值：

$$R(k)=\begin{cases} C_{\mathrm{mt}}\cdot\left[T_{\mathrm{k}}+\psi_{\mathrm{s}}\left[\dfrac{V_l^{\mathrm{s}}}{K_l}\right]\right]+L_{\mathrm{k}}P_{\mathrm{k}}/100 & \text{计程票价制度} \\ C_{\mathrm{mt}}\cdot\left[T_{\mathrm{k}}+\psi_{\mathrm{s}}\left[\dfrac{V_l^{\mathrm{s}}}{K_l}\right]\right]+n\cdot P'_{\mathrm{k}} & \text{单一票价制度} \end{cases}$$

式中，$V_l^{\mathrm{s}}=\sum\limits_{l}\sum\limits_{s}\delta_{\mathrm{slk}}\cdot h_{\mathrm{k}}$ 为公交线路 L 的 S 路段的断面客流量；h_{k} 为路径 k 流量；δ_{slk} 当公交线路 L 的 S 路段属于路径 k 时为 1，否则为 0；$\psi_{\mathrm{s}}\dfrac{V_l^{\mathrm{s}}}{K_l}$ 为拥挤函数。拥挤函数包含两个部分：一为乘客在站台等车时，如果某条公交线的需求量超过公交车的容量，就会导致车内拥挤，这样一来，有一部分乘客就挤不上车，或者不愿意乘坐这种太拥挤的车，则车站就会产生排队现象。而随着拥挤的增加，乘客也会根据拥挤程度、不舒适程度和乘车时间等因素综合考虑，选择一些原来不感兴趣的公交线路。例如速度比较慢的、发车间隔比较大的及绕路但不太拥挤的公交线。所以第一个相关因素就可以表示为由于公交线路上车辆的容量限制而导致乘客的过饱和延迟，它是与流量有关的量，一般可采取与指数形式的 BPR 公式相似的形式。

$$\psi_{\mathrm{s}}^{1}\left[\frac{V_l^{\mathrm{s}}}{K_l}\right]=w_{\mathrm{w}}\cdot\left[\frac{V_l^{\mathrm{s}-1}}{K_l}\right]^{\beta} \tag{6-11}$$

拥挤函数的第二个相关因素是在路段行驶过程中乘客感觉到的不舒适程度，函数形式为

$$\psi_{\mathrm{s}}^{2}\left[\frac{V_l^{\mathrm{s}}}{K_l}\right]=w'_i\cdot\left[\frac{V_l^{\mathrm{s}}}{K_l}\right]^{\beta} \tag{6-12}$$

式中，K_l 为公交线路 L 的最大实际载客容量，其考虑了站点停靠能力、重复线路相互影响下的基本载客容量，可以用下式表示

$$K_l=\gamma\cdot C_{\mathrm{x}}\cdot f(X_{\mathrm{c}})/T_l \tag{6-13}$$

式中，C_{x} 为不同车型的乘客容量，按表 6.1 取值；T_l 为公交线路 L 的发车间隔，min；γ 为线路的客流满载率，一般高峰小时取 0.85，平峰小时取 0.6，或根据城市的具体要求而定；X_{c} 为与某条线路重复的最大线路条数；$f(X_{\mathrm{c}})$ 为线路重复影响系数，函数形式如下式：

$$f(X_{\mathrm{c}})=\begin{cases} 1 & X_{\mathrm{c}}=0\text{ 或 }1 \\ 0.85 & X_{\mathrm{c}}=2\text{ 或 }3 \\ 0.7 & X_{\mathrm{c}}\geqslant 4 \end{cases} \tag{6.14}$$

不同车型的车容量值 **表 6.1**

车　型	中　　巴	单节公交车	铰接公交车	中巴＋单节公交	中巴＋铰接公交
车容量	26	72	129	58	98
备　注				30％的中巴， 70％的公交	30％的中巴， 70％的铰接

6.5.3.2 基于站点的多路径—容量限制配流模型

乘客在公交线网中的分配与公交车的发车频率和车辆满载率有关。从概率的角度考虑车辆和乘客到达分布的一般情况，有较高发车频率的路线有机会吸引到更多的乘客；另一方面，车内拥挤度影响着乘客对出行路线的选择。因而公交路线的用户(乘客)平衡概念与道路网络中的用户(车辆)平衡概念不同。后者反映在行驶时间上的平衡，出行时间随道路拥挤度而变化，前者除出行时间的平衡外，由于车内拥挤度对行驶时间影响较小，用户平衡还体现为车内拥挤度的平衡。

基于站点的多路径容量限制配流模型的提出是基于以下原因：假如有一组出行者从起点 r 到终点 d，r 到 d 之间有多条路径，由于出行者对道路网的状况并不完全了解，且存在一些难以量化的因素作用。出行者对路径阻抗的估计是分布于出行者群上的随机变量。该分配模型就是在研究路径估计分布函数的基础上，计算有多少出行者选择每一条路径。构造如下的公交多路径选择分配模型：

$$
\begin{cases}
P(k,i,j)=\exp[-aR(k)/\overline{R}]/\sum\limits_{h=1}^{m}\exp[-aR(h)/\overline{R}] \\
V(k,\ i,\ j)=V(i,\ j)\cdot P(k,\ i,\ j) \\
R(k)=\begin{cases}
C_{\mathrm{mt}}\cdot\left[T_{\mathrm{k}}+\psi_{\mathrm{s}}\left[\dfrac{V_l^{\mathrm{s}}}{K_l}\right]\right]+L_{\mathrm{k}}P_{\mathrm{k}}/100 & \text{计程票价制度} \\
C_{\mathrm{mt}}\cdot\left[T_{\mathrm{k}}+\psi_{\mathrm{s}}\left[\dfrac{V_l^{\mathrm{s}}}{K_l}\right]\right]+n\cdot P_{\mathrm{k}}' & \text{单一票价制度} \\
T_{\mathrm{k}}=w_{\mathrm{w}}\dfrac{f_{\mathrm{w}}D_{\mathrm{k}}^{\mathrm{w}}}{v_{\mathrm{w}}}+w_{\mathrm{a}}\dfrac{f_{\mathrm{a}}}{F}+w_i\left[\dfrac{D_{\mathrm{k}}^i}{v_i}+T_k^{\mathrm{s}}\right]+nw_{\mathrm{t}}\left[\dfrac{f_{\mathrm{w}}D_{\mathrm{k}}^{\mathrm{t}}}{v_{\mathrm{w}}}+\dfrac{f_{\mathrm{a}}'}{F}\right]
\end{cases}
\end{cases}
$$

$$
\begin{cases}
P(k,i,j)=\exp[-aR(k)/\overline{R}]/\sum\limits_{h=1}^{m}\exp[-aR(h)/\overline{R}] \\
V(k,\ i,\ j)=V(i,\ j)\cdot P(k,\ i,\ j) \\
R(k)=\begin{cases}
C_{\mathrm{mt}}\cdot\left[T_{\mathrm{k}}+\psi_{\mathrm{s}}\left[\dfrac{V_l^{\mathrm{s}}}{K_l}\right]\right]+L_{\mathrm{k}}P_{\mathrm{k}}/100 & \text{计程票价制度} \\
C_{\mathrm{mt}}\cdot\left[T_{\mathrm{k}}+\psi_{\mathrm{s}}\left[\dfrac{V_l^{\mathrm{s}}}{K_l}\right]\right]+n\cdot P_{\mathrm{k}}' & \text{单一票价制度} \\
T_{\mathrm{k}}=w_{\mathrm{w}}\dfrac{f_{\mathrm{w}}D_{\mathrm{k}}^{\mathrm{w}}}{v_{\mathrm{w}}}+w_{\mathrm{a}}\dfrac{f_{\mathrm{a}}}{F}+w_i\left[\dfrac{D_{\mathrm{k}}^i}{v_i}+T_{\mathrm{k}}^{\mathrm{s}}\right]+nw_{\mathrm{t}}\left[\dfrac{f_{\mathrm{w}}D_{\mathrm{k}}^{\mathrm{t}}}{v_{\mathrm{w}}}+\dfrac{f_{\mathrm{a}}'}{F}\right]
\end{cases}
\end{cases}
$$

式中，$P(k,\ i,\ j)$为公交 OD 量 $V(i,\ j)$在第 k 条有效公交出行路线上的分配率；$R(k)$为第 k 条有效公交出行路线的交通阻抗；$\overline{R}$为各条有效公交出行路线的平均交通阻抗；a 为分配参数；m 为有效公交出行路线的条数；$V(k,\ i,\ j)$为公交 OD 量 $V(i,\ j)$在第 k 条有效出行路线上的分配量；$V_l^{\mathrm{s}}=\sum\limits_{l}\sum\limits_{s}\delta_{\mathrm{slk}}\cdot h_{\mathrm{k}}$ 为公交线路 L 的 S 路段的断面客流量。在具体配流过程中，结合容量限制增量加载的容量受限分配模型的配流方法进行分配，即先将原 OD 表分解成若干个子 OD 表，再将若干个子 OD 表逐个用多路径概率配流方法进行流量分配。在每个OD表分配结束后，根据出行时间、费用、流量来重新计算线路阻抗值，然后再进行下一个OD表的分配，直至全部OD分表分配完毕。

6.5.3.3 多路径—容量限制配流算法研究

容量限制分配的非平衡算法通常采用分级分配方法(incremental assignment)，即将OD矩阵分解为K个子OD矩阵，每次分配一部分OD量。分级分配是平衡模型的一种解法，虽然它通常不产生平衡流，但与多路径选择模型结合，它可以得到与实际相近的解，分配次数可如下表示

$$K=\frac{C_{\max}}{C_{\min}} \tag{6-15}$$

式中，$C_{\max}$、$C_{\min}$分别为网络中路段的最大、最小通行能力。

第k次分配中分配的OD量为：

$$[q_{rs}^{k}]_{n\times n}=[P_{k}\cdot q_{rs}]_{n\times n},\sum_{k=1}^{K}P_{k}=1 \tag{6-16}$$

式中，$[q_{rs}^{k}]_{n\times n}$为OD矩阵；P_{k}为第k次分配的比例

$$P_{k}=\frac{k}{1+2+\cdots+K}=\frac{2k}{(1+K)\cdot K} \tag{6-17}$$

经计算可知求解出来的值与文献中的经验值相差不大。同时为了避免确定所有的路径，一个有效的算法是STOCH或Dial’s算法，只考虑有效路径(由远离出行起点，接近终点的路段组成)，每次分配两点之间的OD量，经过前向遍历(forward pass)和后向遍历(backward pass)二次网络遍历过程确定各路段分配权。

第七章　城市智能公共交通区域调度技术

公交区域调度是国外大城市普遍采用的、高效率的调度模式。随着我国智能公共交通管理系统的建设和城市道路交通条件的进一步改善，国内城市公交企业传统的线路调度模式必将为区域调度模式所取代。

本章在论述了区域调度的基本概念、基本作业过程的基础上，重点对区域调度的单车场和多车场静态调度优化模型进行了研究，并针对模型给出了基于启发式算法的求解过程。

7.1　区域调度技术概述

7.1.1　基本概念

公交区域调度，国外又称网络调度或线间调度，是指在一定地域的范围内、原来各自独立运营线路上的车辆、人员，通过一定的技术手段和管理组织协调起来共同运营，以达到资源的最有效配置和充分利用的一种组织模式。区域调度模式是基于运量平衡思想提出的，由于公交客流存在着方向、时间上的不均衡性，因此，可通过不同线路间运力的动态组合，实现车辆运量的均衡，从而最大限度地节省运营车辆总数和司乘人员总数，提高公交车辆的利用率和司乘人员的劳动效率。区域调度是面向任务，而非面向线路的调度模式。[60]

区域调度包括单车场调度和多车场调度形式。单车场调度就是指在同一调度区域内(若干条公交线路)的所有运营车辆均由一个车场管理，即同一车场发车、同一车场存放。单车场区域调度的车辆运行过程为：早上车辆从同一车场发出，至各条公交线路的起始站开始运行。运行中，车辆在某条线路上完成若干运输任务后，根据调度安排跨线进入另一条线路运营，完成若干任务后再一次跨线进入其他线路，直至该轮任务结束返回车场，等待下一轮次的运输任务。一般情况下，每日每车要完成多轮运输工作。图 7.1 为单车场车辆运行示意图。

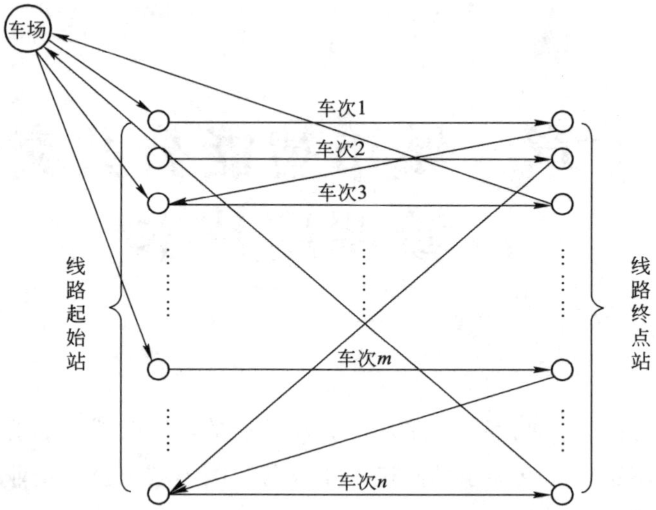

图 7.1 单车场公交车辆区域调度示意图

多车场区域调度就是指在同一调度区域内(若干条公交线路)的运营车辆由多个车场管理，即运营车辆从多个车场发车、完成任务后又返回各自车场。整个运营过程中，所有车辆服从统一调度指挥，旨在使全局效益最佳，其车辆运行过程与单车场调度过程相似，图 7.2 为多车场车辆运行示意图。

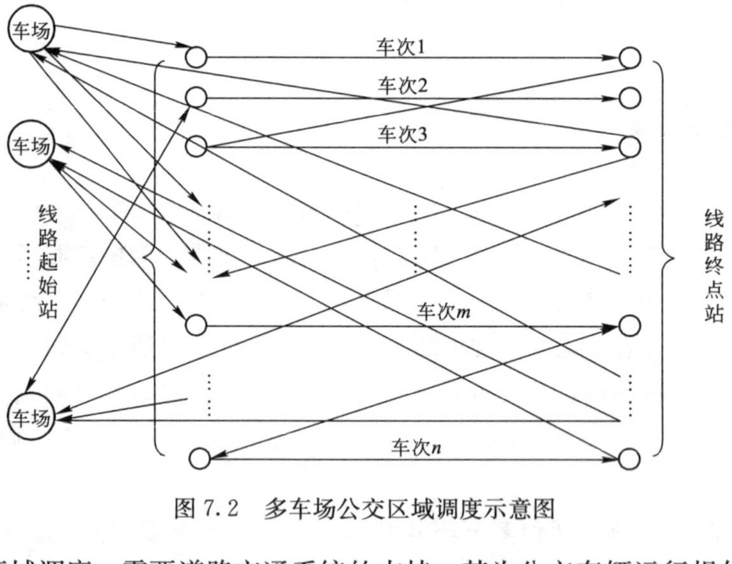

图 7.2 多车场公交区域调度示意图

实施车辆区域调度，需要道路交通系统的支持，其为公交车辆运行提供较为完备的公交基础设施，例如公交专用道、优化的公交车站和公交枢纽、交通信号优先系统等，这些是实现良好行车环境的基础保证。只有实现了车辆较为准确地按照计划运营时间行驶，才能真正实施区域调度。

同时，由于公交智能化技术的发展，公交车辆 GPS 定位系统、公交乘客信息采集系统、IC 卡售票系统、车路通信系统的大量采用，使得公交企业能够实时掌握公交车辆的运营情况，并对运营过程中的非正常情况可以得到及时、有效的处理，这也为区域调度的实施创造了条件。

7.1.2 区域调度基本组织形式和作业过程

1. 区域调度的组织形式

实施区域调度首先要从机制上解决我国公交企业的管理问题，国内公交企业基本上都采用了以线路为单位的管理和调度模式，在这种管理体制下，进行公交车辆区域调度有着很大的难度。因此，要实现公交车辆的区域调度，首先要从管理机制上进行突破，将公交车辆的管理、调度模式由各个车队、线路单独管理，转变为公交公司(分公司)集中管理的模式。

相对于线路调度，区域调度是一种集中程度更高的调度模式，它的特点是取消了线路(车队)一级的车辆调度，因此在组织形式也有别于线路调度。一般来说，对于规模较大的公交企业，宜采用二级调度制，即由公司总调中心和分公司调度中心组成，分公司调度中心成为区域调度的核心部分，二级调度制的组织结构如图 7.3 所示。对于规模相对较小的企业，可以采用集中调度形式，即由总调度中心直接对全市运营车辆发布调度命令，一级调度车辆，其组织结构如图 7.4 所示。

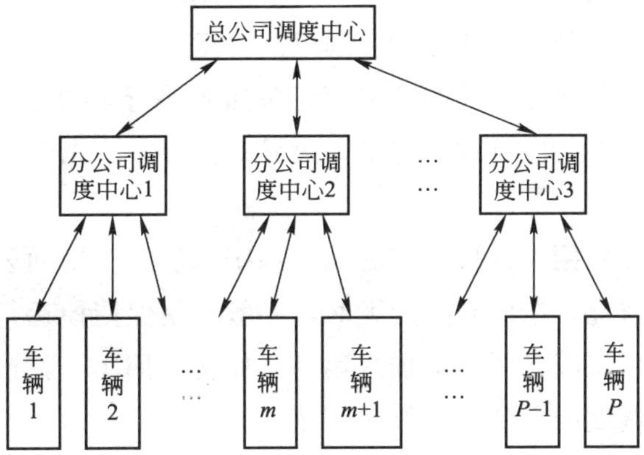

图 7.3 公交二级调度模式组织结构图

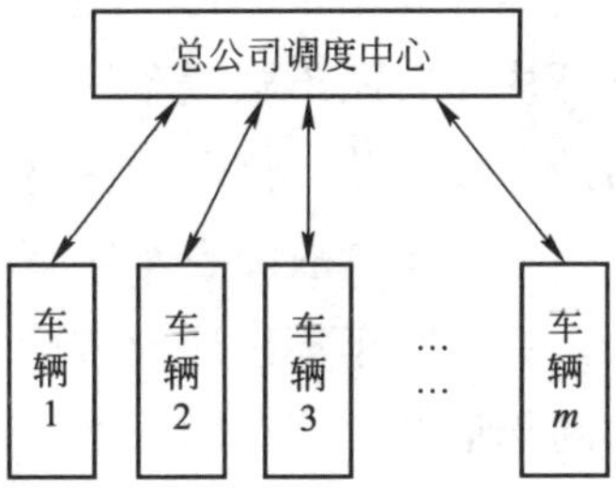

图 7.4 公交集中调度模式组织结构图

2. 编制行车组织计划

与线路调度类似，区域调度在进行线路运营前，需要编制区域运营组织计划，即根据区域所管辖线路的不同时段断面客流变化情况，编制基本的行车运营计划。

首先根据每条公交线路客流量需求，确定其所需公交车辆数及司乘人员配备情况，而后根据区域内公交车辆停车场位置、线路车辆类型以及线路的服务需求，对线路间的车辆、人员、行车时刻的协调，力争以最少的公交车辆和运营车次、司乘人员提供优质的服务，完成区域客流的运输任务。

在公交车辆运营过程中，还应该根据车辆运营的实时位置、载客情况，并结合预测的未来乘客客流量需求情况、公交车辆行程时间预测情况，对区域内公交车辆的安排进行进一步的调整。区域调度组织计划的制定则应采用优化理论，并通过调度优化系统由计算机来实现，区域调度所涉及的车辆、人员较多，约束条件也很复杂，是一个典型的复杂巨系统。

3. 调度作业过程

在区域调度过程中，公交车辆调度过程将主要由智能公交管理系统自动实现。通过智能公交管理系统分析、处理实时采集的公交车辆GPS定位信息和客流量信息，结合历史数据的分析，智能公交调度子系统根据动态信息不断更新区域调度的方案，并通过安装在公交车辆上的信息终端，直接将针对公交车辆的调度安排——包括下一班次的路线、预计的首站发车时间、空驶路线以及预测的行程时间等发送给驾驶员，驾驶员按照调度指令完成公交生产班次的任务。

人工的区域调度员将主要负责对车辆运营过程中出现的非正常情况，如交通事故、车辆故障、交通阻塞等，根据系统的提示进行处理，并根据智能调度子系统中的预案库，辅以调度员的判断，确定新的调度方案，调度员的指令将同时被传输到中央数据库系统，作为操作记录。

常用的临时调度措施有调整行车顺序、调整行车间隔、调整中途站停站次数、调整车辆行驶区段、安排机动车、改变车辆行驶路线等多种方法。临时采取的调度措施，必须符合客流规律，提高运输效率，实现车辆均衡满载，并使运营计划尽快恢复正常。

为了提高系统的可操作性，调度子系统自动完成的调度措施将包括调整行车顺序、调整行车间隔、改变车辆行驶路线等；同时，在调度员的参与下，对异常情况采取增开区间车、增开快车、派出救援车辆等措施。

目前，美、英、德等国在这方面已广泛采用了计算机辅助调度系统。但对于地面公交而言，当发生车辆故障、车辆事故等异常情况，造成间隔加大时，一般都是保留原运行间隔时分。在发车车辆出现异常情况时，车场将以备用车辆加入运营；如无备用车，就被迫采用大间隔运营。当车辆阻塞时，公司总调度中心就会安排区间车。当车辆晚点时，调度中心会提醒车辆加快运行。

7.2 单车场车辆调度优化模型

7.2.1 单车场车辆调度优化模型

1. 有关术语介绍

- 行车轮次(Block)：车辆从车场出发，完成预定任务后又回到车场的整个过程。
- 空跑距离(Deadhead distance)：车辆不载客运行的距离。

➢ 等待时间(Waiting time)：车辆在完成跨线后，运营前的非运行时间。

➢ 生产班次(Trips)：车辆完成一次从线路起点至线路终点的运行任务，称其完成了一次生产班次。

➢ 最大容许跨线数(Maximum number of lines)：每一行车轮次所允许的跨线次数。

2. 问题描述

为了便于说明问题，把区域调度问题以网络图形式描述。令 P 为生产班次(trips)集合，则 $P=\{1, 2, \cdots l\}$ 表示该调度区域内每日有 l 次生产班次。令 I 为生产班次间(inter-trip)弧集，则 arc$(i, j)\subset I$ 表示车辆从 trip i 的终点到 trip j 的始点的连接。令 D 为停车场。

令 M 为公交车辆的行车轮次的班次集合，即

$M=\{S(m_{kx})\mid$车辆 k 的某行车轮次 $S(m_{kx})=(0, m_{k1}, m_{k2}, \cdots, m_{kx}, 0)$连续，$\forall m\in P\}$。

定义公交车生产班次变量 Length$(S(m_{kx}))=$Length$(0, m_{k1}, m_{k2}, \cdots, m_{kx}, 0)=x$

定义第 k 辆公交车某一轮次的总行程时间为 $CT_{m,n,k}=t_{0,m}+ET(n)-ST(m)+t_{n,0}$

由此，区域调度网路图可以 $G=\{N, A, C\}$ 表示，其中：

$N=P\cup D$——表示网络点集合。若把车场编号为“0”，生产班次编号为 1，2，…，l，则整个网络节点编号为 $i=\{0, 1, 2, \cdots l\}$；

$A=I\cup D\times P\cup P\times D$——表示弧集合。这里 $D\times P$ 和 $P\times D$ 为直集；

$C=\{c_{ij}\mid(i, j)\subset A\}$——费用矩阵，表示对应弧段$(i, j)$所花费用，在城市公交企业管理中，通常采用车辆运营距离表示。

区域调度网络图见图 7.5。

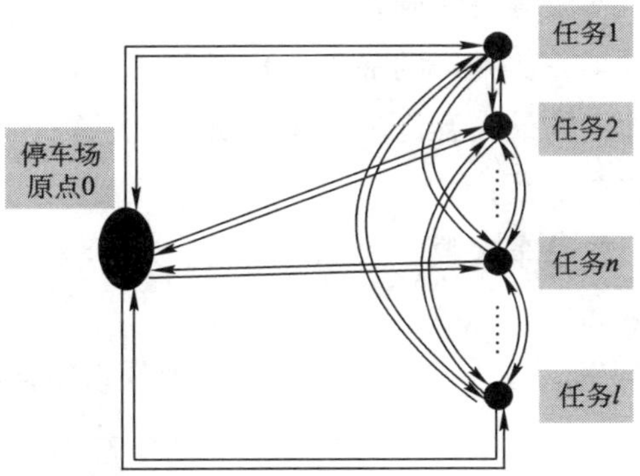

图 7.5 单车场公交车辆区域调度网络图

另定义流变量 x_{ijk}，y_{ki} 如下：

$$x_{ijk}=\begin{cases}1 & \text{若车辆 } k \text{ 从 } i \text{ 点行驶到 } j \text{ 点；} (i, j)\subset A; \\ 1 & \text{车辆完成 } i \text{ 任务，} i=j\text{，且 } i\neq 0 \\ 0 & \text{其他}\end{cases}$$

$$y_{ki}=\begin{cases}1 & \text{任务 } i \text{ 由车辆 } k \text{ 完成}\\ 0 & \text{其他}\end{cases}$$

求解该问题即要求在有向赋权图 G 中找到合理回路。可以根据公交企业的预期目的，有针对性选择不同的目标进行优化，包括公交运营成本最低，调度方案可操作程度高以及所需公交车辆最少等。因此，在建立数学模型时应该综合考虑上述因素，建立相应的优化调度模型。

3. 模型假设

区域调度优化是一个非常复杂的过程，涉及的因素也较多，因此有必要对原问题进行简化。在建立单车场车辆调度优化模型时，有如下基本假设：

① 公交沿线道路交通环境较好，能够保证必要的行车速度，不堵车；

② 线路运营计划已知。即每一次生产班次预计的起始和终止时间、起始和终止地点确定，同时每一次生产班次的行驶距离已知；

③ 车辆跨线时空跑时间已知；

④ 车场位置已知，车场至每条运营线路的终点的运行距离和时间确定；

⑤ 车场内有足够等待调用的车辆，即不受车辆数约束；

⑥ 车场内所有车辆为同一车型。

4. 符号说明

$ST(j)$——第 j 次生产班次的开始时刻；

$ET(i)$——第 i 次生产班次的终止时刻；

t_{ij}——车辆经过网络图弧段$(i,\ j)$所对应路径的运行时间；

$x_{ij\text{k}}$，y_{ki}——流变量，具体含义见“问题描述”部分；

W_{t}——跨线后最大容许等待时间；

KT——车辆某一行车轮次允许的最大工作时间；

MT——车辆每一轮次的最大容许生产班次(trip)次数；

l——生产班次的总次数；

m——出场(回场)的总车次数。

5. 模型的建立

进一步分析可知，该问题实际上是一个有时间约束的多重旅行商问题。多重旅行商问题(mTSP)是指 m 个旅行商从一个城市出发，欲访问若干城市，要求对每个城市访问一次，应如何安排旅行路线，使 m 个旅行商的总旅行费用最少；所谓时间约束是指跨线运行在满足时间可行性限制，即车辆必须在下一项任务开始之前到达指定地点的同时，还对车辆进入下一项任务前的等待时间的上限作了规定。

以 mTSP 模型为基础，构造如下模型。

目标函数：

$$\min z=\sum_{i=0}^{l}\sum_{j=0}^{l}\sum_{k=1}^{m}d_{ij}x_{ij\text{k}} \tag{7-1}$$

约束条件：

$$\begin{cases}\sum_{i=0}^{l} x_{ij\mathrm{k}} = y_{\mathrm{k}j} \quad j=0,1,\cdots, \quad l,\ k=1,2,\cdots \quad m;\ i\neq j; & (7\text{-}2)\\ \sum_{j=0}^{l} x_{ij\mathrm{k}} = y_{\mathrm{k}i} \quad i=0,1,\cdots,l;\ k=1,2,\cdots, \quad m;\ i\neq j; & (7\text{-}3)\\ \sum_{k=1}^{m} y_{\mathrm{k}i} = \begin{cases} m & i=0 \\ 1 & i=1,2\cdots,l \end{cases} & (7\text{-}4)\\ X=\{x_{ij\mathrm{k}}\}\in S & (7\text{-}5)\\ x_{ij\mathrm{k}}=0 \text{ 或 } 1 \quad i,j=0,1,\cdots,l;\ k=1,2,\cdots,m & (7\text{-}6)\\ y_{\mathrm{k}i}=0 \text{ 或 } 1 \quad i=0,1,\cdots,l;\ k=1,2,\cdots,m & (7\text{-}7)\\ 0<(ST(j)-ET(i)-t_{ij})\leqslant W_{\mathrm{t}} \quad \forall i,j,k, \text{ 且 } i\neq j; & (7\text{-}8)\\ \mathrm{Max}(\mathrm{Length}(S(m_{\mathrm{kx}})))\leqslant MT \quad \forall k & (7\text{-}9)\\ CT_{\mathrm{m,n,k}}\leqslant KT \quad \forall k & (7\text{-}10)\end{cases}$$

该模型以整体成本消耗最小为目标函数。对于成本消耗而言，在各条线路的生产任务明确后，生产出行部分的消耗是不能减少的，而“空跑”是区域调度产生的额外成本，减少“空跑”时间意味着成本的降低，“空跑”时间之和最小也就意味着调度方案成本最低。

约束条件 4，也就是式(7-5)中，S 为支路消去约束，即消去构成不完整的解。如图 7.6所示，两条支路均满足分配约束，但没有构成一条完整的线路，因此应该被消去。

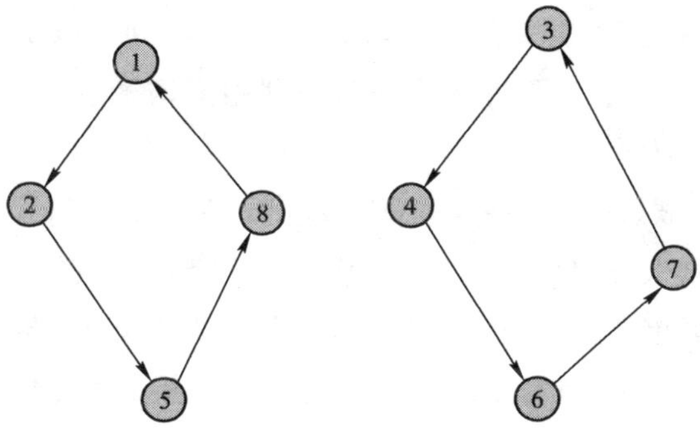

图 7.6　支路示意图

S 一般有下面几种表示法：

① $S=\left\{(x_{ij\mathrm{k}})\middle|\ \sum_{i\in Q}\sum_{j\in Q} x_{ij\mathrm{k}}\geqslant 1,\ Q\subset\{0,1,\cdots,l\},\ \forall k\right\}$

该式说明点的某一子集必须同解中其他点集相连。图 7.6 中，$Q=\{1,2,5,8\}$，$\overline{Q}=\{3,4,6,7\}$，则可消去两条支路。

② $S=\left\{(x_{ij\mathrm{k}})\middle|\ \sum_{i\in R}\sum_{j\in R} x_{ij\mathrm{k}}\leqslant |R|-1,\ R\subset\{0,1,\cdots,l\},\ \forall k\right\}$

该式表示任一子集 R 上的弧都不产生循环，因为点集 R 上的循环至少含有 $|R|$ 条弧。图 7.6 中，把约束加到 $R=\{1, 2, 5, 8\}$，则排除了产生循环的支路 1-2-5-8-1。

③ $S=\{(x_{ijk})|\mu_i-\mu_j+lx_{ijk}\leqslant l-1, 1\leqslant i\neq j\leqslant l\}$

式中一般可令

$$\mu_i\begin{cases}t & 点\ i\ 在线路上的第\ t\ 步访问\\ 0 & 否则\end{cases}$$

那么在一条线路中，若存在弧(i, j)，即 $x_{ijk}=1$，则有

$$t-(t+1)+l\leqslant l-1$$

如果没有弧(i, j)，即 $x_{ijk}=0$，那么有

$$\mu_i-\mu_j\leqslant l-1 \quad (\mu_i\leqslant l, \mu_j\geqslant 1)$$

图 7.6 中，把约束加到弧 4 指向 5，5 指向 6，6 指向 4 上，有

$3-4+l\leqslant l-1$

$4-6+l\leqslant l-1$

$6-7+l\leqslant l-1$

$7-3+l\leqslant l-1$

合并后，有 $4l\leqslant 4(l-1)$，该式显然不成立，说明加上约束后不会产生支路。

约束条件 7，也就是式(7-8)为时间约束条件，表示跨线运行满足时间可行性限制，即车辆必须在下一项任务开始之前到达指定地点。同时，为了避免产生长时间的等待，对车辆进入下一项任务前的等待时间的上限作了规定，即不得超出可接受的等待时间值。

约束条件 8，也就是式(7-9)对每一行车轮次的生产班次数进行了限制。考虑生产班次的限制，主要是为车辆留出足够的保养、维修、加油等时间，以保证车辆运营的正常。同时，限制车辆的生产班次也是为了防止公交车辆利用不均衡，使得某些车辆被过度使用，而有些车辆则不能发挥其作用。

约束条件 9，也就是式(7-10)对每一行车轮次的行驶时间进行了限制。考虑行驶时间的限制，是由于每一组司乘人员都有工作时间的限制，不能超过其每天的工作时间。同时，该条限制也是由于目前大城市、超大城市公交系统中部分线路长度不断增加，使得车辆行驶时间大大延长，为避免司机长时间驾驶造成驾驶疲劳，危害交通安全采取的限制措施。

7.2.2 模型的启发式求解方法

旅行商问题是一个典型的 NP(Non-deterministic Polynomial)难题，有文献称之为“notorious”。因此，到目前为止还没有一种有效的方法获得其精确解，只能借助诸如启发式算法、遗传算法等优化算法获得近似最优解或满意解。启发式方法就是在遵循一定搜索规则的前提下，通过迭代过程得到满意解。以下单车场区域公交车辆调度模型的求解，采用了 C-W 节约启发式方法的修正算法。

1. 所需数据

确定调度方案时，需具备以下数据：

① 生产班次(trips)总数；

② 各次 trip 的起始时间、终止时间；

③ 所有生产班次的终点至其他生产班次起点的车辆走行时间及距离；

④ 车场至所有生产班次起点的车辆走行时间及距离；

⑤ 所有生产班次终点至车场的车辆走行时间及距离。

2. 改进的 C-W 节约启发式算法原理

C-W 节约启发式方法是由 Clark 和 Wright 针对 TSP 问题于 1964 年首先提出的，它的基本做法是首先把各点单独与原点“0”相连，构成一条仅含一个点的线路，总费用为

$$z=\sum_{i=1}^{l} c_{0i}+\sum_{i=1}^{l} c_{i0} \tag{7-11}$$

然后，计算将点 i 和 j 连接在一条线路上，其费用的“节约值”为

$$s(i,\ j)=c_{0i}+c_{i0}+c_{0j}+c_{j0}-(c_{0i}+c_{ij}+c_{j0})=c_{i0}+c_{0j}-c_{ij}$$

$s(i,\ j)$越大，说明把 i，j 连接在一起时总路程将减少越多。构造线路时，根据 $s(i,\ j)$ 的大小，按照由大到小的顺序进行点对接。

对于公交调度问题，由于每一次生产班次的起、终点一般不在同一位置上，所以，c_{0i} 为从车场到生产班次 i 的起点的费用，c_{i0} 为从生产班次 i 的终点到车场的费用。c_{ij} 为从生产班次 i 的终点到生产班次 j 的起点的费用。这里的费用为车辆行驶距离。

C-W 节约算法并未考虑车辆工作量限制和时间约束。因此，改进算法在点对连接时，增加了时间和工作量限制。即如模型中式(7-8)、式(7-9)、式(7-10)所描述的，一个轮次中生产班次总次数不应该大于容许次数，点对的连接必须满足时间可行性和对等待时间上限的限制，以及每一轮次总行程时间的限制。只有符合约束条件的点对才有可能被连接，否则放弃连接，寻找下一个点对。

另设 TA 为连接点对$(i,\ j)$时，线路上生产班次(trips)总次数；$CT_{\mathrm{m,n}}$为公交车辆某一行车班次总的时间，$CT_{\mathrm{m,n}}=t_{0,\mathrm{m}}+ET(n)-ST(m)+t_{\mathrm{n},0}$，$m$ 和 n 为这一行车轮次首尾生产班次；WA_{ij} 为连接点对$(i,\ j)$时，车辆需等待的时间。

$$WA_{ij}=ST(j)-ET(i)-t_{ij} \tag{7-12}$$

3. 求解步骤

根据前述算法原理，设计具体求解步骤如下：

Step1：将任务按起始时间先后排序，并调整任务序号，先开始的任务赋予较小的序号(这样可避免反向比较，减少计算量)。

Step2：计算 $s(i,\ j)$。当 $i\geqslant j$ 时，令 $s(i,\ j)=0$，并构造 $l\times l$ 上三角矩阵 $S=(s(i,\ j))$；

Step3：在矩阵中选择最大元素 $s(i,\ j)$；

Step4：考察 $s(i,\ j)$对应的点对，检查是否满足下述条件，若满足下述条件之一，则转入下一步；

① 点 i 和点 j 均不在构成的线路上；

② 点 i 或点 j 在已构成的线路上，但不是线路的内点(不与线路的源点“0”相连的点被称为内点)；

③ 点 i 和点 j 位于已构成的不同线路上，且均不是内点。

Step5：考察点 i 和点 j 连接后，线路上 trips 总次数 TA，若 $TA \leqslant MT$，则转下步；否则置 $s(i,\ j)=0$，转入 Step3；

Step6：考察点 i 和点 j 连接时，车辆等待时间 WA_{ij}，若 $0 \leqslant WA_{ij} \leqslant W_t$，则转下步；否则置 $s(i,\ j)=0$，转入 Step3；

Step7：考察点 i 和点 j 连接后，线路上的总行程时间，若 $CT_{m,n,k} \leqslant KT$，则转下步；否则置 $s(i,\ j)=0$，转入 Step3；

Step8：连接点 i 和点 j；

Step9：将矩阵中的第 i 行和第 j 列元素置“0”。即点 i 不能再到达其他点，点 j 也不能从其他点到达；

Step10：若 $S=0$，则已得完整线路，算法终止；否则，转入 Step3。

7.3 改进的单车场车辆调度优化模型

7.3.1 模型

1. 符号说明

$ST(j)$——第 j 次生产班次的开始时刻；

$ET(i)$——第 i 次生产班次的终止时刻；

t_{ij}——车辆经过网络图弧段$(i,\ j)$所对应路径的运行时间；

$a_1,\ a_2,\ a_3$——分别为跨线次数、等待时间和空跑距离的权重；

$x_{ijk},\ y_{ki}$——流变量，具体含义见“问题描述”部分；

l_{ij}——跨线变量，$l_{ij}=\begin{cases}1 & i,\ j \text{ 不在同一条线路上} \\ 0 & i,\ j \text{ 在同一条线路上}\end{cases}$

L_c——调度过程中车辆跨线总次数；

$\text{Length}(S(m_{kx}))$——车辆 k 某一轮次内的生产班次数量；

W_{ijk}——车辆 k 完成跨线后，由 i 进行下一次生产班次 j 前的等待时间；

$CT_{m,n,k}$——车辆 k 某一轮次的总行程时间；

W_t——跨线后最大容许等待时间；

MT——车辆每一轮次的最大容许生产班次(trip)次数；

LT——车辆每一轮次的最大容许跨线次数；

KT——车辆每一轮次的最大容许运营时间；

L——生产班次的总次数；

m——出场(回场)的总车次数。

2. 模型的建立

目标函数：

$$\begin{aligned}\min z &= a_1 L_c + a_2 \sum_i \sum_j \sum_k W_{ijk} + a_3 \sum_i \sum_j \sum_k t_{ij} x_{ijk} \\ &= a_1 \sum_{i=1}^{l} \sum_{j=1}^{l} \sum_{k=1}^{m} l_{ij} x_{ijk} + a_2 \sum_{i=1}^{l} \sum_{j=1}^{l} \sum_{k=1}^{m} (ST(j) \\ &\quad - ET(i) - t_{ij}) x_{ijk} + a_3 \sum_{i=0}^{l} \sum_{j=0}^{l} \sum_{k=1}^{m} d_{ij} x_{ijk} \end{aligned} \tag{7-13}$$

该模型目标函数综合考虑了成本消耗和组织的有效性。对于成本消耗而言，在各条线路的生产任务明确后，生产班次部分的消耗是不能减少的，而“空跑”是区域调度生产的额外成本，减少“空跑”距离意味着成本的降低。因此，模型中的第3项中“空跑”距离之和最小也就意味着调度方案成本最低；调度方案的有效性可以从跨线次数和车辆跨线后等待时间的长短来实现。减少跨线次数可降低方案实施的难度，包括车辆调度和人员排班等，从而增强方案的可操作性；减少等待时间可使公交企业避免支付额外的劳动工资，因为在等待时间内，企业也必须支付司乘人员工资。

综合考虑以上因素，建立了以跨线次数、等待时间和“空跑”成本加权和为最小的区域调度模型。模型中并未追求各因素量纲完全一致，而是借助权重的调整，协调三者之间的关系。具体使用过程中，可根据决策者对各因素的喜好程度，通过反复调整权重值，得到最终方案。

约束条件

$$\begin{cases} \sum_{i=0}^{l} x_{ijk} = y_{kj} \quad j=0,1,2,3\cdots,l;\ k=1,2,\cdots,m;\ i\neq j; \\ \sum_{j=0}^{l} x_{ijk} = y_{kj} \quad j=0,1,2,3\cdots,l;\ k=1,2,\cdots,m;\ i\neq j; \\ \sum_{k=0}^{m} y_{ki} = \begin{cases} m & i=0 \\ 1 & i=1,2,\cdots,l \end{cases} \\ X=\{x_{ijk}\}\in S \\ x_{ijk}=0 \text{ 或 } 1 \quad i,j=0,1,2,3\cdots,l;\ k=1,2,\cdots,m \\ y_{ki}=0 \text{ 或 } 1 \quad j=0,1,2,3\cdots,l;\ k=1,2,\cdots,m \\ \sum_{i=1}^{l}\sum_{j=1}^{l} l_{ij} x_{ijk} \leqslant LT \quad \forall k \\ 0<(ST(j)-ET(i)-t_{ij})x_{ijk}\leqslant W_t \quad \forall i,j,k,\ i\neq j; \\ \mathrm{Max}(\mathrm{Length}(S(m_{kx})))\leqslant MT \quad \forall k \\ CT_{m,n,k}\leqslant KT \quad \forall k \end{cases}$$

7.3.2 模型的启发式求解方法

1. 初始方案的形成

方法 1 时间增加方法[57](time incerment procedure)

对于时间方法，首先定义一个时间间隔(t_1，t_2)，间隔长度 $DL=t_2-t_1$。然后根据时刻表，以一定顺序考察任意两次生产班次 i，j 间的时间关系，选择满足下述条件的点对。

$$t_1 \leqslant ST(j)-ET(i) \leqslant t_2 \tag{7-14}$$

$$ST(j)-ET(i)-t_{ij} \geqslant 0 \tag{7-15}$$

对于每一次生产班次 i，寻找连接成本 $c(i, j)$最小的、符合连接条件的接续生产班次 k，即

$$c(i, k)=\min(c(i, j)) \tag{7-16}$$

连接成本由下式计算

$$c(i, j)=a_1 l_{ij}+a_2(ST(j)-ET(i)-t_{ij})+a_3 t_{ij} \tag{7-17}$$

所谓符合连接条件，是指 trip i 必须是构成线路的最后一次生产班次，而 trip k 必须是另一条线路的起始生产班次。

对于任一 trip i，该过程以时间间隔(1，DL)开始，考察所有满足上述条件的 trip j，确定连接成本最低的 trip k，并与 trip i 相连。当完成所有的对 trip i 的考察后，建立新的时间间隔(t_1'，t_2')，这里 $t_1'=t_2+1$，$t_2'=t_1'+DL-1$，并重复上述过程。比如，$DL=5$，这时的时间间隔为(1，5)，表示只有后开始的生产班次的结束时间与开始的生产班次的结束时间存在 1→5min 时间间隔时，才继续考察下去，否则终止考察。第二个时间间隔则为(6，10)，第三个时间间隔则为(11，15)，依次类推，至 $t_2=VL$。

VL 为可接受的等待时间和“空跑”时间之和。设置时间阙值是为了保证在连接成本相等的情况下，有限安排间隔较小的生产班次。显然，时间间隔较小，就易于生产跨线次数多而“空跑”时间和等待时间短的方案；时间间隔较大，就可能产生跨线次数少而“空跑”时间和等待时间长的方案。

该算法的基本步骤如下：

Step1：根据每一次生产班次的起始时间先后将多个线路时间表进行合并，输入合并后的时间表；

Step2：设置时间间隔的下限 t_1 和上限 t_2，并令 $i=1$；

Step3：对于 trip i 有如下操作

a. 若 $i=l$，转入 Step9；

b. 如果 i 不是半轮次(partial block) 的最后一次生产班次，令 $i=i+1$，返回 Step3；

c. 计算与 i 相连线路的跨线次数，并令 $j=i+1$；

Step4：设置最小连接成本 $c_{\min}=M$，M 为一大数；

Step5：对于 trip j 有如下操作

a. 若 $j>l$，转入 Step6；如果 trip j 不是半轮次(partial block)的起点，令 $j=j+1$，返回 Step5；

b. 如果 trip j 不满足时间约束条件，令 $j=j+1$，返回 Step5；

c. 计算与含有 j 的班次相连后的跨线次数和 trips 总数；

d. 如果跨线次数超过容许的最大值 LT，或 trips 总数超过容许的最大值 MT，令 $j=j+1$，返回 step5；

e. 如果等待时间或"空跑"时间超过容许的最大值 VL，令 $j=j+1$，返回 Step5；

f. 如果以生产班次(trip)j 为轮次最终班次的路径总行程时间超过容许的最大值 KT，令 $j=j+1$，返回 Step5；

g. 计算连接成本；

h. 如果 $c(i, j)\leqslant c_{\min}$，则 $c_{\min}=c(i, j)$；否则，令 $j=j+1$，返回 Step5；

i. 令 $j^*=j$(j^* 为当前与 i 相连的候选点)，令 $j=j+1$，返回 Step5；

Step6：令 $j=i+1$，$t_1=t_2+1$，$t_2=\min(t_1+DL-1, VL)$，若 $t_1>VL$，转入 Step8；否则返回 Step5；

Step7：如果 $c_{\min}=M$，转入 Step8；否则，连接 i 与 j^*；

Step8：令 $i=i+1$，返回 Step3；

Step9：计算终止。

方法 2 匹配算法(matching procedure)

与"时间增加法"每次只考察一个点的做法相比，匹配算法可同时考察多个点，并通过处理双方匹配问题决定哪些点可作为接续点。双方匹配问题是匹配问题的特例，由于它是有关扩展点集的指派问题(Assignment Problem)，因此易于解决。

匹配方法首先定义了"级"的概念，所谓"级"是针对每一次生产班次(trip)，按照在其开始时间的早晚划定的，表示相对深度的位置参数。在线路连接过程中，可能处于某生产班次之前的最大生产班次次数即为该点的"级"，为了确定节点的"级"，可构造以 trip 为节点、以任意两个满足时间的约束条件的点连线为弧的网络图，并令弧的值为"1"。另设最高级节点 s，将 s 与所有节点相连接，那么，从点 s 至点 i 的"最长路径"值(点间"最长路径"的求解方法类似于"最短路径"的求解方法)即为生产班次 i 的"级"。然后，按"级"的不同将生产班次分为若干集合，称"级"集合，并将第一级集合定义为"半轮次(partial block)"集合，即所有元素为"半轮次"。之后，再以公式(7-17)重新定义网络图中节点间的出行成本。

求解匹配问题就是反复寻找"半轮次"集合与相邻集合间的所有成本最低的可行连接。当集合间匹配完成后，合并两集合，生成新的"半轮次"集合，然后再考察其与下级集合的连接。重复上述过程，直至所有的"级"集合被考察完毕。

该算法的具体步骤为：

Step1：输入时刻表，构造弧成本为“1”的网络图；

Step2：从点 s 开始，寻找至每一点的最长路径，确定点的级数；

Step3：令第一级集合为“半轮次(partial block)”集合，并赋值 $i=1$；

Step4：对于 $k=i+1$ 级集合，考察“半轮次”集合中的所有元素与 k 级所有出行的关系，连接所有“半轮次”与其成本最低的接续出行，更新“半轮次”集合；

Step5：令 $i=i+1$，若 i 为最大“级”号，转入 Step6，否则转入 Step4；

Step6：计算终止。

2. 最终方案的形成

上述过程已构成了一系列可行的行车轮次，这里再就如何将某些行车轮次连接成更长的行车轮次，以构成行车方案进行研究。

方法 1 贪婪方法(The greedy approach)

贪婪方法的计算步骤如下

Step1：输入初始方案，并令 $i=1$

Step2：对于 trip i 有如下操作

a. 若 $i=l$，转入 Step5；

b. 如果 trip i 不是行车轮次的最终节点，令 $i=i+1$，返回 Step2；

c. 令 $j=i+1$；

Step3：对于 trip j 有如下操作

a. 若 $j>l$，转入 Step4；

b. 如果 trip j 不是行车轮次的起始节点，令 $j=j+1$，返回 Step3；

c. 如果所有约束条件被满足，连接 trip i 与 trip j，形成更长的行车轮次，否则返回 Step3；

Step4：令 $i=i+1$，转入 Step2；

Step5：终止计算，形成最终方案。

方法 2 匹配方法(The matching approach)

匹配方法的计算步骤如下

Step1：输入初始方案；

Step2：搜寻每一个行车轮次的最后一次出行，放入表 1，搜寻每一个行车轮次的首次出行，放入表 2；

Step3：搜寻所有表 1 与表 2 间元素满足约束条件的元素，并计算连接成本；

Step4：寻找所有成本最低的连接；

Step5：建立连接，形成更长的行车轮次，终止计算，形成最终方案。

7.4 多车场车辆调度优化

如前所述，多车场区域调度就是指在同一调度区域内(若干条公交线路)的运营车辆由多个车场管理，即运营车辆从多个车场发车、完成任务后又返回各自车场。整个运营过程中，所有车辆服从统一调度指挥，旨在使全局效益最佳。

多车场车辆调度模型的求解，通常采用基于单车场车辆调度求解过程的被称为"先分组后安排线路(Cluster First-Schedule Second)"或"先安排线路后分组(Schedule First-Cluster Second)"的方法[7]。所谓的"先分组一后安排线路"的方法就是首先将生产班次按照与车场的距离大小就近指派给车场，然后再采用单车场调度模型求解过程进行线路安排；"先安排线路一后分组"则是首先构造一条或几条很长的线路(通常不可行)，他们包括了所有生产班次，然后再把这些很长的线路划分为一些短的可行线路，最后将这些可行线路指派给车场。

上述两种方法虽然都可以得到满意解，但显然还存在一定不足。对于第一种方法，实际上是对线路的指派，一旦指派完成，排除了其他车场车辆进入这些线路的可能，这显然对于搜寻最优方案不利。另外，由于公交线路的起、终点往往不在同一位置，有时甚至相距很远，这样对于"分派"就带来一定困难；对于第二种方法，在将长大线路进行划分时，划分点处的生产班次只能与车场相连，这就失去了相对已有的与其他长大线路上生产班次相连的可能性。基于以上原因，这里采用了遗传算法(GA)进行寻优，即在上述单车场调度优化结果的基础上，首先依据就近规则将每一个行车轮次指派给相应车场，生产初始群体，然后再采用遗传算法进行优化，以得到更满意的结果。

7.4.1 多车场车辆调度优化模型

从现有的文献来看，多车场车辆调度优化模型一般有下属 3 类目标函数[7]。

① 总车辆数量少，即固定成本最低；

② 总"空跑"距离最短，即"空跑"成本最小；

③ 总成本最低，即固定成本与"空跑"成本最低。

由于多车场车辆调度模型的求解一般基于单车场调度的求解结果，所以，这里采用第②类目标函数。模型假设、符号意义与改进的单车场调度模型完全相同，目标函数和约束条件均与改进的单车场调度模型相类似。以下为多车场车辆调度优化模型。

目标函数：

$$\begin{aligned}\min z &= a_1 L_c + a_2 \sum_i \sum_j \sum_k w_{ijk} + a_3 \sum_i \sum_j \sum_k d_{ij} x_{ijk} \\ &= a_1 \sum_{i=d+1}^{d+l} \sum_{j=d+1}^{d+l} \sum_{k=1}^{m} l_{ij} x_{ijk} + a_2 \sum_{k=1}^{m} \sum_{i=d+1}^{d+l} \sum_{j=d+1}^{d+l} (ST(j) - ET(i) - t_{ij}) x_{ijk}\end{aligned} \tag{7-18}$$

$$+a_3\sum_{i=1}^{l+d}\sum_{j=1}^{l+d}\sum_{k=1}^{m}d_{ij}x_{ij\mathrm{k}}$$

多车场调度优化模型针对网络图中的节点以及车次的编号进行了重新约定。在编号集合 $N=\{1, 2, \cdots d, d+1, \cdots d+l\}$中，子集 $N_1=\{1, 2, \cdots d\}$为车场集合，即共有 d 个车场，子集 $N_2=\{d+1, \cdots d+l\}$为生产班次集合。编号 m 为全区域内所有行车轮次(block)次数，或称为车次总数。

约束条件：

$$\begin{cases}\sum_{i=1}^{d+l}x_{ij\mathrm{k}}=y_{\mathrm{k}j} \quad j=0, 1\cdots, l; k=1, 2, \cdots, m\\ \sum_{j=1}^{d+l}x_{ij\mathrm{k}}=y_{\mathrm{k}i} \quad i=0, 1, \cdots, l; k=1, 2, \cdots, m\\ \sum_{k=1}^{m}y_{\mathrm{k}i}=\begin{cases}m & i=0\\ 1 & i=1, 2, \cdots, l\end{cases}\\ X=\{x_{ij\mathrm{k}}\}\in S\\ x_{ij\mathrm{k}}=0\text{ 或 }1 \quad i, j=0, 1\cdots, l; k=1, 2, \cdots, m\\ y_{\mathrm{k}i}=0\text{ 或 }1 \quad j=0, 1\cdots, l; k=1, 2, \cdots, m\\ \sum_{i=d+1}^{d+l}\sum_{j=d+1}^{d+l}l_{ij}x_{ij\mathrm{k}}\leqslant LT \quad \forall k\\ 0<(ST(j)-ET(i)-t_{ij})x_{ij\mathrm{k}}\leqslant W_{\mathrm{t}} \quad \forall i, j, k\\ \mathrm{Max}(\mathrm{Length}(S(m_{\mathrm{kx}})))\leqslant MT \quad \forall k\\ CT_{\mathrm{m,n,k}}\leqslant KT \quad \forall k\end{cases}$$

7.4.2 遗传算法相关知识

遗传算法是从达尔文进化论中得到启迪和灵感，借鉴自然进化的原理模拟生物在自然界中的进化过程所形成的一种优化求解方法，它对优化对象既不要求连续，也不要求可微，并具有极强的鲁棒性和内在的并行计算机制，特别适合于非凸空间中复杂的多极值和组合问题。

由于遗传算法是自然遗传学和计算机科学相互结合渗透而产生的新的计算方法，因此遗传算法中经常用到有关自然进化中的一些知识，先介绍如下。

在遗传算法中，问题的解被表示为染色体(chromosome)；每个染色体就是一个个体(individual)，在传统的遗传算法中，每个个体通常由控制遗传生物性状单位和结构单位——基因(gene)造成，基因在染色体中的位置成为基因座，每个个体被赋予一个适应度(fitness)，代表此个体对环境的适应度。由若干个个体构成群体(population)，在群体的每一代进化过程中，通过选择(selection)、交叉(crossover)和变异(mutation)等遗传操作(genetic operation)产生新的群体。适应度值大的个体被继承的概率也大。通过交叉和变异等操作能够产生适应度值更大的个体。在遗传算法作用下，群体不断进化，最后收敛于问题的最优解。

1. 遗传算法的构成要素

(1) 染色体编码方法

编码是应用遗传算法时要解决的首要问题，也是设计遗传算法时的一个关键步骤。编码方法除了决定个体染色体排列形式外，还影响到交叉算子、变异算子等遗传算子的计算方法。它在很大程度上决定了如何进行群体的遗传进化运算以及遗传进化运算的效率。

遗传算法染色体的编码方法多种多样，但主要分为3大类，第1类为二进制编码方法；第2类为浮点数编码方法；第3类为符号编码方法。

(2) 个体适应度评价

遗传算法按与个体适应度成正比的概率决定当前群体中每个个体遗传到下一代的机会多少。为正确计算这个概率，要求所有个体的适应度必须为正或零。这样，根据不同类型的问题，必须预先确定好由目标函数值到个体适应度之间的转换规则，特别是预先确定好当目标函数值为负数时的处理方法。

(3) 遗传算子

遗传算法的基本算子为选择、交叉和变异。

(4) 控制参数

控制参数，包括群体规模 n、交叉概率 p_c、变异概率 p_m 和终止进化代数 T，需要提前设定，它们对遗传算法的求解结果和求解效率都有一定影响。交叉概率 p_c、变异概率 p_m 可直接确定为常数，也可采用自适应变化的概率。

群体规模 n 表示群体中所含个体的数量，一般取20～100；

交叉概率 p_c 一般取为0.4～0.99；

变异概率 p_m 一般取为0.0001～0.1；

终止进化代数一般取为100～500。

2. 有关算子

(1) 比例选择算子

选择算子和负值算子的作用是从当代群体中选择出一些比较优良的个体，并将其复制到下一代群体中。比例选择算子就是指个体被选中并遗传到下一代群体中的概率与个体的适应度大小成正比的算法，它模拟赌盘选择，因此又被称为轮赌盘复制法。

比例选择算子的具体执行过程为：首先计算出群体中所有个体的适应度总和；依次计算出每个个体的相对适应度的大小，它即为各个被遗传到下一代群体中的概率；最后再使用模拟赌盘操作(即从0到1之间的随机数)来确定各个个体被选中的次数。

由于染色体复制后，当前群体中最佳染色体可能丧失繁殖能力，为了提高遗传算法性能，避免当前群体中适应度最好的个体被交叉、变异等遗传运算所破坏的可能，一般在轮盘赌的基础上采用最佳保留策略。最佳保留策略可被视为选择操作的一部分，它是遗传算法收敛的一个重要保证条件。

(2) 顺序交叉(OX)

Step1：从第一双亲中随机选取一个子串；

Step2：将子串复制到一个空子串的相应位置，产生一个原始后代；

Step3：删去第二双亲中子串中已有的生产班次，得到原始后代需要的其他生产班次的顺序；

Step4：按照这个生产班次的顺序，从左到右将这些生产班次定位到后代的空缺位置。

过程说明见图 7.7。

(3) k—交换变异

k—交换变异是一种局域寻优技术，即对初始可行线路的 k 条边(或弧)进行交换，在初始可行解的邻域内对方案逐步进行改进。图 7.8 为 2—交换变异的过程。

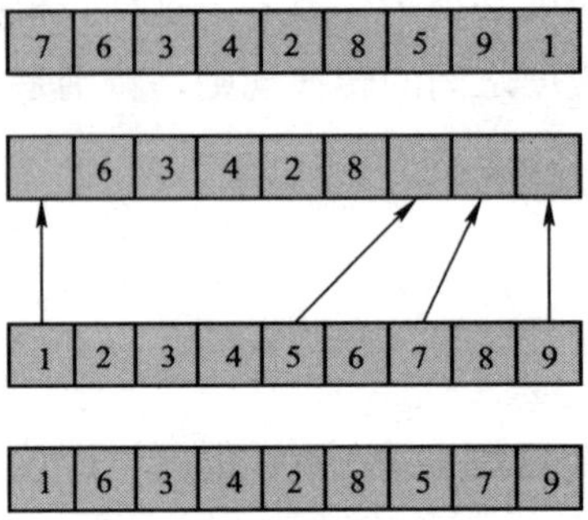

图 7.7 遗传算法顺序交叉 OX 过程

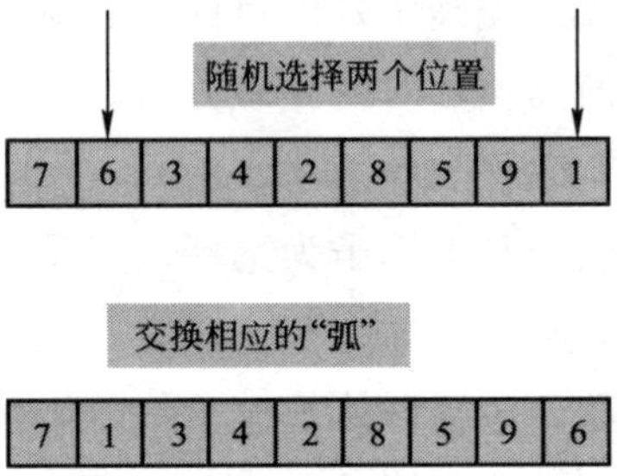

图 7.8 遗传算法 2—交换变异过程

7.4.3 遗传算法设计

7.4.3.1 染色体结构

为了提高效率，采用自然编码，即序数编码的方法。一个可行解可编成长度为 $l+m$ 的染色体

$(0, i_{11}, i_{12}, \cdots, i_{1s}, 0, i_{21}, \cdots, i_{2l}, 0, \cdots, \cdots 0, i_{m1}, \cdots, i_{mw}, 0)$

其中，“0” 代表任一车场，车场暂不指派；ikj 表示 m 轮次第 j 次生产班次；m 为行车轮次，即要完成所有任务需要的车次数，也是总行车路线路。

如一个染色体个数 012037406580 表示行车路线：

子路径 1：车场→任务 1→任务 2→车场

子路径 2：车场→任务 3→任务 7→任务 4→车场

子路径 3：车场→任务 6→任务 5→任务 8→车场

这种染色体结构子路径内部是有序的，而子路径之间是无序的。

7.4.3.2 约束的处理

对于约束较复杂的优化问题，用遗传算法求解时，需要对约束进行处理。在此采用罚函数的方法处理，即使用如下变换将一个行车轮次中生产班次的总次数、跨线次数和时间约束变为目标函数的一部分，符号意义同前。

$$\min Z = \min(z + M\sum_{k}\max(\sum_{i} y_{ki} - MT, 0) + M\sum_{k}\max(\sum_{i}\sum_{j} l_{ij}x_{ijk} - LT), 0)$$
$$+ M\sum_{k}\max(\sum_{i}\sum_{j}((ST(j) - ET(i) - t_{ij})x_{ijk} - W_t), 0) + M\sum_{k}(\sum_{i}\sum_{j} d_{ij}x_{ijk})$$
$$+ M\sum_{K}\max(\sum_{i}\sum_{j}(ET(i) - ST(j) + t_{ij})x_{ijk}, 0))$$

7.4.3.3 适应度函数

采用如下适应度函数

$$f_k = bZ'/Z_k$$

式中，f_k 为染色体 vk 的适应度，b 为一常数，Z'为初始群体中最好染色体的成本值，Z_k 为染色体 vk 对应的成本。

7.4.3.4 初始群体

初始群体由改进的单车场调度优化启发式求解过程获得，可通过启发式算法的不同组合，以及不同的时间间隔产生系列可行解，作为遗传算法的染色体。

7.4.3.5 遗传算子

这里采用的选择、交叉、变异算子分布为最佳保留的轮盘赌复制算法、2—交换变异算子和最大保留交叉算子。

如前所属，由于该问题组间无序、组内有序，如果使用一般的交叉算子，将很难保持双亲的优良组特性，甚至产生大量的不可行解。例如染色体 A=012304560 中，01230 已成为非常“优”的子路径，而 04560 还未成为较好的子路径，对染色进行交叉，若选中的匹配段为 30，交叉运算后行车的后代可能失去 01230 这段优良的基因。

为此，这里采用了被称为最大保留交叉的特殊交叉算子，其操作过程为

① 如果染色体两交叉点处的基因均为“0”，直接进行；

② 如果染色体两交叉点处的基因不全为“0”，则将交叉点左移(或右移)，直至左右两个交叉点处的基因均为“0”，再进行顺序交叉(OX)运算。

7.4.3.6 控制参数和终止条件

控制参数可采用恒定值，在经验范围内取值。

终止条件采用几条基于启发式规则的终止条件：

① 若算法迭代到第 500 代，则终止计算；

② 若某代群体中染色体的平均适应度与当代最佳染色体适应度的商大于 0.9 时，则终止计算；

③ 若最佳染色体连续保持 10 代，则终止计算。

7.4.4 算法步骤

Step1：使用自然数编码方式，构造表示可行的行车方案染色体；

Step2：设置控制参数(n、pc、pm)；

Step3：令 gen=0，采用启发式方法产生系列初始群体；

Step4：$i=1$；

Step5：将群体 p(gen)中的第 i 个染色体译为线路总成本(车场就近指派)；

Step6：计算适应度；

Step7：若满足算法终止条件则停止，否则继续；

Step8：令 $i=i+1$；

Step9：若 $i \leqslant n$，返回 step5，否则转入 step10；

Step10：利用遗传算子产生下一代染色体；

Step11：令 gen=gen+1；

Step12：若算法满足算法终止条件则停止，否则转入 step4。

在该算法的 step5，计算线路总成本时，首先要对“行车轮次”指派车场。车场的指派遵循“就近指派”的原则，即将遗传算法中产生的行车轮次指派给车辆出场距离和回场距离总和为最小的车场，从而产生系列对应车场的行车轮次。

第八章　城市智能公共交通信息服务系统

8.1　城市智能公交信息服务系统概述

公交信息服务系统是为乘客在出行前或出行中提供多种方式的综合交通信息系统。无论在家里、办公室、公交车站，还是在公交车上都可以获得这些信息。与自动车辆定位系统结合，乘客信息系统还能提供公交系统的实时信息，如车辆到达、离开和延误时间等。出行者可通过不同的媒介经济地获得和利用这些信息。

按照乘客信息系统提供服务的空间环境不同，分为出行前乘客信息系统、路边乘客信息系统、和车内乘客信息系统。出行前乘客信息包括路线、运营计划、票价等信息。这些信息可支持乘客作出初步的出行计划。路边乘客信息系统为在出行过程中的乘客提供实时的交通信息。这些信息包括车辆的到达和离开时间等。车内乘客信息系统为在车内的乘客提供信息服务。乘客通过车上的显示和通讯设备获得线路换乘、运营时间等相关信息。[62]

借鉴乘客信息系统的划分方式，公交乘客信息系统分为以下四种：出行前、车边/路边、车上和综合公交乘客信息系统。

(1) 出行前公交乘客信息系统

出行前的乘客信息系统是提高公交方式出行可靠性的有效途径，同时也是引导交通需求均衡分布的有效手段。在乘客出行前为其提供准确和及时的信息，使乘客可以根据这些信息进行决策，选择出行路线和出行时间。出行前信息涵盖广泛，包括了公交路线、地图、发车时间表、票价、停车换乘站的位置、线路实载率情况、途经重要地点和天气状况等各种信息，帮助查询者确定最满意的出行计划。

(2) 车边/路边的公交乘客信息系统

为出行中的公交乘客提供信息，包括实时车辆到离信息。也包括传统的静态服务信息。车边/路边信息服务主要通过电子站牌来实现。以电子站牌为例，除提供传统的静态服务信息外，它的上面有醒目的电子滚动显示牌，将每隔一定时间通过 GPRS(无线通讯系统)更新信息，清晰地滚动显示下辆到站公交的车号、离站距离和到站时间和车辆实载率等信息。

(3) 车上公交乘客信息系统

在车上，通过视觉与听觉多种媒介为乘客提供相关的信息。其发展趋势为：车上公交信息系统与车边/路边乘客信息系统相结合；车上公交信息系统与车辆自动定位系统相结合。车上信息服务主要是车内电子显示板，能动态地显示车辆的位置信息、到站所需要的时间，还能显示车辆换乘信息，方便乘客到站换乘。车上公交信息服务主要通过公交车载信息系统来实现，其主要目的是：为乘客提供有用的全线路信息、换乘信息、社会新闻、娱乐节目等，并使乘客的车上时间变得更有价值。

(4) 综合公交乘客信息系统

综合公交乘客信息系统是以上几种方式的综合应用。它的特点是集合一个或多个服务系统的实时或静态数据，并通过多种方式收集、合并、筛选、校正和传送这些信息。综合信息系统还提供停车、乘车和共乘信息资料。

8.2 智能公交信息服务系统应用现状

ATIS(Advanced Traffic Information Service)是先进的交通信息服务系统，它的通信媒体是电话线路(无线、有线)。交通信息利用者通过车上装载的导航装置或自己家及办公室的微机，可按需要接收多媒体的地图信息和文字信息。智能公交信息服务系统是ATIS的组成部分之一，也是其中最重要的组成部分。

8.2.1 国外公交信息服务系统应用现状

发达国家发展乘客信息系统的一个重要的目的是通过为出行者提供准确、及时的信息服务，吸引更多的出行者使用公共交通，从而促进公共交通的发展，在发达国家，研究、开发和建设乘客信息系统的费用大部分由政府承担，发达国家公交企业是系统的使用者和受益者。

美国按照“出行前”和“出行中”划分乘客信息系统可以使用的技术，在美国，公交乘客可能获得信息的各种方式如表8.1。

美国公交乘客可能获得信息的方式 **表8.1**

分类	乘客获得信息的方式
出行前	有线电视、无线广播、个人计算机、个人通讯设备、电视、触摸屏、交通地图等
出行中	个人通信设备、无线广播、电子显示标志(路边和车上)、可变情报板、高速公路广播、触摸屏等

从美国20余个乘客信息系统实例的研究，可以发现其发展乘客信息系统的特点是：

(1) 着力于提供更为快捷、方便的电话咨询服务。这要求电话咨询时有较高的效率，否则人们会因为等待时间过长而放弃电话咨询。

(2) 触摸屏在“出行前”和“出行中”得到了广泛的应用。触摸屏技术因为具有信息量大、交互性好等特点，在美国乘客信息系统中得到了广泛的应用。在1996年，美国加州洛杉矶地区便装有 78 部触摸屏，使用的效果良好。其触摸屏提供的交通信息包括：线路、票价、班次和旅程时间、高速公路交通信息等静态或实时的信息。除此之外，洛杉矶地区的触摸屏还被用做在发生突发事件时传递信息的重要手段。

（3）与车辆自动定位技术相结合的路边/车内电子显示设备为出行中的乘客提供动态的实时信息服务。在没有使用电子站牌以前，美国公交企业采用在各重要站点张帖公交线路班次表的办法，使乘客确定出行或等车时间。这一方法的不足之处是不能反映线路上的突发事件。在使用与车辆自动定位技术相结合的路边/车内电子显示设备以后，可以做到实时的预测车辆的到站 、离站时间，提高服务的可靠性，增强了公交方式的出行吸引力。

（4）与网络相结合是乘客信息系统的重要发展方向。网络技术的发展使得越来越多的人使用互联网，在互联网上提供和发布交通信息已成为乘客信息系统发展的重要方向，一些基于网络的新公交信息查询系统，可以提供比常规方式更为方便、快捷的服务，而且查询费用低廉。

国外部分国家乘客信息查询系统应用范例：

乘客信息查询系统是乘客信息系统的核心部分，尤其对出行前的乘客和车边/路边的乘客起着至关重要的作用，一定程度上决定了乘客的出行行为。下边以伦敦市为例介绍一下欧洲先进的乘客信息查询系统。

伦敦的 TfL(Transport for London)系统为乘客提供了非常详细的交通信息，内容涉及地铁、公交、电车、出租车、长途公共汽车、火车、港区轻轨、铁路、水运等各类交通方式的实时交通信息。其出行计划系统的设计非常人性化，乘客完全可以根据自己的需要，选择适合自己的出行方式。出行计划系统可用英语、法语、意大利语等五种语言进行查询。提交查询申请后可得到符合要求的出行路线(包括每条路线的出行时间、换乘信息等)如下图 8.1，图中具体站点的周边区域地图也可以打开浏览。

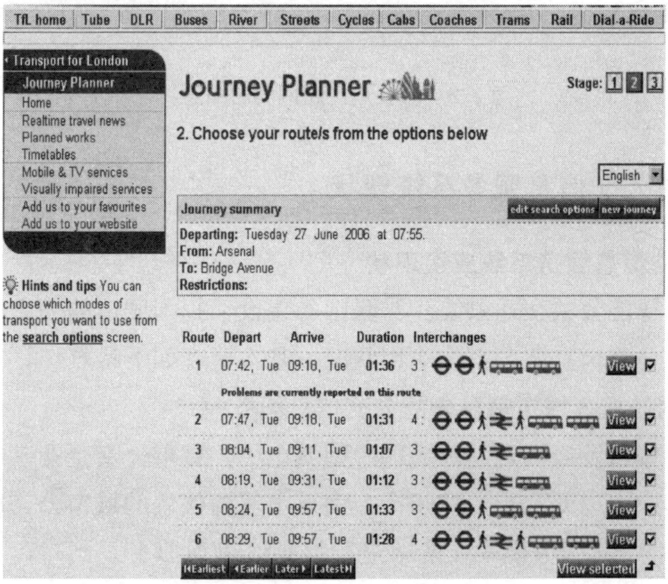

图 8.1 出行路线选择图

由上图可以看出 TfL 为乘客提供的信息是十分的详细、实时、明了，完全可以满足乘客的出行需要。此外，TfL 还能够为乘客提供整个伦敦地区的实时交通情况，如图 8.2，其信息每一分钟更新一次，通过此图可以看到整个伦敦地区路网的拥挤程度，具体的交通事件，路网中可变信息板中显示的信息，闭路电视拍摄的实时录像等。

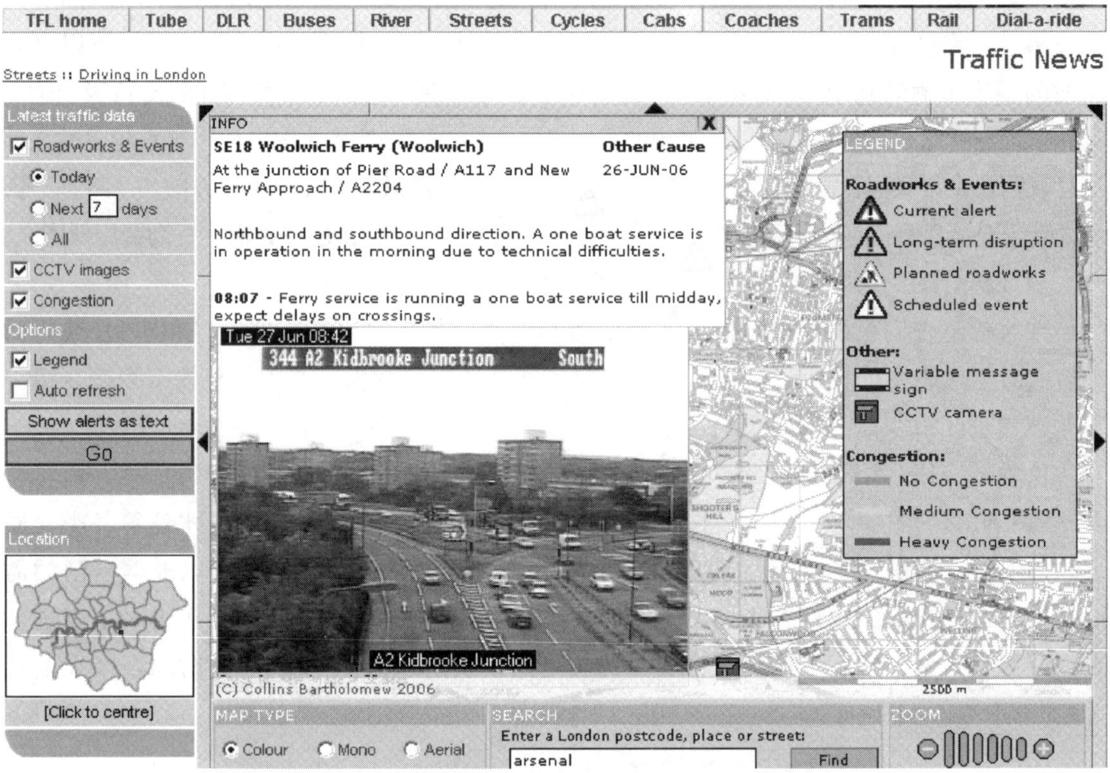

图 8.2 伦敦地区路网实时信息图

8.2.2 国内公交信息服务系统现状

8.2.2.1 公交信息服务系统应用现状

近几年，随着智能公共交通系统和互联网的建设，我国城市的公交信息服务已经得到了快速发展。目前公交信息服务系统应用状况，基本呈现如下特点：

◆ 公交服务网站成为城市最重要的公交信息服务模式

在国内的大型城市及经济发达区域的中型城市中，城市公交企业基本都建立了自己的公交服务网站。其中，以北京市、杭州市、南京市等为代表的城市公交服务网站采用了以 GIS 平台为基础的 WEB 服务模式，能够进行换乘查询等服务。同时，目前还出现了一些包含公交信息服务内容的第三方信息网站，例如数字北京、E 都市等。

公交企业的专业化信息服务网站

北京公交集团网站

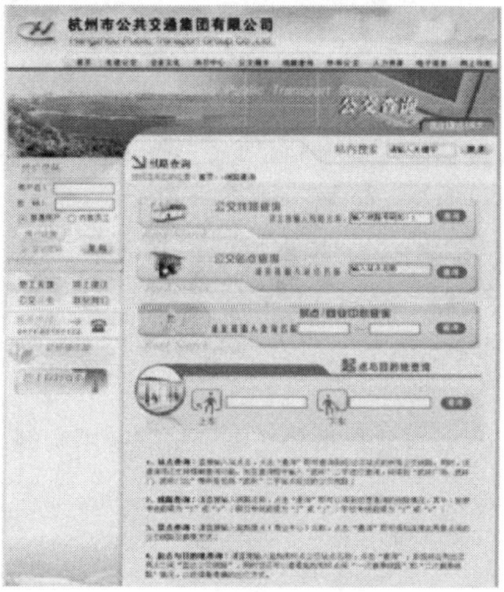

杭州公交集团网站

第三方的公交信息服务

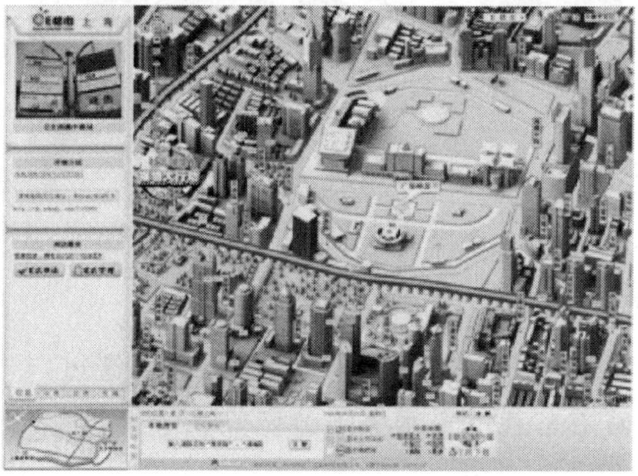

三维立体的城市综合信息服务网站

城市政府部门的综合交通信息服务网站

图 8.3 公交服务网站应用状况图

◆ 电子站牌应用规模开始扩大

国内北京市、上海市、杭州市、青岛市、广州市等一批积极进行智能公交系统建设的城市，在实现了公交车辆的实时监控后，开始将公交车辆信息通过电子站牌提供给公交乘客。电子站牌除了常规站牌的内容外，还可以显示下一班公交车辆的预计到站时间，以及线路上公交车辆当前所在的位置。

◆ 公交车载信息服务系统投入实用化应用

国内包括北京市、上海市、深圳市、青岛市等多个城市的公交企业在车辆上安装了车载信息系统，通过液晶显示器和音响系统可以进行播放多种信息，播放的信息内容通常包

北京市公交电子站牌应用实例

杭州市公交电子站牌应用实例

青岛市公交电子站牌应用实例

上海市公交电子站牌应用实例

图 8.4 公交电子站牌应用情况图

括新闻、广告、娱乐节目等。公交车载多媒体系统构成见图 8.5 所示。由于可以通过广告资源的置换获得系统设备的建设投资，目前各城市车载信息服务系统已经走上良性循环，进入实用化应用阶段。

目前，国内城市公交车载多媒体系统的应用状况见表 8.2 所示。

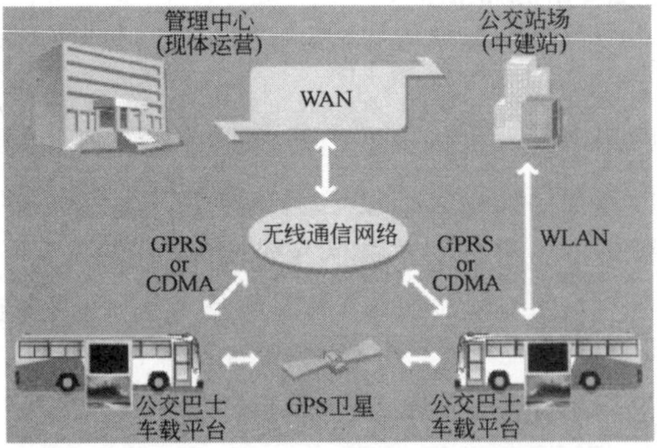

图 8.5 公交车载多媒体系统构成图

城市名称	车载多媒体系统的应用规模
北京市	5000 辆公交车
上海市	3000 辆公交车
广州市	2000 辆公交车
杭州市	1500 辆公交车
南京市	1000 辆公交车
合肥市	1000 辆公交车
重庆市	400 辆公交车

◆ 公交热线服务电话

为方便乘客出行，国内多数大城市当前都设有公交热线服务电话，用于提供公交线路及换乘信息的电话查询，同时也承担着公交乘客投诉处理的职能。例如：北京市公交公司的“李素丽热线”96166，南京市“朱俊永服务热线”83114800，上海市公交公司的热线电话63175522，杭州市公交集团的热线电话85191122等。

8.2.2.2 互联网公交信息服务技术

万维网地理信息系统(WebGIS)是指基于Internet平台、客户端应用软件采用WWW协议运行在万维网上的地理信息系统。它是利用互联网技术来扩展和完善地理信息系统的一项新技术，其核心是在地理信息系统中嵌入HTTP和TCP/IP标准的应用体系，实现互联网环境下的空间信息管理等地理信息功能。它是地理信息系统技术和互联网技术相结合产生的一种崭新的、革命性的新技术，使基于地图(图形、图像)的应用系统得以通过互联网技术在各行各业中得到广泛应用。万维网地理信息系统(WebGIS)是当前GIS发展的主要方向，有着传统GIS无法比拟的优点。万维网地理信息系统在智能公交管理系统中最重要的应用就是实现公共交通信息网上查询。

(一) 公交信息查询服务子系统的功能设计

基于万维网地理信息系统公交信息查询服务子系统应包括如下功能：①交通电子地图的编辑显示功能，如放大、缩小、移动等；②公交信息查询，如某条公交线路的停靠站点、首、末班车时间、票价等；③提供最优路径查询，包括公交线路、换乘站点及换乘线路、经过站点等，并且查询结果可以以矢量图的形式予以显示；④公交线路变更情况说明和征求市民意见等。

(二) 公交信息查询服务子系统的技术实现方法

公交信息查询服务子系统由服务器端、客户端和Internet/Intranet网络等三部分组成。服务器端建立在监控调度中心，由Web服务器(Web Server)、IMS服务器(Internet Mapping Server，简称IMS)和空间数据库(Database)等三部分组成；客户端是连接在Internet/Intranet网络上的所有电脑；网络是已经存在的Internet/Intranet。目前IMS服务器开发平台有美国ESRI的ArcIMS、加拿大VTT公司的VTT WebGIS、我国超图公司的SuperMap I5.NET5等可供选用。服务器端WebGIS应用软件的开发可以利用ActiveX技术或Java Applet技术，将具有GIS功能的组件嵌入用户自己开发的应用程序中，用集成二次开发方式设计实现。这种开发方式将计算在客户端和服务器端作了个较为均衡和合理的分配，客户端在浏览WebGIS网页时一次性下载一个ActiveX控件或Java Applet小程序，实现诸如地图缩放、平移、测量、最优路径分析、图层叠加和专题地图生成等GIS功能，承担部分力所能及的计算负载，使系统具有很好的灵活性和可扩展能力。

客户端有HTML viewer和Java viewer两种。HTML viewer是一个轻量级的客户端，不支持一些GIS功能，但它支持最广泛的浏览器并有着高度的可定制性。Java viewer可以根据需要定制一些GIS功能，包含丰富的GIS工具。用户在查询公交信息时，只要从服务器端下载一个ActiveX控件或Java Applet小程序，就可以进行正常查询了。现阶段成熟的IMS都有这个功能。

监控调度中心把城市电子地图、公交线网、公交站点、公交时刻表等公交相关信息发布到IMS服务器上，用XML(eXtended Markup Language，简称XML)编辑器创建地图配置文件。该地图配置文件是用XML写的。然后使用IMS服务器开发平台自带的服务发布工具把地图文件在服务器上发布为地图服务。当客户想查询信息时，只要输入相应的查询信息或在电子地图上直接点击相应的图形图像，该信息在客户端生成XML格式的请求，并传送给服务器。如果服务器收到一个来自客户端的XML格式的请求，空间服务器会生成一个XML格式的响应，同时地图服务通过一种或两种方式把地图和相关信息发送到客户端：用图像的方式或矢量流的方式。

8.3 智能公交信息服务需求分析

8.3.1 我国公交信息服务系统不足解析

虽然我国城市公交信息服务系统得到了较快的发展，但是毕竟我国的智能公共交通系统毕竟也还处于起步阶段，公交信息服务还很不完善，当前投入应用的信息服务系统都存在着一些不足，主要表现在：

◆ 公交信息服务内容仍然主要停留在静态信息方面，缺少实时数据支持。

当前公交热线服务电话、公交网站的信息服务目前依然停留在静态信息服务的水平上，即使在引入了GIS地理信息平台后，公交乘客能够获得较为直观的公交线路、换乘的信息，但是这些信息服务其本质是将静态的公交信息通过GIS平台显示出来，没有能够真正将动态的公交运营信息提供给乘客。

◆ 电子站牌的动态信息服务停留在“线”状态，没有扩展到“网络”。

随着在公交车辆上安装车载定位设备，国内公交企业开始进行车辆监控，并对公交车辆的行程时间进行预测。但是，目前针对公交车辆到站时间的行程时间预测，对于公交乘客而言，目前还只能通过设置在公交站点的电子站牌来发布消息。此时，公交乘客能够获得所在站点各公交线路未来车辆的到达时间，或者是各条线路上公交车辆当前所在的站点位置。对乘客的动态公交信息服务，依然停留在各条“线”独立工作的状态，没有达到公交信息以“网”状态整体服务的水平。

◆ 个性化、自助式的移动公交信息服务系统尚处于研发阶段，没有实用系统。

个性化、自助式的公交信息服务是指乘客使用手机、PDA、笔记本计算机等终端，通过GSM/CDMA/GPRS、无线局域网络等通行方式，向公交信息服务商进行自主信息查询，并获取个性化信息服务的模式。目前在公交乘客发生出行后，整个出行过程中基本很难自助式获取公交信息服务。

◆ 缺乏专门的交通信息发布管理机制，乘客获得的信息准确性得不到保证。

目前，我国大多数城市对公共交通信息的发布没有专门的管理机构和规章制度，城市交通信息服务存在着“混乱”和“低效”的问题，有些甚至是对乘客的误导。在城市交通信息服务需求小的情况下尚不至于产生很大的影响。但随着城市交通信息服务需求的增长，从事交通信息服务的人员和企业数量的增加，需要建立专门的管理机构和制度。

◆ 我国公交乘客信息系统与网络的结合还是低层次的。

在我国一些城市出现了基于网络的公交信息服务系统，但总体上还是处于较低的层次。这些信息系统还属于一种静态的公交信息查询系统，还不能做到为乘客的出行自动地生成出行计划或方案。

综上所述，我国智能公交信息服务系统总体上处于较低的水平。较低的发展水平既是发展的困难，也是发展的机遇。我们应将发展公交乘客信息系统作为一个提高公交效率，增强公交吸引力的重要手段。

8.3.2 智能公交信息服务系统的需求

随着我国城市公交企业进一步建设智能公共交通系统(APTS)，以及智能公共交通相关技术和设备的开发，未来的智能公交系统将能够获取更多的实时数据支持。通过将智能公交系统(APTS)中的大量实时数据和历史数据引入公交服务中，将大大增强智能公交系统的信息服务效能，并提高乘客的动态信息服务水平。同时，应该根据我国乘客出行的特性，有针对性的开发更为人性化、个性化的公交信息服务设备/查询界面，切实提高公交企业信息服务的能力。

(1) 实现公交信息服务系统查询内容的扩展

以中央数据库系统为核心、以 GIS 平台为界面的智能公交系统中，随着其可供利用实时数据和历史数据的增多，公交信息服务的能力也将随之增强。此时，首先应该对公交信息服务查询的内容进行扩展，此时查询的输入条件将不仅仅局限于乘客出行的路径(起点站、终点站)，还将可以根据乘客的出行意图，进行多重选择条件下的公交综合信息查询服务。可选择的查询内容，将包括下图 8.6 所示的内容。

(2) 实现基于实时数据的公交诱导服务

在公交信息服务系统建设中，最重要的核心内容之一就是对公交乘客出行路径进行优化模型研究。乘客出行路径优化是解决乘客在给定起讫点的情况下，动态查询选择最优公交出行路径的算法。目前的乘客出行路径优化，还是基于静态数据的诱导，只有将公交实时动态数据进入公交信息服务，才能使得信息服务系统真正发挥作用。

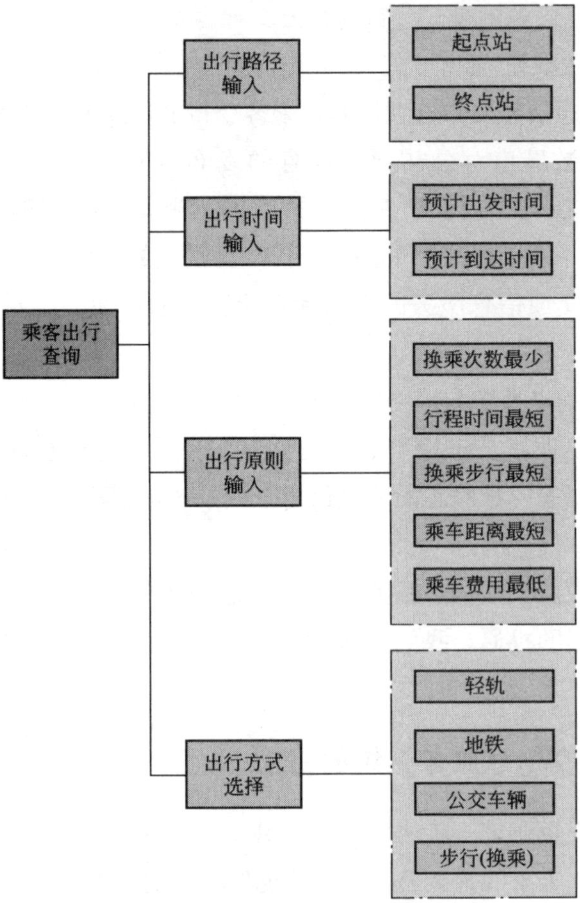

图 8.6　乘客出行查询内容

8.4　智能公交信息服务路径优化模型

8.4.1　公交乘客出行路径优化模型的意义和特点

公交乘客出行路径优化模型是解决在乘客给出任意的起讫点的情况下，动态查询选择最优公交出行路径的算法。它是公交乘客系统的关键技术，它的研究对于开发公交查询触摸屏系统、公交电话问询系统等与乘客出行计划有关的产品具有重要意义。

国内目前也出现了一些公交信息查询系统，它们的特点是以文字或电子地图的形式提供线路和站点的信息。基于出行路径优化模型的公交乘客信息系统区别于它们的特点是：

① 适应出行起始点选择的“动态性”。在国内目前出现的系统中，除非出行的起点和终点正好发生在某条公交线路经过的路径上，这些系统一般不能给出推荐的出行路径，但是乘客出行发生的起点和终点是一个随机的现象，在城市内的任何位置都可能发生。

② 通过对乘客的出行行为进行调查来确定模型优化的目标和约束条件。

为确定模型优化的目标和约束条件，专门进行了有关的乘客出行行为调查。

③ 基于地理信息系统的快速、实用算法。以公交GIS网络为基础，算法通过利用GIS的若干空间函数，提高了计算速度。而且最后的计算结果以图形方式传递给乘客，使乘客很直观地理解运算结果，提高了系统的实用性。

8.4.2 公交乘客出行行为

要建立合适的出行路径选择模型，很重要的一点是通过对公交乘客的出行心理、行为进行调查研究，确定模型的优化目标和约束条件。国外很重视对出行者的出行心理和行为进行研究，国内在此领域研究较少。公交乘客选择出行路径的决策过程主要受到以下三个因素的作用："换乘次数"、"出行距离"和"出行耗时"。换乘次数是指乘客在完成一次出行过程中所换乘的次数。出行距离分为车上距离和车外距离两部分。车外距离是乘客为乘车而步行的距离，它包括从起点到上车站台的距离、换乘距离以及下车后到达目的地的距离。出行耗时同样也包括车上和车外两部分，只不过乘客的车外耗时还包括在站台上的等车时间。因此出行者在选择出行时刻以及出行路线时，必然会根据自己的出行经验以及获取的交通信息做出自己的判断，出行者的出行选择流程如图8.7所示。

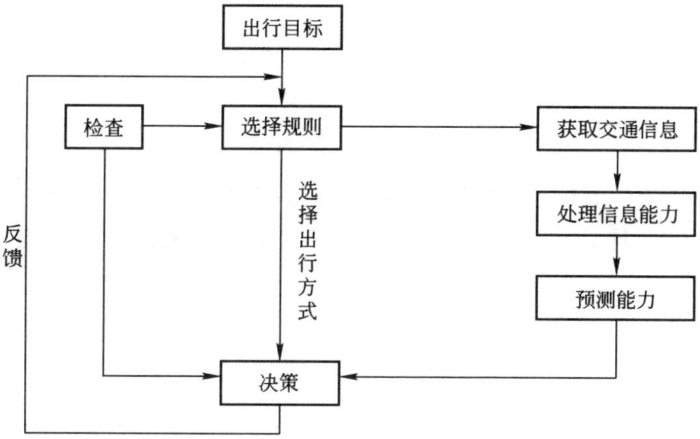

图8.7 出行者出行选择流程

8.4.3 常用的几种最短路径算法比较

出行路径选择模型的基础是最短路算法，常用的几种网络最短路算法有Dijkstra算法、Floyd算法、Moore-pape算法等，针对建模的需要，对几种方法进行分析如下：

① Dijkstra算法分析：

Dijkstra算法是由Dijkstra于1959年首先提出的。算法的思想是对节点赋以标号，在迭代过程中不断更新标号。每一步的节点标号代表从起点s至该点有向路径长度的上界。迭代结束时，节点的标号就是从s到该点最短有向路的准确长度及所经路径。由于对系统的内存空间占用少因而在计算机网络拓扑路径选择以及 GIS 中得到广泛的应用。

但此法并不适合于公交乘客的出行选择。首先，公交运输中两个相邻站点之间的距离相差不大。其次，我们要考虑的一个重要问题是换乘次数少，如果用 Dijkstra 算法计算出来的结果可能是：从 A 站到 B 站需要转好几次或十几次车才能到达，这样的计算结果是没有什么意义的。

② Floyd 算法分析：

Floyd 算法可一次求出所有点对之间的最短有向路径。设U_{ij}^{m}表示从点 i 到 j 且不经过 m，$m+1$，…，n(除去点 i 和点 j)的最短有向路的长度，则自点 i 到点 j 不经过点 $m+1$，$m+2$，…，n(除去点 i 和点 j)的最短有向路有两种情况：

ⅰ：不经过点 m，此时有 $U_{ij}^{m+1}=U_{ij}^{m}$；

ⅱ：经过点 m，此时有 $U_{ij}^{m+1}=U_{im}^{m}+U_{mj}^{m}$。

因此，总有 $U_{ij}^{m+1}=\min\{U_{ij}^{m}, U_{im}^{m}+U_{mj}^{m}\}$。显然，当 $m=n$ 时，U_{ij}^{m+1}就等于网络中自点 i 到点 j 的最短有向路的长度。

ⅲ：Moore-pape 算法分析：

Moore-pape 算法使用了链表管理技术。设路段节点集合用 V 表示，路段 ij 的路权为 d_{ij}，l_i 表示节点 i 的最短路权，即从根节点 r 到节点 i 的最短距离。Pi 表示 i 的前节点，算法的步骤如下：

1）初始化。将根节点 r 置于链表 T，T 为一维有序数组，其内容为节点的编号。令

$$pi=0,\ i\in V;\qquad l_i=\begin{cases}0; & i=r\\ \infty; & i\neq r,\ i\in V\end{cases}$$

2）若链表 T 非空，取出 T 中第 1 个节点 i，检验所有与 i 相连接的节点 j。如果 $l_i+d_{ij}<l_j$，则令 $p_j=i$，且 $l_j=l_i+d_{ij}$，并将 j 加入 T，当所有的 j 都检验完后，将 i 从 T 中删除。

3）当链表 T 中没有节点时，通过追踪 p 找到 r 到所有节点的最短路径，否则返回步骤ⅱ。

在步骤ⅱ中，为提高计算效率，对 j 在 T 中的位置分为 3 种情况处理。如果 j 曾在 T 中出现过，但现在不在其中，将其放在当前检查的节点 i 之后；如果 j 从来没有在 T 中出现过，则将其置于 T 末尾；如果 j 正在 T 中时，不用增加。

以上三种算法在道路网络上都是适用的，其缺点为：Dijkstra 算法虽可用于大型网络，但计算速度慢；Floyd 算法虽然可以快速地进行“多对多”的计算，但它不能应用于大型网络。而且这两种算法都是针对有向图的，在路网中大多数地段及大多数站点之间是无向的。它们之间一般可坐同样的车互相到达，只是顺序相反而已。Moore-pape 算法由于采用了链表技术，计算速度快，亦可用于大型网络，但它无法进行“一对一”的计算，即使用该算法时，只有访问完所有的节点后才能输出正确的结果，Moore-pape 方法将大量的计算时间耗费在寻找起点与终点以外的最短路线，这显然是不适用于公交网

络的。

而且公交网络同道路网络相比，在公交网络上搜寻最优路径时，不仅需要考虑路径的长度、出行的耗时，更重要的是要考虑乘客换乘问题，以上的几种算法都没有考虑换乘问题。

8.4.4 GIS 方向估价函数

估价中间节点方向有效性是为了避免在无效方向上大量搜索。徐业昌等人提出了用 GIS 方向估价函数改进搜索过程的搜索策略，此方法同样适用于公交网络。网络搜索过程中，定义沿着起点 r 到终点 s 的方向为空间有效方向，相反的方向为空间无效方向。应用中，可能会出现有效方向上的路径不能被采用，而可能在无效方向上的一定距离内采用某些路径。[64][65]

假设向量 $p(j)$ 表示中间节点 j 的位置，$p(r)$ 和 $p(s)$ 分别表示起终点位置，$h(j)=p(j)-p(r)$ 表示节点 j 相对起点的位置。以 $h(j)$ 为估价函数，如果 j 点在无效方向上，而且 $|h(j)|>\mu|p(r)-p(s)|$ 时，j 点为无效节点，即停止该路径上的扩展搜索，否则，j 点为有效节点，即继续在该路径上扩展搜索，这样就可以大量减少无效搜索次数。μ 为可调节的系数，一般取 0.5 左右。图 8.8 是 GIS 方向估价函数的示意。

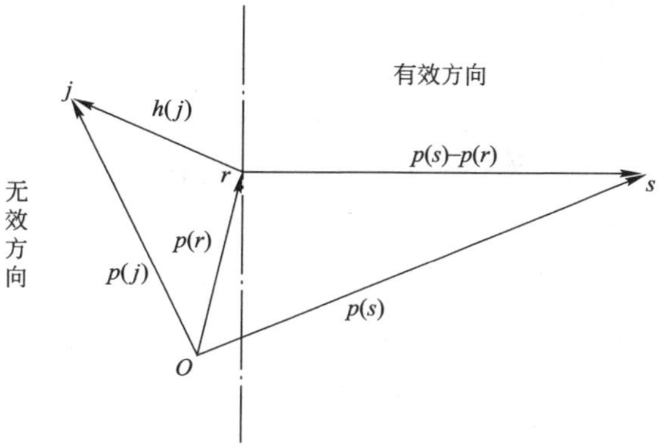

图 8.8 GIS 方向估价函数

8.4.5 基于 GIS 的公交乘客出行路径优化模型

研究以 Dijkstra 算法为基础建立模型，以 GIS 方向估价函数判断节点是否为有效节点，建立起适合 GIS 网络的公交出行最优路径选择模型。

算法的总体思路是：首先按照单条最优路径的算法找到两点之间的最优路径，再利用事先设定的惩罚机制对此路径上的路段进行惩罚，抑制重复选择同样路段的行为；迭代此过程直到期望数量的相异路径(k)生成为止；按照另外一种单路径算法(仅公交权值的判别规则不同)用同样的方式得到期望数量的相异路径($\bar{k}$)；比较这些路径，并选择出总体最优的路径。

在算法中通过公交权值的判断和赋值实现对出行时间的控制，控制和判断的原则是出行时间较少。在公交节点表中，某一空间点若为 k 条线路的上下客站点，则在此点有 S_1，S_2，…，S_k 个公交节点。

1. 单条最优路径算法

单条最优路径算法的思路是：先找出起点 r 周围的站点集合 S，并将 S 放入链表 T

中，然后在每次执行过程中找出 T 表中公交权值最小的一个站点 i，在将 i 点从 T 表中删除以前，以 i 点作为当前的基点向外搜寻，并应用 GIS 方向估价函数判断搜寻到的节点是否为有效节点，然后修正搜寻到的有效节点的公交权值，并将搜索到的有效节点放入 T 表，以此过程反复进行，直到搜寻到的基点为终点周围的节点为止，这时通过逆向搜索便可以得到从起点到终点的公交最优出行路线。在算法中通过公交权值的判断和赋值实现对换乘次数和出行时间的控制，控制和判断的原则是优先选择换乘次较小的路径，在换乘次数相同的情况下再考虑出行时间(或优先选择乘客出行时间较小的路径，在出行时间相同的情况下再考虑换乘次数)。

算法利用 GIS 地理函数搜索节点的相邻节点，这一方法突破了邻接关系的束缚，使得步行换乘的搜索和计算成为可能。保证搜索结果合理性的一个关键指标是搜索半径的确定。利用 GIS 的地理函数，由公交站台表和线路—站台表生成公交节点表。在节点表中，某一空间点若为 k 条线路的上下客站点，则在此点有 S_1，S_2，...，S_k 个公交节点。

对于公交节点 i，设 n_i 表示从起点 r 到节点 i 的最少换乘次数；t_i 为乘客离开节点 i 的时刻；t_i^j 为乘客在节点 i 等待到节点 j 的公交车的候车时间，p_i 表示在最短路径上节点 i 的前一个节点；布尔值 f_i 表示节点 i 在最短路上与前一节点是否有线路直接相连，即从前一点沿最短路前进到该点的方式是否为步行方式，如果是步行方式，则 f_i 的值为 True，否则为 False；e_i 值则表示节点 i 是否在终点周围，e_i＝True 表示其在终点周围；N 为当前换乘次数，t 为乘客离开当前节点的时刻，当前公交权值为 $C=\{N, t\}$（或 $C=\{t, N\}$），相邻路段 i，j 间的公交权值为 $C_{ij}=\{n_{ij}, t_{ij}\}$（$C_{ij}=\{t_{ij}, n_{ij}\}$）。

单路径最优算法的具体步骤如下：

(1) 初始化。根据给定的起点 r 和终点 s 的坐标，利用 GIS 的地理函数找出 r 和 s 周围一定范围内的公交节点集合 S 和 D。将 S 放入链表 T 中，t_j 值($j\in T$)为乘客离开 j 节点的时刻；将 D 中节点的 e_i 值赋为 True；并令所有节点的 n_i 和 p_i 值为 0，f_i 的值为 False；将 N 置 0，t 置 t_0，则公交权值为 $C_s=\{0, t_0\}$。

(2) 找出链表 T 中公交权值最小的节点 i($C_{ij}=\{n_{ij}, t_{ij}\}$：表示首先考虑 n_i，在 n_i 值相同的情况下，再比较 t_i 值的大小；$C_{ij}=\{t_{ij}, n_{ij}\}$：表示首先考虑 t_i，在 t_i 值相同的情况下，再比较 n_i 值的大小)，将其 n_i 值和 t_i 值分别赋给 N 和 t，并将 i 从链表 T 中删除。

(3) 如果节点 i 的 e_i 值为 True，则结束运算，输出结果，否则执行步骤 4。

(4) 以节点 i 为搜寻基点，通过地理函数搜寻其相邻节点 j，并以 GIS 方向估价函数判断节点 j 是否为有效节点。相邻节点分为两种情况：一种是直接与 i 相连的节点，即节点 i，j 若为同一线路的相邻节点，则记其之间的距离为 B_{ij}，公交行驶速度为 v_{ij}；另一种是不与 i 直接相连的节点，即从该点步行一定距离即可到达的节点，设两点之间的步行换乘距离为 W_{ij}，步行速度为 u_{ij}。

(5) 对找到的有效节点的权值进行修正，修正后的公交权值为 $C+C_{ij}$(对应位置的数相加)即 $\{N+n_{ij}, t+t_{ij}\}$（或 $\{t+t_{ij}, N+n_{ij}\}$），根据有效节点 j 的特性分为如下四类情况。①i，j 为同一线路的相邻节点($f_j=\text{False}$)，且 j 点不在链表 T 中，此时，$n_{ij}=0$，$t_{ij}=B_{ij}/v_{ij}$，因此 j 点的公交权值修正为 $\{N, t+B_{ij}/v_{ij}\}$（或 $\{t+B_{ij}/v_{ij}, N\}$），并把有效节点 j 加入链表 T 中；②i，j 为同一线路的相邻节点($f_j=\text{False}$)，且 j 点已在链表 T 中，此时，$n_{ij}=0$，$t_{ij}=B_{ij}/v_{ij}$，如果已有的 j 点公交权值大于当前最短公交权值 $\{N, t+B_{ij}/v_{ij}\}$（或 $\{t+B_{ij}/v_{ij}, N\}$），则 j 点的公交权值修正为 $\{N, t+B_{ij}/v_{ij}\}$（或 $\{t+B_{ij}/v_{ij}, N\}$），否则 j 点的公交权值保持不变；③i，j 不是直接相连的节点($f_j=\text{True}$)，且 j 点不在链表 T 中，此时，$n_{ij}=1$，$t_{ij}=W_{ij}/u_{ij}+t_j^{i+1}$，$j$ 点的公交权值修正为 $\{N+1, t+W_{ij}/u_{ij}+t_j^{i+1}\}$（或 $\{t+W_{ij}/u_{ij}+t_j^{i+1}, N+1\}$），并把有效节点 j 加入链表 T 中；④i，j 不是直接相连的节点($f_j=\text{True}$)，且 j 点已在链表 T 中，此时，$n_{ij}=1$，$t_{ij}=W_{ij}/u_{ij}+t_j^{i+1}$，如果已有的 j 点公交权值大于当前最短公交权值 $\{N+1, t+W_{ij}/u_{ij}+t_j^{i+1}\}$(或 $\{t+W_{ij}/u_{ij}+t_j^{i+1}, N+1\}$)，则 j 点的公交权值修正为 $\{N+1, t+W_{ij}/u_{ij}+t_j^{i+1}\}$(或 $\{t+W_{ij}/u_{ij}+t_j^{i+1}, N+1\}$)，否则 j 点的公交权值保持不变。具体流程如图 8.9。

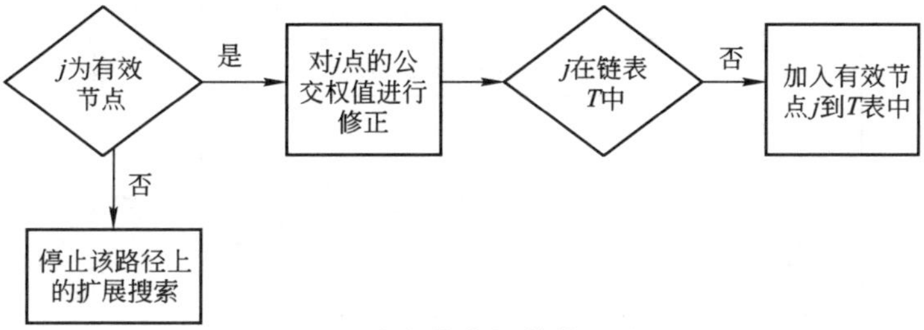

图 8.9 公交节点权值修正流程

(6) 如果链表 T 非空，返回步骤 2，否则结束，输出“仅公交无法到达”，算法的具体设计框图如下图 8.10。

2. 多条最优路径算法

单条最优路径算法是多路径算法的子算法，由于按照上述的单条最优路径算法只能得一条算法认为是最优的路径。但由于公交乘客选择出行路径时心理的复杂性，往往单一的乘车路径并不能满足所有乘客的需要。如一些乘客希望选择换乘次数最少的路，而另外一些则倾向于选择出行时间更短的路。因此，提供给乘客一定数量的合理备选路径供出行者根据自己的实际情况进行选择是很有必要的。

要得出不同路径，就需要改变重复路段(相邻)i，j 之间的公交权值 C_{ij}^{k}，重复路段的公交权值用惩罚函数来表示，具体描述为：

$$C_{ij}^{k}=\begin{cases}C_{ij}^{k-1}(1+\alpha/d_{rs}),\ k=1,2,\cdots,n,\ \text{路段 } i,j \text{ 在第 } k-1 \text{ 条路径上；}\\ C_{ij}^{k-1},\ k=1,2,\cdots,n,\ \text{路段 } i,j \text{ 不在第 } k-1 \text{ 条路径上；}\end{cases}$$

其中，C_{ij}^{k} 为 k 次迭代时路段 i，j 的权值，α 为迭代系数，d_{rs} 为 $n=0$ 时起点 r 和终点 s 之间的最优路径的距离，n 为路段 i，j 被反复利用的次数，$C_{ij}^{0}=C_{ij}$，$0\leqslant n\leqslant k$。

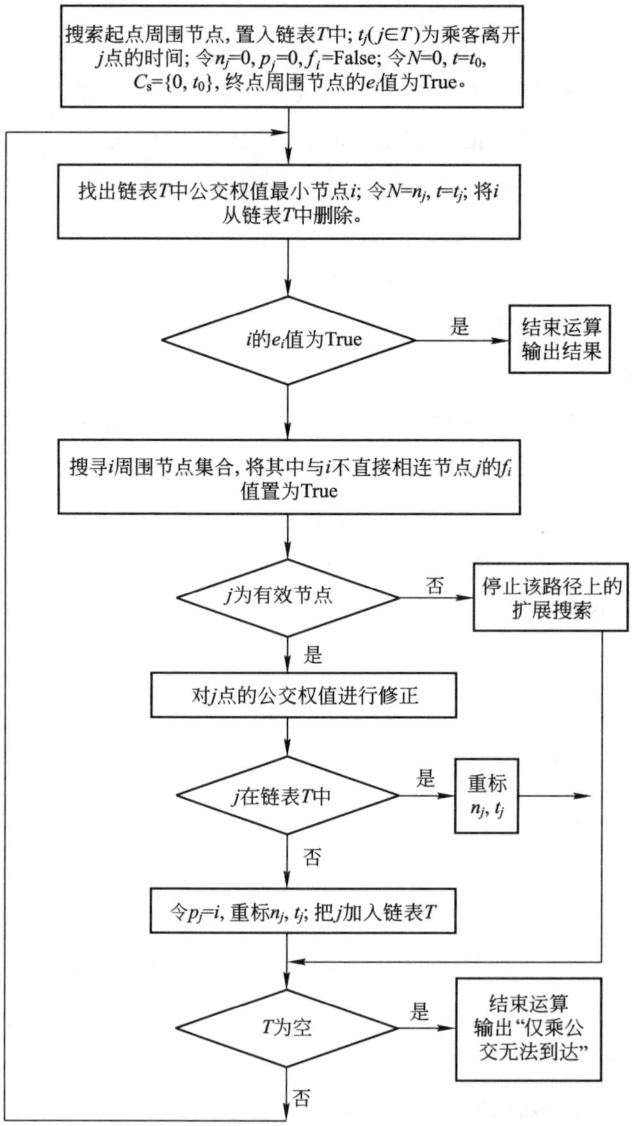

图 8.10 公交乘客出行单路径优化模型算法

惩罚函数的意义是当一条路段出现在合理路径中的次数越多，该路段再次被利用的可能性就越小，迭代系数 α 的大小决定了对重复路段的惩罚强度，其取值可根据具体路段采用模拟仿真进行标定。最优路径 d_{rs} 表示了重复惩罚强度具有随起讫点距离增大而逐渐减弱的趋势。

结合单路径最优算法，可设计公交网络多路径算法如下：

(1) 初始化，定义所需路径的最大数为 k，迭代次数为 0，$C_{ij}^{0}=C_{ij}$；

(2) 调用单路径算法，产生第 n 条最优路径，如果 $n=k$，跳到第 4 步；

(3) 第 n 条最优路径上 i，j 路段的公交权值变为 C_{ij}^{n+1}，令 $n=n+1$，转到第 2 步；

(4) 算法结束，输出 k 条备选路径的出行时间，换乘次数等。

算法的具体设计框图如下图 8.11。

3. 公交乘客出行路径优化总模型

对公交权值为 $C=\{N, t\}$、$C=\{t, N\}$，分别利用上述方法可得 k、$\bar{k}$ 条最优路径。乘客通过比较分析，从 $k+\bar{k}$ 条路径中选出最适合的出行路径。算法为：

(1) 初始化。定义 1 为优先选择换乘次较小的路径，在换乘次数相同的情况下再考虑出行时间；0 为优先选择乘客出行时间较小的路径，在出行时间相同的情况下再考虑换乘次数；

(2) 分别设定公交权值为 $C=\{N, t\}$、$C=\{t, N\}$；

(3) 调用多条路径算法，分别得出 k 条备选路径、$\bar{k}$ 条备选路径；

(4) 乘客根据备选路径，选择合适的出行路径。

具体框架如下图 8.12。

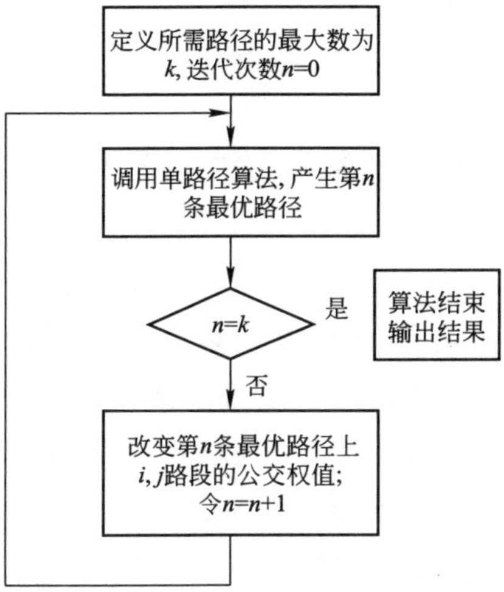

图 8.11　公交乘客出行多路径优化模型算法

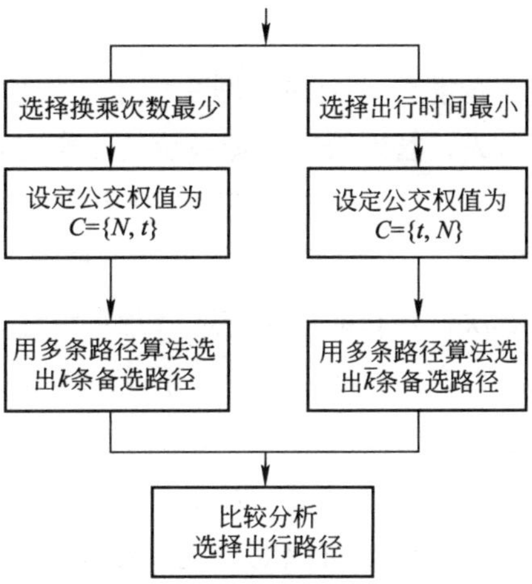

图 8.12　公交乘客出行路径优化总模型

第九章　城市智能公共交通评价体系和动态评价模型

9.1　城市智能公共交通评价系统概述

在智能公共交通管理系统中，评价是重要的环节之一。

首先，智能公交管理系统的正常运行，必须依靠评价子系统对公交服务水平的监测，针对运行数据，评价子系统将反馈出大量动态、实时的评价数据，为公交智能调度子系统的车辆调度以及公交信息服务子系统的信息服务提供数据支持，为自动化管理和辅助决策提供依据。

其次，在智能公共交通管理系统建设过程中，公交评价的数据可以作为系统设计的辅助工具，为实现智能公交管理系统的方案优化发挥作用。同时，在智能公交管理系统建设后，可以通过项目建设前后公交服务水平的对比分析，评价智能公交管理系统的建设效果。

此外，在城市公交规划的层面上，通过智能公交管理系统长期运营数据的整理和分析，评价子系统可以对公交系统整体状况进行更深入、充分的分析，把握公交总体水平，找出公交系统以及智能公交管理系统存在的问题及其成因，同时分析公交系统可能发挥的潜力。并可以为进一步的城市公交规划、公交线网规划或者公交线路建设、调整提供依据。

因此，智能公共交通管理系统建设中必须将评价子系统作为重点环节进行建设，同时必须建立一套科学、实用的公共交通综合评价指标体系。

9.2　智能公交评价子系统的新特性

与传统的公交评价相比较，新的智能公交管理系统的评价子系统，将具有如下的新特性：

◆ 实时性：由于智能公交管理系统可以通过信息采集子系统获得大量的实时数据，因此评价子系统可以针对公交系统进行更实时的评价。

◆ 准确性：由于智能评价子系统的评价是基于大量实时数据，并结合了专用 GIS 平台的基础信息进行的评价，与缺少大量数据支持的传统公交评价模式相比，具有更高的准确程度。同时，由于智能公交管理系统具有多种数据来源，因此还可以进行数据融合和挖掘，通过进一步标定提高数据的准确程度。

◆ 灵活性：由于智能公共交通管理系统建立了中央数据库系统和专用GIS平台，因此可以根据需求，对评价的内容进行灵活的调整。

◆ 针对性：根据评价指标参数的选择，智能评价子系统可以对单独车辆、驾驶员、公交线路、公交分公司的运营状况进行分别评价，也可以对特定时间段公交车辆、线路等的运营进行评价。也即是公交企业可以更有针对性地进行评价。

9.3 评价指标体系的建立

9.3.1 评价指标体系建立的原则

为了对城市公共交通智能管理系统进行全面的评价，首先必须确定评价的指标体系。建立评价指标体系，首先要确定评价的指标，然后按照一定的规则与方法，对城市公共交通的状态从其某一方面或多方面或全面的综合状况做出优劣评定。对智能化公交管理系统进行评价，还需要充分结合信息技术、通信技术的特点，建立综合性的评价体系。

评价指标体系的建立应遵循以下原则：

■ 整体完备性原则：应该从不同侧面反映公交的特征和状况；

■ 客观性原则：保证评价指标体系的客观公正，保证数据来源的可靠性、准确性和评估方法的科学性；

■ 科学性原则：指标的选择与指标权重的确定、数据的选取、计算与合成必须以公认的科学理论为依据；

■ 非线性原则：城市公共交通是一个复杂的系统，评价指标选取应遵循非线性原则，实现指标体系的结构最优化；

■ 实用性原则：城市公共交通发展水平评价工作的意义在于分析现状，认清所处阶段和发展中存在的问题，更好地指导实际工作，因此，尽量选取日常统计指标或容易获得的指标，以便直观、简便地说明问题。

■ 准确性原则：对城市智能公共交通管理系统进行评价，评价的结论将直接用于改进公交智能调度系统、公交信息服务系统及公交优先通行系统。因此，评价的结论必须明确、准确，能够充分发挥作用。

涉及公共交通的评价指标至少有几十种，精确的量化不等于评价的准确，对于发展水平的总体评价，应选取尽量少的指标，反映最主要和最全面的信息，每项指标应具有独立性、可量化和通用性。

9.3.2 指标体系建立的方法

城市智能公交管理系统的评价涉及面广、内容多，评价指标选取考虑的因素也多，因此，用简单的线性结构难以描述各指标的内在联系，本文将采用层次分析法建立树状的关系结构，运用目标层次分类展开法，将目标按逻辑分类向下展开为若干目标，再把各个目标分别向下展开成分目标或准则，依此类推，直到可定量或可进行定性分析（指标层）为止。目标层次分类法是最常用的方法，选取的指标直接与目标相关，具有层次性，并可随着目标的增多而扩充。[51]

9.4 层次分析法

9.4.1 评价指标体系结构

本章在确定评价指标时充分考虑到需要和可能相结合的原则：一方面应能够全面反映评价的主体和目标；另一方面评价指标值应该容易被获得，最好能够定量化。由于智能公共交通管理系统评价的内容众多，涉及面广，评价指标选取考虑的因素也比较多，在选取评价指标时，本课题综合考虑智能公交系统运营过程中的状况，提出了公交优先发展措施方案评价的三个评价层次：

第一，是针对公交运营水平的评价

建设城市智能公共交通管理系统，其根本目的是为了更好地为出行者提供服务。我国城市目前进行公交服务水平评价时，往往是将公交线网状况作为首要的参数进行评价。显然，上述这些评价指标只能实现对公共交通静态服务能力的评价，而城市居民对于服务水平的满意状况很大程度体现在动态公共交通服务水平上。本次智能公交管理系统对服务水平的评价，将更多体现在实时、动态评价，以及根据历史数据进行的数据分析评价上。

第二，是针对公交线网建设状况的评价

在传统的公交评价中，针对公交线网建设状况的评价通常使用线网指标、站场建设指标以及车辆配置指标来衡量公交基础设施的建设状况。本次智能公交管理系统研究中，将结合中央数据库系统以及公交 GIS 平台的数据，从公交线网建设层面上对公交系统进行评价。

第三，是针对公交系统的经济效益评价

建设城市智能公共交通管理系统，从公交企业自身角度出发，除了提高服务水平以外，更重要的是加强自身资源的管理能力，增强运营效率和经济效益。因此针对经济效益评价，将更多集中在财务评价。

由于智能公共交通管理系统自身承担着公交企业运营管理的任务，其主要功能将是为公交企业服务，因此在智能公交管理系统的评价子系统中，将不考虑更宏观的针对国民经济评价乃至社会环境效益评价。这部分评价是更高的公交规划层面的内容。

本次智能公交管理系统评价子系统采用的整体评价指标体系如图 9.1。

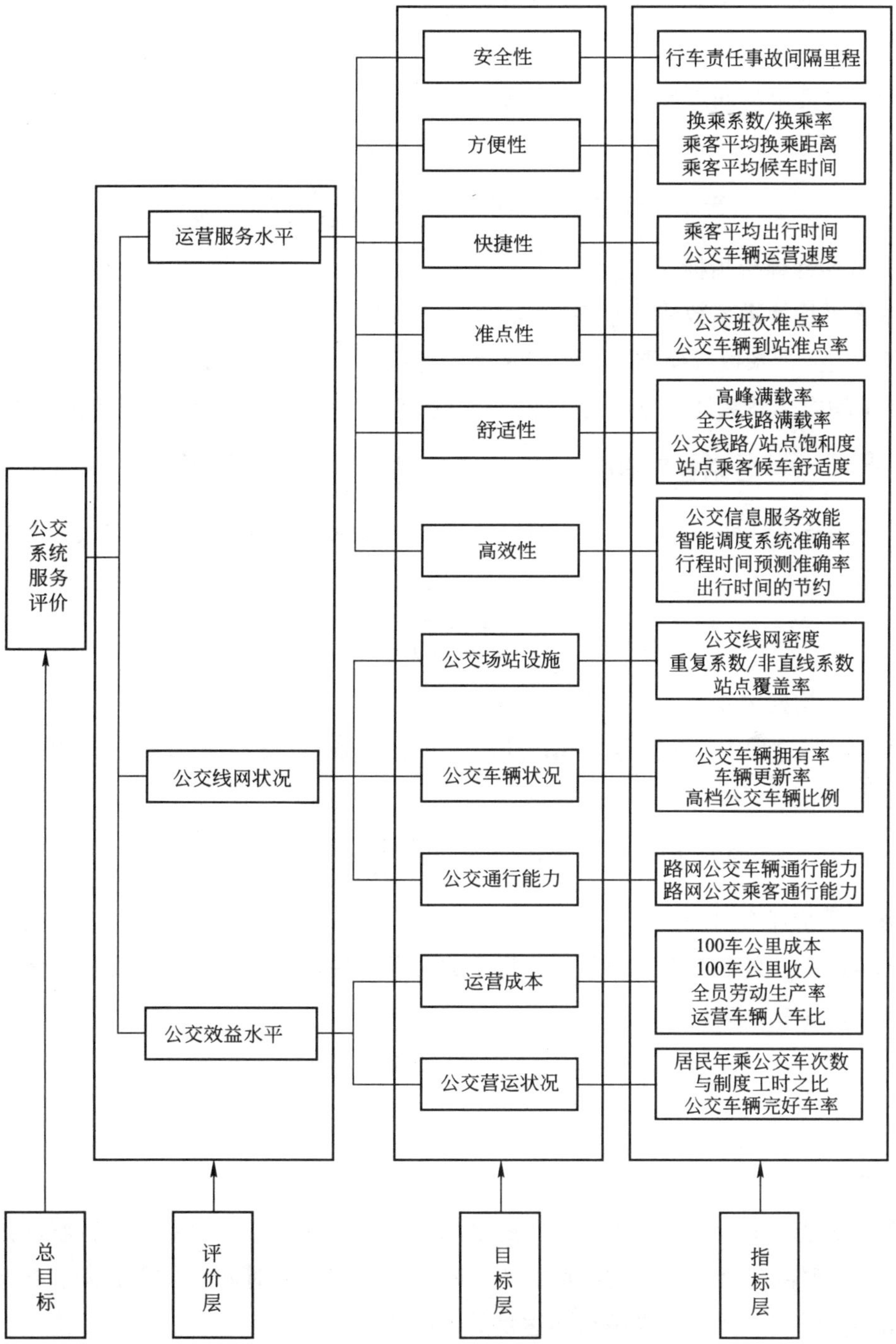

图 9.1 智能公共管理系统评价指标体系

9.4.2 评价指标

9.4.2.1 城市公交运营服务水平评价指标

公交运营服务水平主要反映乘客出行需求满足程度，一般从公交车辆运行的安全性、方便性、快捷性、准点性、舒适和高效状况等。

（一）安全性评价指标

◆ 行车责任事故间隔里程（万 km/次）

指平均行驶多少公路发生一次责任事故，反映交通安全状况，其计算公式为：

$$行车责任事故间隔里程=\frac{总行程（万\ km）}{行车责任事故数（次）}$$

（二）方便性评价指标

◆ 乘客平均换乘系数或换乘率（%）

乘客平均换乘系数或换乘率是衡量乘客直达程度，反映乘客方便程度的评价指标。

乘客平均换车系数计算方法为乘车出行人数与换乘人次之和除以乘车出行人次，即：

$$乘客平均换乘系数=\frac{乘车出行人次+换乘人次}{乘车出行人次}$$

换乘率是指统计期间乘客一次出行，必须通过换乘才能到达目的地的人数与乘客总人数之比，即：

$$换乘率=\frac{有换乘的乘客人数}{乘客总人数}\times 100\%$$

◆ 乘客平均换乘距离

指乘客出行过程中发生换乘的情况下，平均的换乘步行距离，反映乘客出行方便程度的指标之一。

$$乘客平均换乘距离=\frac{\sum 乘客换乘步行距离\times 换乘次数}{乘客总人数}$$

◆ 乘客平均候车时间

指乘客到达公交车站起至乘车离开为止的时间消耗，是反映乘车方便程度的另外一个重要指标。其计算公式为：

$$乘客平均候车时间=\frac{\sum 乘客人次\times 候车时间}{\sum 乘客人次}$$

（三）快捷性评价指标

◆ 乘客平均出行时间

指乘客在整个出行过程中出行时间的平均值，是反映城市公交系统运营状况的一个指标。乘客出行时间包括到达最初站点的步行时间、公交车上时间、换乘时间、在起点站及换乘车站候车时间以及由最终站点到达目的地的步行时间。

◆ 公交车辆平均运营速度

指公交车辆在某个路段、某条线路以及整个公交网络中的平均行驶速度，反映相应路段、线路及公交网络公交系统的运营状况。其计算公式为：

$$\overline{V}_S = \sum_{i=1}^{n} L_i \Big/ \left(\sum_{i=1}^{n} t_{1i} + \sum_{i=1}^{m} t_{2i} \right)$$

式中，$\overline{V}_S$ 表示公交车辆在道路上的平均行程车速(m/s)；L_i 表示第 i 条道路的里程(km)；t_{1i}表示公交车辆在第 i 条道路路段上的行程时间(s)；t_{2i}表示公交车辆在道路上第 i 个交叉口的延误(s)；n 表示干道条数；m 表示道路上交叉口总数。

（四）准点性评价指标

◆ 公交班次准点率(%)

指运营公交车辆在营运线路上准点行车次数与全部行车次数之比，即：

$$公交班次准点率=\frac{准点行车次数}{全部行车数}\times 100\%$$

◆ 公交车辆到站准点率

指营运公交车辆在线路上按照计划按时到达各站点(含终点站)的次数与全部站点到站次数之比，即：

$$公交车辆到站准点率=\frac{准点到达站点次数}{全部到达站点次数}\times 100\%$$

（五）舒适性评价指标

◆ 满载率/高峰满载率(%)

公交车辆满载率指客运期间公交车辆载运乘客的平均满载程度，即：

$$满载率=\frac{乘客高单向通过量}{车辆通过断面的客位数总和}\times 100\%$$

高峰满载率指客运高峰期间公交车辆在主要线路的高单向、高断面上载运乘客的平均满载程度，即：

$$高峰满载率=\frac{主要线路高单向高断面通过量}{车辆通过高断面的客位数总和}\times 100\%$$

◆ 全天线路满载率(%)

指运营车辆全天载运乘客的平均满载程度，其计算公式为：

$$全天线路满载率=\frac{乘客周转量(人\cdot 公里)}{客位行程(客位\cdot 公里)}\times 100\%$$

◆ 公交线路/站点饱和度

指通过公交线路、站点的公交车辆数量与相应线路、站点公交通行能力的比值，即：

$$公交线路饱和度=\frac{线路公交车辆通行量}{线路公交车辆通行能力}\times 100\%$$

$$公交站点饱和度=\frac{站点公交车辆通行量}{站点公交车辆通行能力}\times 100\%$$

◆ 站点乘客候车舒适度

指乘客在公交站点候车区域的舒适度，它利用乘客单位候车面积函数来体现，即：

$$站点乘客候车舒适度=\begin{cases}1.0 & \frac{A_i}{x}\geqslant 1.2\\ 0.8 & 0.9\leqslant\frac{A_i}{x}<1.2\\ 0.6 & 0.7\leqslant\frac{A_i}{x}<0.9\\ 0.4 & 0.3\leqslant\frac{A_i}{x}<0.7\\ 0.2 & 0.2\leqslant\frac{A_i}{x}<0.3\\ 0.1 & \frac{A_i}{x}<0.2\end{cases}$$

式中，x 为站点的候车人数；A_i 为站点 i 的候车区域面积(平方米)。

（六）高效性评价指标

◆ 公交信息服务效能

是指使用智能公交管理系统相应信息服务手段获取了公交信息服务的乘客与所有乘客人数的比值，或者信息服务次数与乘客总出行次数的比值。

◆ 智能调度系统准确率

是指公交车辆实际运营状况达到智能公交调度系统计划班次的准确程度，即：

$$智能调度系统准确率=\frac{按照调度指令完成班次的车次}{公交车辆行驶的总车次}\times 100\%$$

◆ 行程时间预测准确率

是指智能公交系统预测的公交车辆行程时间(或乘客出行行程时间)与公交车辆实际行程时间(或乘客实际出行行程时间)之比，即：

$$行程时间预测准确率=\frac{智能公交系统预测的行程时间}{实际行程时间}\times 100\%$$

◆ 出行时间的节约

是指由于智能公交管理系统的建设，乘客使用公交系统时节约的出行时间。该指标可以通过智能公共交通管理系统建设前后乘客出行时间统计对比分析后获得。

9.4.2.2 城市公交线网状况评价指标

城市公交线网的状况，对于公交乘客出行便捷关系非常密切，通常从公交场站设施、公交车辆状况和公交通行能力三个方面来进行衡量。

（一）公交场站设施状况评价

◆ 公交线网密度(km/km^2)：

为了反映公交复线、重叠系数的影响，采用公交运营线路密度评价居民接近公交线路的情况。其计算方法是用各公交运营线路的实际长度除以所经地区的面积，即：

$$公交运营线网密度=\frac{公交运营线路中心线总长度}{有公交服务的城市用地面积}$$

◆ 公交线路重复系数/非直线系数

公共交通线路重复系数反映了公交线路在城市主要道路上的密集程度，其计算方法是公共交通线路总长度与线路网长度之比，即：

$$公交线路重复系数=\frac{公交线路总长度}{有公交服务的线网长度}$$

公共交通线路的非直线系数反映了公交线路的曲折程度，其计算方法是公交线路首末站之间的实际距离与空间直线距离之比，即：

$$公交线路非直线系数=\frac{公交线路首末站实际距离}{公交线路首末站空间距离}$$

◆ 公交站点覆盖率(%)：

公交站点覆盖率是公交站点服务面积占城市用地面积的百分比，该指标是反映公交系统为城市居民服务便利程度的重要参数之一。通常按照 300m 半径和 500m 半径计算，根据我国《城市道路交通规划设计规范》的规定，公交站点覆盖率按照 300m 半径计算，不小于 50%，按 500m 半径计算，不小于 90%。

$$公交站点覆盖率=\frac{公交站点服务面积}{有公交服务的城市用地面积}\times 100\%$$

（二）公交车辆状况评价

◆ 公交车辆拥有率(标台/万人)：

以城市一定空间范围内每万人拥有的公交车辆标台数衡量城市公交运能的实际能力。一辆标准车按照 80 客位计算。根据我国《城市道路交通规划设计规范》的规定，大城市公交汽车和电车的拥有量为 10～12 标台/万人；中小城市为 7～8 标台/万人。

$$公交车辆拥有率=\frac{公交车辆台数(标台)}{有公交服务的区域人口(万人)}$$

◆ 公交车辆更新率

以城市公交车辆的更新数量作为城市公交系统建设的指标，其计算方式是每年更新的公交车辆与所有公交车辆之比，并可以根据公交车辆类型的不同分别进行计算。

◆ 智能调度车辆比例

在城市公交系统中实现智能调度的公交车辆与所有公交车辆之比，是反映智能公交系统建设程度的指标。

（三）公交通行能力评价

◆ 路网公交车辆通行能力(车/小时)

城市公交网络中单位时间内的公交车辆通行能力，表明特定公交站点、路段、线路公交车辆的通达性。

◆ 路网公交乘客通行能力

在城市公交系统中实现智能调度的公交车辆与所有公交车辆之比，是反映智能公交系统建设程度的指标。

9.4.2.3 城市公交效益水平评价指标

城市公交企业的效益状况，可以从公交企业运营成本和公交企业运营状况两个方面来进行衡量。

（一）公交企业运营成本

◆ 100 车公里成本(元/100km)

指公交车辆平均每行驶 100km 所耗用的运营成本。其计算公式为：

$$100\text{ 车公里成本}=\frac{\text{总成本(元)}}{\text{总行程(100km)}}$$

◆ 100 车公里收入(元/100km)

指公交车辆平均每行驶 100km 所产生的运营车票收入。其计算公式为：

$$100\text{ 车公里收入}=\frac{\text{车票总收入(元)}}{\text{总行程(100km)}}$$

◆ 全员劳动生产率(元/人)

指公交企业每一职工年内平均运营收入，其计算公式为：

$$\text{全员劳动生产率}=\frac{\text{运营收入(元)}}{\text{全部职工(人)}}\times 100\%$$

◆ 运营车辆人车比

指公交企业每一辆公交车辆对应的公交职工人数，其计算公式为：

$$\text{运营车辆人车比}=\frac{\text{全部职工(人)}}{\text{公交车辆数(辆)}}$$

（二）公交营运状况

◆ 居民年乘公交车次数(次/(人·年))

该指标反映公交利用程度，指公交企业服务区域内，平均每一居民一年内乘坐公交车次数。其计算公式为：

$$\text{居民年乘公交车次数}=\frac{\text{公交企业全年客运量(人次/年)}}{\text{市区人口(人)}}$$

◆ 与制度工时之比(%)

指公交企业服务区域内，平均每一职工(工作者)上下班在途时间占制度规定的工作时间(如一天 8h)之比，即：

$$\text{与制度工时之比}=\frac{\text{上班出行时间}+\text{下班出行时间}}{\text{制度工作时间}}\times 100\%$$

该指标与居民上下班乘坐公交车出行时耗，共同反映了城市公共交通的社会效益状况。

◆ 完好车率(%)

指完好车日数与运营车日数的比例，其计算公式为：

$$完好车率=\frac{完好车日}{运营车日}\times 100\%$$

9.5 评 价 机 制

对于智能公交管理系统的评价，如果只从整体上进行综合评价，将不能体现智能公交管理系统动态管理、智能调度的特性，因此在对智能公交管理系统进行整体评价的基础上，还需要针对其具体的运营过程，进行针对性评价。

从企业运营的特点出发，可以将对智能公交管理系统的评价，细分为实时动态调度评价、决策性统计评价，以及规划性评价等三部分。此时，评价所采用的评价指标将不限于对智能公交管理系统的评价指标，还包括部分由此基础上演化的评价指标。报告本部分内容采用的评价指标如果与前文相同将不再重述。

9.5.1 动态调度评价

公交动态评价是针对公交企业动态管理水平和服务水平的评价，由于智能公交管理系统能够提供大量实时数据，因此公交动态评价可以从公交站点、公交线路、公交路网三个层面上进行。

（一）针对公交站点的评价指标

◆ 站点乘客候车时间/未来预计候车时间

站点乘客候车时间是指该站点在过去单位时间（例如 1 小时）内乘客候车时间的平均值，用于评价乘客在该站点乘车的便捷性。

站点乘客未来预计候车时间是指该站点在未来单位时间内（例如 1 小时）内乘客预计候车时间的平均值，该值由站点客流量预测、公交车辆未来到站时间预测、公交车辆车上空间状况等参数决定。详细计算过程详见 4.2.1，客流量预测部分的内容。

◆ 站点乘客候车空间舒适度

◆ 站点乘客换乘率

该指标指通过该站点的乘客中，在本站下车换乘的概率。用于评价该站点与周边站点的联系程度，以及乘客在该站点的出行方便性。

◆ 公交站点通行能力饱和度

◆ 公交站点候车人数/未来预计候车人数

公交站点候车人数/未来预计候车人数用于评价该公交站点的当前和未来时段的需求情况。

◆ 站点公交车辆到站准点率

指单位时间(例如 1 小时)内到达该站点的公交车辆的到站准点情况，用于评价公交车辆在该站点的准点性。

◆ 站点公交信息服务效能

是指公交站点安装的信息服务设备状况，以及单位时间(例如 1 小时)内服务的乘客的数量。信息服务设备包括电子站牌、自助式问询机等。

(二) 针对公交路段/线路的评价指标

◆ 公交车辆在公交路段/线路的运营速度

◆ 公交线路乘客候车时间/未来预计候车时间

◆ 公交线路乘客候车空间平均舒适度

◆ 公交线路班次准点率

◆ 公交线路候车人数/未来预计候车人数

◆ 线路公交车辆智能调度准确率

◆ 公交线路通行能力饱和度

(三) 针对公交线网的评价指标

◆ 乘客平均出行时间

◆ 公交车辆平均运营速度

◆ 公交乘客平均候车时间/未来预计候车时间

◆ 乘客站点候车空间平均舒适度

◆ 公交车辆平均准点率

◆ 公交车辆智能调度准确率

◆ 公交线网通行能力饱和度

9.5.2 决策性统计评价

智能公交管理系统将可以根据系统运营的数据，通过统计分析对运营状态进行评价。

9.5.2.1 决策性统计评价指标的统计周期

智能公交管理系统将根据评价的目的，以不同的时间单位进行统计，统计的时间单位包括日、月、季度、年等，并可以根据需求对相关时段的统计数据进行对比分析。

9.5.2.2 决策性统计的评价指标

智能公交评价系统，将可以根据针对公交线路、公交分公司及公交公司整体的评价的目的，分别采用如下的评价指标：

(一) 针对乘客服务的评价指标

◆ 乘客平均换乘系数/换乘率

◆ 乘客平均换乘距离

◆ 乘客平均候车时间

◆ 站点乘客候车舒适度

- ◆ 公交信息服务效能
- ◆ 行程时间预测准确率

(二) 针对公交企业调度的评价指标

- ◆ 行车责任事故间隔里程
- ◆ 公交班次准点率
- ◆ 公交车辆到站准点率
- ◆ 公交车辆高峰满载率
- ◆ 全天线路满载率
- ◆ 公交线路/站点高峰饱和度
- ◆ 公交线路全天线路/站点饱和度
- ◆ 智能调度系统准确率

(三) 针对公交企业经营效益的评价指标

- ◆ 100 车公里成本
- ◆ 100 车公里收入
- ◆ 出车数
- ◆ 工作车时/营运车时
- ◆ 总里程/营运里程
- ◆ 全员劳动生产率
- ◆ 公交车辆完好率
- ◆ 公交出行时间的节约

9.5.3 规划性指标

规划性指标通常情况下不随时间经常变化，在智能公交系统建设到一定周期阶段时规划性项目的指标才会变动。因此，规划性指标是反映公交管理系统建设状况，以及智能公交管理系统整体运营效果的指标。规划性指标包括：

- ◆ 公交线网密度
- ◆ 公交线路重复系数/非线性系数
- ◆ 公交站点覆盖率
- ◆ 公交车辆拥有率
- ◆ 公交车辆更新率
- ◆ 智能公交车辆拥有率
- ◆ 运营车辆人车比
- ◆ 路网公交车辆通行能力
- ◆ 路网公交乘客通行能力

9.5.4 为智能公交调度子系统提供数据支持的实时评价指标

利用智能公交信息采集子系统收集的公交车辆位置信息、公交客流量信息，以及其他信息源的城市道路交通信息，智能公交管理系统通过信息融合和处理技术分析得到多种公交动态数据，例如：公交车辆的车速、公交车辆满载率、公交车站候车人数、公交车站候车时间等信息。智能公交调度子系统将利用智能公交评价子系统的评价结果，对公交班次安排进行调整，并对公交车辆进行实时调度。

在本次的智能公交管理系统研究中，为智能公交调度子系统提供数据支持的实时评价指标及数据来源，如下所示：

◆ 公交饱和度：根据公交车辆的 GPS 定位数据和车辆客流量检测器的数据，结合 GIS 平台上各公交线路、站点的属性信息，智能公交管理系统可以统计出单位时间内通过各站点、线路的公交车辆和乘客数量。结合智能公交调度子系统计算的公交车辆和乘客通行能力，为智能公交评价子系统提供公交饱和度数据。

◆ 公交车辆平均车速：通过公交车辆的 GPS 定位数据，可以推算出各公交车辆的即时车速，再根据预测和分析算法计算其行程车速，进而通过统计获得公交车辆在各线路、各时段的平均车速。

◆ 公交车辆行程时间：根据公交车辆的即时车速，结合智能公交管理系统存储的公交车辆历史行程时间数据，以及交管部门提供的城市道路车速数据和道路拥堵数据。利用 GIS 平台中各公交线路、各站点属性数据，对未来公交车辆在线路上的行程时间进行预测，得到公交车辆在各线路上的行程时间。

◆ 公交车辆满载率：根据公交车载客流量检测器获取的各站点上下车人数，智能公交管理系统可以获得各公交车辆上的实时载客人数，根据公交车辆相应的最大载客定额，得到各公交车辆的满载率，并可以根据统计得到高峰小时满载率和各线路全天满载率。

◆ 乘客乘车舒适度：根据公交车载客流量检测器获取的各站点上下车人数，智能公交管理系统可以获得各公交车辆上的实时载客人数，根据评估算法得到乘客乘车舒适度。

◆ 公交站点乘客平均候车时间：根据公交车载客流量检测器获取的各站点上下车人数，结合公交车辆到达各站点的 GPS 定位数据，根据乘客客流量预测算法，得到各站点乘客候车的平均时间。

◆ 公交企业经营效益：通过公交车载 IC 卡终端发送的交易数据，以及公交企业智能化管理系统(MIS)中公交票务管理数据和公交线路成本管理数据，可以得到公交企业在各条线路不同时段的经营效益指标。

◆ 公交站点乘客候车舒适度：通过公交车载客流量检测器获取的各站点上下车人数，根据乘客客流量预测算法，得到各站点乘客的候车人数。结合中央数据库系统中各站点的站台面积等指标，计算出公交站点乘客候车舒适度。

9.6 综 合 评 价

本章节的内容将讨论用于城市公共交通系统综合评价的智能公交管理系统评价的权重。多数综合评价方法通过各目标的权反映目标的相对重要性。确定权的方法常用的有三种：加权最小平均法(weighted least square method)、特征向量法(eigen vector method)和极大熵法(entropy method)。

9.6.1 特征向量法

即常用的AHP法，是美国匹兹保大学Saaty于1971年所创。该方法由各指标间的相对重要程度两两比较建立判别矩阵，再求得该矩阵的特征向量，其分量即为各指标的相对权重。假设判别矩阵为

$$A \cdot a_{ij}=\omega_i/\omega_j \tag{9-1}$$

若

$$a_{ji}=1/a_{ij} \tag{9-2}$$

则判别矩阵A称为正倒置矩阵(positive reciprocal matrix)，当符合：

$$a_{ij}=a_{ik}/a_{jk} \tag{9-3}$$

时，称矩阵A为一致性矩阵(consistency matrix)，设权重向量 $W=(\omega_1, \omega_2, \cdots\omega_n)$，有 $(A-nI)W=0$。一般 ω_i/ω_j 未知，由评估者主观判断得矩阵 A' 中的 a'_{ij} 与理想的 ω_i/ω_j 有些差异，即 $a_{ij}\approx\omega_i/\omega_j$，$\lambda\approx n$。

若满足 $A'W'=\lambda_{max}$，其中 λ_{max} 为最大特征值，W' 为特征向量，特征向量各分量即为各指标的相对权重。一致性由一致性指标(consistency index)CI 判别：

$$CI=\frac{\lambda_{max}-n}{n-1} \tag{9-4}$$

当 $CI\leqslant 0.1$ 时，矩阵A的一致性合格。

正倒数矩阵随其阶数不同有不同的 CI 值，称之为随机指标(random index)RI。阶数 n 及其相对 RI 值，如表9.1。

随 机 指 标 表9.1

阶数	1	2	3	4	5	6	7	8
RI	0.00	0.00	0.58	0.90	1.21	1.24	1.32	1.41
阶数	9	10	11	12	13	14	15	
RI	1.45	1.49	1.51	1.48	1.56	1.57	1.58	

其中阶数为1～11时的 RI 值，由500个样本求得，阶数为12～15时，由100个样本求得。

对矩阵 A 的一致性检验，由一致性比(consistency ratio，简称 CR)判别，

$$CR=\frac{CI}{RI}$$

当 $CI\leqslant 0.1$ 时，矩阵 A 的一致性检验合格。

9.6.2 加权最小平方法

该方法由 Chu 等人提出，也必须先建立判别矩阵，同上假设理想权重为 ω_i/ω_j，评估者估计的权重为 a_{ij}，权重的决定即解下列极值问题：

$$\min Z=\sum_{i=1}^{n}\sum_{j=1}^{n}(a_{ij}\omega_j-\omega_i)^2$$

$$\text{s. t.}\ \sum_{i=1}^{n}\omega_i=1 \tag{9-5}$$

上述目标函数最小，可采用 Largrangian 法，

$$L=\sum_{i=1}^{n}\sum_{j=1}^{n}(a_{ij}\omega_j-\omega_i)^2+2\lambda\left(\sum_{i=1}^{n}\omega_i-1\right) \tag{9-6}$$

对 $\omega_i(i=1,2,\cdots,n)$ 和 λ(拉格朗日乘子)求偏导为零，用线性代数方法求解，即可得各权重 $\omega_i(i=1,2,\cdots,n)$。

9.6.3 极大熵法

假设决策矩阵 D 对应于 m 个备选方案和 n 个指标，则：

$$D=\{X_{ij}\mid i=1,\cdots,m;\ j=1,\cdots,n\} \tag{9-7}$$

定义指标 j 投影为 P_{ij}

$$P_{ij}=\frac{x_{ij}}{\sum\limits_{i=1}x_{ij}},\forall i,j \tag{9-8}$$

定义熵 E 为 P_{ij} 的集合，代表不确定衡量值，

$$E=-k\sum_{i=1}^{m}P_{ij}l_{\mathrm{n}}P_{ij},\forall j \tag{9-9}$$

设：

$$k=1/l_{\mathrm{n}}m \tag{9-10}$$

使得 $0\leqslant E_j\leqslant 1$。令：

$$d_j=1-E_j,\ \forall j \tag{9-11}$$

则指标权重的决定分为两种情况：

决策者对指标无主观偏好差异，则各指标权重值

$$w_j=\frac{d_j}{\sum\limits_{j=1}^{n}d_j},\forall j \tag{9-12}$$

决策者对指标有主观偏好差异，则各指标权重值

$$w_j = \frac{\lambda_j \omega_j}{\sum_{j=1}^{n} \lambda_j \omega_j}, \forall j \tag{9-13}$$

9.7 城市智能公交效益分析

9.7.1 企业效益

城市智能公共交通管理系统的系统成效首先提高了公交企业运营水平，主要包括如下方面：

(1) 能够显著提高企业的调度能力和服务水平

智能公交管理系统中的智能调度系统，将使得公交调度能够更为准时地进行，调度计划的编制、实时变更将更具有预见性。同时，还可以根据公交客流量需求情况和道路交通状况，对公交车辆进行进一步地实时调度。如此将显著提高公交企业的调度能力。

同时，根据长期对客流量数据的采集和整理，智能公共交通管理系统将根据乘客的出行需求，对公交线路、场站进行相应的调整，使得乘客换乘衔接更为高效，换乘方案可预见性强，降低乘客的候车时间和乘车时间。这些措施将提高公交乘客的满意程度，提高公交企业的服务水平。

(2) 能够显著提高企业的管理水平

利用智能公交管理系统中 MIS 系统强大的信息处理和整合能力，城市智能公交管理系统将大大提高公交企业的管理水平。能够让公交企业的管理层随时掌控企业的经营及成本状况，针对性的进行经营策略。

同时，智能公交管理系统中的调度系统、车辆维护管理系统、财务系统及人员管理系统，将大大减少公交企业日常繁琐的人工操作，减少公交企业的管理层次和管理成本。而采用 IC 卡等支付方式的公交收费系统，将方便公交企业的结算管理，并减少处理时间。

(3) 能够为公交乘客提供完善的信息服务

公交智能化使多种公交运输方式间信息实现互通和综合，信息维护更新的及时性增强。由信息互通建立多方式间、不同运营公司间、政府与企业间、不同区域间横向信息服务体系及企业内部管理层、车队、场站、公交工具、司乘人员等之间的纵向信息交换服务体系。在安全性上信息互通对事故等紧急信息反馈性能大大提高。

通过构建包括互联网公交信息服务网站、公交电子站牌、公交信息查询终端、手机短信查询平台、公交热线服务电话、电视/电台广播等信息服务模式，公交乘客将可以获得更为及时、准确、有效的信息服务。

9.7.2 社会效益

在人口总量增长趋缓的同时，我国人口城镇化水平则在快速增长。到 2005 年，中国城镇化水平已经提高到 43%。进入 21 世纪，在已经过去的 5 年中，城镇化水平每年提速超过 1 个百分点，并呈现进一步加速趋势。这意味着，按照国家统计局 2005 年统计公报提供的数据，在过去一年里，中国城市人口增加了 1500 多万。到 2005 年底，中国城市人口总数已经达到了 5.6 亿。

城市化进程的加快，必将造成城市居民出行量的逐年递增，2004 年城市居民的交通总量已达 2500 亿人次。然而，由于多种原因致使公交车辆运营速度由每小时 12～14 公里下降至 4～10 公里，新增的运力被运输效率下降抵消，公交承担运量不断减退，居民出行方式逐年由公交向自行车、助力车、私人小汽车等个体交通方式转移，这无疑加剧了交通需求的不断增加与公共交通发展相对滞后的矛盾成为摆在我们面前的一项迫切任务。优先发展城市公共交通，改善公交服务水平，吸引更多乘客乘坐公交出行无疑是解决这一矛盾的首选途径。通过建立城市智能公交管理系统来缓解、进而解决大、中城市目前普遍存在的交通拥挤、交通事故频繁和环境污染等问题已成为一种共识，它是实现城市可持续发展的一条必由之路。

城市智能公交系统可以显著提高公共交通服务水平，吸引更多乘客采用公交方式出行，从而带来了减少交通拥挤，空气污染和能源消耗等一系列社会效益。城市智能公交管理系统通过掌握公交车辆实时运行情况以及乘客客流量数据，可以实现精确平稳的公共交通运营服务，它将运营中的公共汽车和控制室之间建立信息交换，并利用诱导和双向通信的方法，将服务信息提供给公共汽车运营人员和驾驶人员，同时这些信息也通过进站汽车指示系统和公交与铁路接驳信息系统提供给乘客。公交智能系统科学灵活的调度车辆，采取应急措施，使车辆运行间隔保持均匀；使正点率、趟次率大幅度提高；同时乘客可根据电子地图方便快捷的选择出行线路，提高公交车辆运行速度和公交服务质量以吸引公众乘坐公交车出行，从而可以有效地缓解城市交通压力，解决城市交通问题。

同时，城市智能公交管理系统对实现“公交优先”具有重要的实用意义，由于公交车辆载客人数较多，同时公交车辆的动力性能相对较差，因此在城市道路交叉口重新启动时，公交车辆启动的时间比周围小汽车长很多，对周围小汽车的干扰较大。特别是当公交车辆转弯时，由于需要减速，公交车辆对周围车道小汽车的影响更为明显。通过在道路基础设施方面合理的设置公交专用道、道路交叉口的公交专用进口道和只允许公交车辆转弯的管理措施，并在道路交叉口设置公交车辆信号优先控制设备，公交车辆将能够实现在路段和交叉口的优先通行，实现道路交通资源的优化配置。由于可以实现公交车辆与社会车辆的在道路资源上的更合理分配，因此可以减少公交车辆与社会车辆在道路路段和交叉口的交织干扰，对于目前日益严重的城市交通问题而言，还有利于改善城市道路和交叉口拥堵状况。

此外，城市智能公交管理系统的研究和建设，还为进一步制订城市智能公交领域相关的国家标准和技术规范奠定了基础。每一项国家标准，尤其是技术领域能够发挥实际作用的国家标准，都需要经过一定时间的应用，真正符合当前国家的实际情况，并对未来的发展保持必要的前瞻。

9.7.3 经济效益

9.7.3.1 公交企业的运营经济效益

在公交企业的主营成本构成中，燃油和人员工资占成本的主要部分。以北京巴士公司为例，其主营成本中，燃油约占30%，人员工资约占30%。随着近年来、尤其是今年燃油价格的大幅度增加，公交企业的燃油成本已经进一步加大。北京巴士公司一线司机、售票人员的平均工资略高于1000元，与北京市人均收入水平存在较大的差距，在未来仍然存在上涨的动力。而公交企业公司的营业费用、管理费用和财务费用占主营收入的比例一直比较稳定，三大费用率之和一直占15%左右。

城市智能公共交通管理系统建设产生的经济效益，体现在如下几个方面：

(1) 公交车辆实现智能调度，运力提高所减少的车辆购置及运营成本

通过采用公交车辆GPS定位系统、客流量检测器等信息采集设备，智能公交调度子系统能够根据城市公交客流量需求进行公交车辆调度指挥，使得公交系统的运力、运能得到了很大程度的提高。根据测算，智能公交调度子系统能够提高系统10%～15%的运能。以北京市为例，2005年北京市公交电汽车保有量为19101辆。通过城市智能公共交通管理系统的建设，如果逐步淘汰原有陈旧车型，减少重新购置公交车辆数量，以公交车辆平均购置价格25万元/辆，年运营成本15万元/辆，通过减少10%公交车辆在未来可节约车辆购置成本4.78亿元，年运营成本降低2.87亿元。2005年底全国公共汽、电车保有量是31.1万辆，则相应可以减少车辆购置成本77.75亿元、车辆年运营成本46.65亿元。或者在保持相同公交建设投入的情况下，提高各城市的公共交通服务水平。

(2) 利用公交车辆区域调度后，减少的公交车辆配置及运营成本

通过将公交车辆区域调度技术引入智能公交管理系统，公交企业各线路所需要配备的公交车辆还可以进一步降低，根据国外的应用经验，区域调度能够减少的车辆配置为8%～12%。当公交企业采用车辆区域调度和实时调度模式相结合时，区域调度的效果将受到一定影响，保守估计，以降低公交车辆配备4%计算，北京市公交车辆能够降低的运营成本为3.06亿元。从全国情况看，能够降低年运营成本18.66亿元。

(3) 公交信息服务子系统提供的广告及信息服务收入

目前，国内公交企业通过多种模式，开始在公交车辆上大量安装公交车载电视系统。车载电视系统的投资模式，主要包括如下两种方式：

第一是将公交车载信息终端纳入到城市移动电视系统中，由广告传媒公司负责公交车载广告。这方面的应用范例包括：上海东方明珠移动多媒体公司，它在上海构建起包括

6000 辆公交巴士、3000 辆出租车以及部分轨道交通组成立体移动播放平台，2005 年广告收入达到 5008 万元，实现利润 1027 万元。而巴士在线公司把提供智能公交系统和开展公交移动电视两个业务整合在一起，为公交公司免费提供安装智能公交系统，获得公交公司的车载移动电视的媒体资源。根据行业预测，未来移动电视市场将有 8～10 亿元的广告空间，其中公交车辆部分的广告收入将达到 4～5 亿元。

第二种是由公交企业自身负责本公司车载信息终端的广告运营，该种模式下，公交企业可以根据企业状况、当前社会发展状况更灵活的对广告进行调整，并及时增加新的信息服务内容。北京北广传媒移动电视有限公司在创收上作了一些尝试。他们制作了利用手机短信互动的娱乐节目，希望通过和移动运营商分账的方式增加收入。其实这也是传统电视媒体早已开发成熟的思路之一，而移动电视受地域限制，永远比不上传统有线电视频道的收视率，这一天然缺陷，使得短信收入只能成为广告收入模式的补充。在这方面类似的应用范例包括北京广播电台，其交通广播频率的广告收入早已在 2004 年突破了 1.7 亿元大关。

此外，公交企业或者由公交企业提供数据的信息服务商进行公交信息服务，也是未来公交企业重要的建设内容和收入来源。北京市为例，2005 年末北京市常住人口 1538 万人，旅游人口 363 万人次，仅以北京市目前公交出行率 29.8％测算，公交信息服务系统将拥有至少 458 万的潜在用户。实际上北京拥有小汽车、自行车等交通工具的居民，同样有采用公交出行的情况。即使不使用公交出行也可以利用公交信息服务为出行进行辅助决策。因此，公交信息服务系统的用户群体将更大，相应的信息服务的潜在收益更多。

(4) 将 MIS 融入智能公交管理子系统，公交企业营运费用和管理费用的降低

公交企业的各级管理成本和营运成本，也将随着智能公交管理系统的建设，MIS 系统深入企业管理的各个环节而随之降低。以北京市为例，北京巴士公司企业的营业费用、管理费用和财务费用占主营收入的比例一直比较稳定，三大费用率之和一直占 15％左右。如果通过减少公交企业的管理层次，将管理层扁平化，同时撤销原有的公交线路上的调度室，相应减少调度人员及维护成本，都将降低公交企业的营运费用和管理费用。北京市 2005 年末，公交线路为 622 条，如果撤销了原来在每条线路设立的副站调度室，每条线路相应减少 4 名调度人员，全年可节约工资性支出 3000 万，同时还可以减少调度室的固定资产投入、维修和日常使用费用。北京公交企业中的北京巴士公司，2005 年运营成本为 25.17 亿元，以智能公交管理系统降低企业管理和财务成本合计 2％计算，则可以降低企业运营成本 5035 万元。

(5) 智能公交管理系统数据的经济效益

智能公交管理系统的信息采集子系统可以自动地对客流数据、车辆定位数据、车速数据、乘客候车数据等动态数据进行采集和分析。长期运营后记录的大量数据，将可以用于线网改造、优化，城市交通专项规划、交通枢纽改造、城市总体规划等项目的数据支持。

同时，由于智能公交管理系统数据采集模式是自动化的，这大大降低了数据采集的成

本，同时提高了数据采集和分析的速度。以北京市第三次交通综合调查为例，此次调查共设置8大项，12个专项，调查对象涉及居民81760户，机动车226万辆，出租车6529辆，各类单位600个，共动用专业技术人员、调查员等逾9万人次。调查工作从2004年末开始技术筹备，2005年9月正式启动，至2006年11月数据处理工作基本完成，历时2年多。其中涉及公共交通部分的调查数据，完全可以由智能公交管理系统采集的数据分析获取，比人工调查的数据样本数据极大的增加，同时调查数据具有更高的精度。

9.7.3.2 社会整体经济效益

(1) 交通环境成本的估算

交通环境成本的计算公式为：

$$P_1 = D \cdot \alpha_1$$

其中：P_1——环境成本；

D——环保总投入；

α_1——污染分担率。

对地方性空气污染、噪声分别进行社会成本估算是相当复杂和繁琐的，计算的结果有时也不很准确。本文以北京市为例，应用了间接方法对交通环境成本(包括噪声、地方性空气污染两部分)进行估算，即在环境保护总投入的基础上，确定一个合理的交通污染分担率，继而得出交通环境成本。

机动车排放污染已成为北京市大气污染的主要来源之一，其直接排放的污染物总量、浓度的分担率均呈现上升趋势。北京城市空气中机动车排放的CO和NO，分别占全市各污染源排放总量的63%和46%；由于机动车尾气管高度低，污染物排放属于超低空排放，因此其环境浓度分担率更高，分别为84%和73%。另外，对北京市城近郊区大气PM_{10}和PM_{25}的源解析表明，含交通扬尘在内的各种扬尘污染是大气PM_{10}和PM_{25}的主要污染源，PM_{10}的排放量占到39.5%。在扬尘浓度分担率中，交通扬尘的比例占到65%。北京市交通噪声一直居高不下，多年来都在70dB左右。2005年北京市区建成区交通噪声平均值为69.5dB。

根据环保部门的监测，燃油公交车每天排放的尾气中含有CO(一氧化碳)为0.48千克、HC(碳氢化合物)为0.13千克、NOx(氮氧化合物)为0.7千克，另外还有二氧化硫、烟尘微粒等污染物。

智能公共交通管理系统通过提高公交系统的运力，降低了各条线路上公交车辆的调度班次。以北京市公交公司情况为例，由于采用公交车辆自动化智能调度和区域调度技术，在相同的服务水平下，公交企业所需要投入的公交车辆运营班次可以降低12%～16%，按照公交车辆平均减少运营量14%计算，全年可以减少CO排放量491吨；HC排放量133吨；NOx排放量715吨。

北京市2005年全市城市环境基础设施建设、污染源治理、污染治理设施运行费用、环境管理能力建设等环境保护投资达到179.3亿元，占当年国内生产总值的2.63%。通过综合测算，北京市环境保护成本中，交通产生的成本为65%～70%，取其下限65%计算，则2005年北京市交通环境环境成本为116.5亿元。

虽然公交车辆的数量只占北京市车辆保有量的0.93%，但是占空气污染物排放比例却较高，占所有车辆的7.5%左右，则2005年北京市公交车辆空气污染造成的社会成本为8.74亿元。

根据前面的测算，全面建设城市智能公共交通管理系统后，公交企业使用的公交车辆数量可以相应减少10%左右，此外由于公交车辆的行程得到优化其排放也将相应减少，以3%计算，则北京市公交车辆空气污染的环境成本可以减少1.11亿元。

(2) 交通拥挤成本的估算

交通拥挤成本的计算公式为：

$$P_2=c\times q\times t\times m\times \alpha_2\times d$$

其中：P_2——拥挤成本；

c——日拥挤成本；

q——人均产值；

t——日损失时间；

m——总从业人员；

α_2——乘车比例；

d——全年工作日。

从总体上看，交通拥堵已经成为中国大城市、特大城市交通的一大特点，也是一个急需解决的难题。交通拥堵引发的拥挤成本，实际上也非常惊人。同样以北京市为例，2005年北京市GDP为6814.5亿元，总从业人员为812.75万人，按一年250个工作日，每天工作8h计算，则可知北京市2005年人均产值为41.9元/h。根据北京市城调队对城八区居民进行的家庭调查情况来看，在对交通工具的选择方面，29%的人乘坐公交车和地铁，如果平均每人每天由于交通拥堵损失的时间为半小时，则北京市一天的拥挤成本即为4938万元/天，全年的拥挤成本将达到123.4亿，占北京市2005年CDP的1.81%。根据统计资料，2003年我国因交通拥堵造成的经济损失达2500亿元，占2003年GDP的2%。2005年我国GDP达到159878亿元，按照等比计算，我国2005年交通拥堵成本高达3200亿元。实际上我国城市汽车保有量已经从2003年的2383万辆激增到2005年的3180万辆，增长了33.4%，城市尤其是大城市交通拥堵情况更为严重。因此，交通拥堵成本实际更高。按照北京新的总体规划的目标，到2020年北京市中心城区居民的公交出行率将达到50%。此时，智能公共交通管理系统将发挥更大的作用，节约更多的交通拥堵成本。

(3) 石油能源方面的成本分析

我国目前已经成为石油的净进口国家，其中很大一部分进口石油是用于汽车的燃料消耗。公交行业虽然占城市车辆的比例很低，以北京市为例，公交车辆只占民用车辆保有量的0.93%，但是由于公交车辆每天行驶时间长，载客人数多，同时车辆自重大，因此城市公交企业是燃油的消耗大户。在燃油价格近期连续上涨的情况下，公交企业的运营成本面临更大的压力。根据计算，油价每上涨一角钱，北京市 20000 辆公交车辆每年就多支出 3000 多万元。

以最常见的 10.5 米长公交车辆为例，其百公里正常油耗在 30 升左右。但是，如果公交车辆在运营中如果长时间低速行驶、频繁起步，或者经常在公交车站二次进站停车，则其油耗将大幅度增加，甚至可能达到 40 升。因此，实际上影响公交车辆油耗的不仅仅和行驶里程有关，公交车辆行驶的状态也有着非常大的影响。

智能公共交通管理系统在降低燃油成本方面，主要将从以下两个方面起到积极的作用：

➢ 由于公交系统运力的提高，在公交服务水平保持不变的情况下，公交企业可以减少公交车辆的班次，公交车辆运营里程将减少 10%左右；

➢ 通过智能公交调度子系统自动发送到公交车辆上的调度指令，可以使得公交车辆在线路行驶中保持良好的动力状态，尽量维持匀速行驶，避免道路拥堵和交叉口红灯使得公交车辆频繁起步。同时，智能公交调度子系统还可以对不同线路公交车辆在公交站点进站和离站的安排更加科学，减少公交车辆在站点外等待进站或者二次停车。通过对公交车辆的实时调度，公交车辆动力的有效使用，公交车辆油耗将至少降低 3%～5%。

同样以北京市为例进行分析，北京市公交车辆每日运营里程 500 万公里，如果减少 10%的运营里程；同时，公交车辆的平均油耗再降低 4%，则每日可节油 204 吨，全年节油 74460 吨，节约资金 3.7 亿元。

此外，由于公交服务水平的提高，将吸引更多的居民采用公共交通方式出行，这就大大降低由于采用小汽车方式出行引发的燃油消耗。如果北京市居民小汽车出行率由 2006 年的 29.8%降低到 24.8%，则以每年小汽车行驶 3 万公里，汽车百公里油耗 10 升，仅仅北京市每年就可以节约小汽车燃油消耗 122.9 万吨。如果在全国范围都能够实现同样的公交出行率，则可以减少燃油消耗 1805 万吨。这对于我国经济长期可持续发展、降低进口石油压力具有积极的意义。

第十章　未来城市智能公交管理系统的展望

未来的城市智能公交管理系统，将具有客流管理智能化、运营调度智能化、安全管理智能化、驾驶员管理智能化、车辆管理智能化、计划制定智能化、运营排班智能化、信息查询智能化、统计分析智能化的特点。

未来的城市智能公交管理系统，在通信上，将实现通信系统与智能公交管理系统软件的无缝耦合，利用与城市通讯运营商的合作，依靠高可靠性、低成本的通信终端，实现公交车辆与监控调度中心、智能公交管理系统各子系统间、公交企业内部、城市交通相关部门等各个层面信息的数据传输和共享。

社会化通用通信网络，以低成本实现了公交企业运营数据的实时采集、快速传输。同时，通过与城市信息服务商的合作，利用基于GIS平台和中央数据库系统，使得城市公交乘客和居民可以从多种方式获取动态公交信息服务。

同时，加强公交车载终端的功能，除了实现公交车辆的定位及调度、通信功能外，还可以利用外接检测器模块实现对公交乘客客流量、车辆温度及湿度、车上状况视频录像等功能。此时，公交企业除了可以利用无线通信系统采集和传输的车辆运营数据进行车辆调度和车辆运营管理，车载终端还能够实现数据和话音双重传输功能。

从智能公交管理系统的整体系统要求上看，未来的智能公交管理系统必须满足用户容量大、网络范围覆盖广、调度信息响应速度快、全自动语音报站自动化、信息发布广泛、出行者信息服务智能化、设备自维护智能化的要求。

未来的智能公交管理系统在管理软件方面将充分利用多源传感器实时采集到的各种车辆运营信息，利用软件工程方法和信息管理系统、数据库技术、数据挖掘技术对公交企业的管理进行进一步改造，充分利用公交企业多年积累、沉淀的数据及管理经验，用科学的方法进行优化，建立现代公交企业管理的数学和管理模型，实现公交企业调度和管理的系统自适应、自主式优化。

同时，未来的城市智能公交管理系统必须充分利用和共享公交企业各种信息，随着城市交通共用信息平台的建设，智能公交管理系统将可以与城市其他交通相关管理部门和企业共享城市交通信息。

智能公交管理系统将实现与城市规划的有机结合，在城市规划、公交系统线网规划、公交场站用地布置及交通工程设计等多个方面，充分考虑智能公交管理系统未来建设、运营的需求，避免城市公共交通系统不必要的重复建设和改建。

整个智能公交管理系统将真正实现以人为本、人性化、智能化的运营和操作，提高公交系统运营的效率，实现公交车辆动态调度，实现公交车辆行程时间的高精度预测。切实提高公共交通服务水平，诱导更多城市居民采用公共交通方式出行。

参　考　文　献

1. 杨兆升．城市智能公共交通系统理论与方法［M］．北京：中国铁道出版社．2004

2. 城市智能公共交通管理系统研究［R］．北京：中国城市规划设计研究院．2006

3. 北京市2007年统计年鉴

4. 中国2007年统计年鉴

5. 杨新苗．城市公交发展技术保障体系关键技术研究［D］．东南大学博士学位专题．2000

6. 中国智能交通行业年度报告［R］．全国ITS协调指导小组办公室．2004.4

7. 黎明，张国华，戴继锋．基于公交通行能力约束条件下智能公交调度系统设计［J］．中国城市交通规划学术委员会2005年会暨第二十一次学术研究会论文集．北京：2005：600～604

8. 杨兆升，胡坚明．中国智能公共交通系统框架与实施方案研究［J］．交通运输系统工程与信息．2001.2

9. 林杰斌，刘明德．MIS管理信息系统(信息系统经典解析)［M］．北京：清华大学出版社，2006

10. 王秋平．城市公共交通高度监控系统研究［J］．城市公共交通．2001(3)

11. 陆永宁．IC卡应用系统［M］．南京：东南大学出版社

12. 任江涛等．智能交通系统信息性及亟待解决的相关问题［J］．信息与控制．Vol. 30 NO. 6 Dec 2001

13. 杨冰等．智能交通运输系统［M］．北京：中国铁道出版社．2000

14. 黄文韬等．具有周期波动项的离散预测模型及其在公交管理中的应用［J］．桂林电子工业学院学报．Vol. 20 NO. 1 Mar 2000

15. 房佩君．地理信息系统(ARC/INFOR)及其应用［M］．上海：同济大学出版社．2000

16.《中国智能运输系统体系框架》专题组．中国智能运输系统体系框架［J］．北京：人民交通出版社．2003

17. 张国伍．智能交通系统工程导论［J］．北京：电子工业出版社．2003

18. 胡兵等．大城市公共交通存在的主要问题及解决对策．山西建筑．2005．2

19. Randolph Hall，Maged Dessouky，Quan Lu. Optimal times at transter station［J］．Computers & Industrial Engineering 40，2002：379～397

20. 王炜，杨新苗，陈学武．城市公共交通系统规划方法与管理技术［M］．北京：科学出版社．2002

21. Maged Dessouky，etc. Bus dispatching at timed transfer transit station using bus tracking technology［J］．Transportation Research Part C 7，1999：187～208

22. A. Ceder, B. Golany, O. Tal. Creating bus timetables with maximal synchronization [J]. Transportation Research Part A 38, 200: 913～928

23. 彭永雄等. 城市公共交通营运调度系统的研究与应用，公路与汽运. 2001. 2，

24. hangyao Yan, Hao-Lei chen. Ascheduling model and a solution algorithm for inter-city bus carriers [J]. Transportation Research Part A36, 2002: 805～825

25. Christos Valouxis, Efthymios Housos. Combined bus and driver scheduling [J]. computers & Operations Research 29, 2002: 243～259

26. Paolo Delle Site, Francesco Filippi. Bus service optimization with fuel saving objective and various financial constraints [J]. Transportation Research Part A 35, 2001: 157～176

27. 张飞舟，晏磊. 智能交通系统中的公交车辆动态调度研究 [J]. 公路交通科技. Vol. 19 NO. 3. 2002(2)

28. 陆化普. 智能运输系统 [M]. 北京：人民交通出版社. 2002

29. 周明，孙树栋. 遗传算法原理及应用 [M]. 北京：国防工业出版社. 1999

30. Transportation Research Board of the National Academies, 2nd Edition Transit Capacity and Quaulity of Service Manual, 2003

31. 黎明，张国华，王静霞. 基于公共交通通行能力约束的智能公交调度模型研究 [J]. 第二届中日亚洲发展与智能交通系统研讨会论文集. 哈尔滨：2006

32. 吕鹏. 公交车调度 [J]. 工程数学学报. VOL. 19 Supp. Fed 2002(建模专辑).

33. 张庆国. 遗传算法在公交调度估化中的应用 [D]. 北京交通大学硕士学位专题. 2000

34. 张国宝. 城市轨道交通运输组织 [M]. 北京：中国铁道出版社. 2000

35. 张飞舟. 公交车辆智能调度及相关技术研究 [D]. 北京航空航天大学博士学们专题. 2000

36. 黄溅华等. 公共交通实时控制模型研究 [J]. 系统工程理论与实践. 2001. 5

37. 黄溅华等. 公共交通实时调度控制方法研究 [J]. 系统工程学报. VOL. 17NO. 28 Jun 1997

38. 黄溅华，张国武，公共交通实时放车调度方法研究 [J]. 系统工程理论与实践. 2001. 3

39. 杨兆升，城市交通流诱导系统 [M]. 北京：中国铁道出版社，2004

40. 黎明，张国华，王静霞. 智能公交评价体系及动态服务水平约束下的智能公交调度模型研究 [J]. 北京：城市交通

41. 董强等. 公交车调度问题研究 [J]. 工程数学学报，VOL. 19 Supp. Feb 2002 (建模专辑)

42. 彭祖赠，孙韫玉. 模糊数学(Fussy)及其应用 [M]. 武汉：武汉大学出版社. 2002

43. 北京公交总公司，北方交通大学. 城市公共交通运营调度管理 [M]. 北京：中国铁道出版社. 2001

44. 陈茜. 城市常规公交线路车辆调度优化研究 [D]. 东南大学硕士学位专题. 2003

45. 杨兆升. 智能运输系统概论 [M]. 北京：人民交通出版社. 2003

46. 张无非等. 对于公交汽车高度问题的求解 [J]. 工程数学学报. VOL. 19 Supp. Fed 2002(建模专辑)

47. 吕鹏等. 公交车调度 [J]. 工程数学学报. VOL. 19 Supp. Fed 2002(建模专辑)

48. 朱金寿等. 公交车调度方案的研究 [J]. 武汉理工大学学报(交通科学与工程版). 2002

49. 贺中雄. 模糊数学及其应用 [M]. 天津：天津科学技术出版社. 1985

50. 卢忠政等. 运等学 [M]. 北京：中国建筑工业出版社. 1998

51. 史其信，胡明伟，郑为中. 智能交通系统评价技术与方法 [M]. 北京中国铁道出版社. 2005

52. 薄立军等. 公交车调度的规划数学模型 [J]. 工程数学学报. VOL1. 19 Supp. Fed 2002

53. 李军，郭耀煌. 物流配送一车辆优化调度理论与方法 [M]. 北京：中国物资出版社. 2001

54. 武长顺，罗泽涛. 中国城市交通问题研究 [M]. 北京：中国科学技术出版社. 2000

55. 徐向阳等. 公交高度中放车调度模型的研究 [J]. 交通与计算机. VOL. 21 NO. 113. 2003(4)

56. 黄溅华等. 公共交通实时调度控制方法研究. 系统工程学报. 2000. 9

57. 谢季坚，刘承平. 模糊数学方法及其应用 [M]. 武汉：华中科技大学出版社. 2000

58. 薄立军等. 公交车调度的规划数学模型 [J]. 工程数学学报. Vol. 19 Supp. Feb 2002

59. 杨浩. 模型与算法 [M]. 北京：北方交通大学出版社. 2002

60. 李建国. 北京市区域调度运营组织与调度体制研究 [D]. 北京交通大学硕士学位专题. 2000

61. O'Dell, S. W, Willson. N. H. M. Optimal Real-time Control Strategies for Rail Transit Operations During Disruptions [A]. In Computer-Aided Scheduling [C]. Springer-Verlag. 1999

62. 王可平. 城市公交通信息系统的构成与实践 [J]. 城市公共交通. 2000(5)

63. 王文贵等. 深圳智能交通技术应用与研究文集 [M]. 北京：人民交通出版社. 2001

64. 李军，郭耀煌. 物流配送一车辆优化调度理论与方法 [M]. 北京：中国物资出版社. 2001

65. 徐业昌，李树祥等. 基于地理信息系统的最短路径搜索算法 [J]. 中国图像图形学报. 1998，3 (1)：39～43

66. Angla Di Febbraro and Simona Sacone. Timetable Tracking in a Public Transport Network [A]. proceedings of 334th Confence on Decision & Control. New Orileans [C]. 1995. 4071～4074

67. Josef Hoffstadt, Hamburger Hochbahn Aktiengesellschaft. Computer-aided Scheduling in Urban Mass Transit Companies: Past, Present and Future [A]. In computer-aided Transit Scheduling [C]. Springer-Verlag, 1992: 1～27